상 담 학
질적연구방법론
사 례 집

상담학 질적 연구방법론 사례집

발행일 | 2016년 6월 15일 초판 1쇄 발행
감수 | 정석환
저자 | 박 순, 안명숙, 이명진, 이명훈, 이정선, 이정우, 이호선, 장석연, 장성금, 전혜리, 최양숙
발행인 | 강학경
발행처 | ㈜ 시그마프레스
디자인 | 강경희
편집 | 류미숙

등록번호 | 제10-2642호
주소 | 서울시 영등포구 양평로 22길 21 선유도코오롱디지털타워 A401~403호
전자우편 | sigma@spress.co.kr
홈페이지 | http://www.sigmapress.co.kr
전화 | (02)323-4845, (02)2062-5184~8
팩스 | (02)323-4197

ISBN | 978-89-6866-742-8

＊ 이 도서의 국립중앙도서관 출판예정도서목록(CIP)은 서지정보유통지원시스템 홈페이지(http://seoji.nl.go.kr)와 국가자료공동목록시스템(http://www.nl.go.kr/kolisnet)에서 이용하실 수 있습니다.(CIP제어번호 : CIP2016013514)

상 담 학
질적연구방법론
사 례 집

정 석 환 감수

박 순 · 안명숙 · 이명진 · 이명훈 · 이정선 · 이정우 · 이호선 · 장석연 · 장성금 · 전혜리 · 최양숙 지음

Σ시그마프레스

감수자의 글

"앵무새 부리 속의 혓바닥을 보았느냐? 누가 길들이면 따라하는 목소리! 그 목소리 아닌 말을 단 한 번 하고 싶은 분홍빛 조붓한 작은 혀를 보았느냐?"(앵무새의 혀, 김명인)

질적 연구는 앵무새 부리 속의 조붓한 작은 혀를 찾아내는 작업이다. 사람마다 자신의 체험을 저마다의 부리 속에 숨겨 놓은 조붓한 작은 혀로 이야기하고 싶어 한다. 자신의 이야기를 자신의 언어로 말하는 과정을 통해 자신의 체험을 해석하기 때문이다. 해석된 이야기는 더 이상 억압되어 숨어 있지 않고 자신의 삶 속에서 동화되어 삶을 살아가게 하는 힘을 부여해 준다. 이것이 이야기의 힘이고 이러한 이야기의 힘을 활용하여 사람들의 체험 세계를 탐색해 가는 연구방법론을 질적 연구라 말한다.

이 점에서 질적 연구는 실증적 패러다임을 기반으로 하는 양적 연구와 다른 출발점에 서 있다. 연구자가 연구 주제를 설정하고 그 주제에 합당한 가설을 세워서 그 가설의 타당도를 통계적 방법과 그 결과의 논의로 실증해 보이는 양적 연구의 일반적 접근법과는 달리 질적 연구는 한 개인의 체험 세계를 무엇보다 중시하며 그 체험이 지닌 독자적 의미와 체계를 인정하고 존중하며 그 체험의 소리가 들려 나오도록 격려한다. 그리하여 스스로 그 체험에 이름을 붙이며 해석해 나갈 수 있도록 기회를 주고 물꼬를 터주는 논리적으로 고안된 주체성 중심의 인간 탐구 방식이다. 특히 인간에 대한 깊은 애정과 인간 삶의 체험에 대한 열린 태도를 가지고 체험이 스스로를 말하게 하는 방식을 연구하고자 하는 연구자들에게는 질적 연구는 그 가치관과 철학에 있어서 가장 적합한 인간 연구 방법론이라 하겠다. 이러한 질적 연구만의 독특한 연구 패러다임은 최근의 포스트모더니즘 사조와 연구의 다양성과 주체성을 강조하는 인문사회과학의 전반적 세태에 힘입어 연구자들의 주목을 끌고 있고 이러한 배경에서 최근 많은 질적 연구 소개서와 입문서들이 번역되거나 저술되어 소개되고 있는 실정이다.

그러나 질적 연구는 상대적으로 그동안 양적 연구의 패러다임 속에서 그 진가를 잘 발휘하지 못했던 점과 연구결과물의 양적인 숫자의 절대적 열세에 있었음을 인정하지 않을 수 없다. 그 점 때문에 질적 연구를 자신의 상담 혹은 인간/사회 탐구의 방법론으로 선택한 연구자들에게는 선행 연구의 부족이라는 어려움에서 독자적으로 자신의 연구방법론을 개척해야만 하는 어려움도 많았다. 이 점에서 한국적 상황의 연구 환경에서 실행된 질적 연구의 선행 사례집의 출현이 대단히 필요한 시점이었다. 이러한 시점에서 아주 시의 적절하게 출판된 책이 바로 **상담학 질적 연구방법론 사례집**이다.

특별히 여기 실린 질적 연구 사례집은 연세대학교 연합신학대학원과 대학원 상담코칭학과에서 질적 연구방법론으로 인간 탐구에 대해 훈련받은 연구자들이 자신의 박사논문에서 연구방법론으로 설정한 질적 연구방법론적 사례를 후배들을 위하여 사례집으로 내놓게 되었다는 점에서 중요한 의미를 지닌다. 흔히 가장 좋은 질적 연구의 선행 연구는 박사학위 논문이라고 말한다. 연구자가 자신의 학위논문의 완성을 위하여 가장 최선을 다해 연구한 흔적들이 농축되어 있기 때문이리라. 이 점에서 이 사례집은 단순한 질적 연구의 선행 연구를 넘어서는 의미가 있다. 각 사례를 연구한 연구자들이 자신의 최선을 다한 연구 과정의 피와 땀을 농축시킨 흔적들이 곳곳에 배어 있기 때문이다. 여기에 실린 논문들과 그 방법론적 사례들은 질적 연구의 대표적 전통들을 모두 망라하고 있다. 즉, 토대이론, 민속지학, 현상학적 접근, 사례연구, 생애사적 접근 등을 모두 포함하고 있다. 또한 이 연구를 직접 실행한 연구자들은 모두 연세대학교에서 수학을 한 공통의 배경을 가지고 있고 현재 상담의 최일선에서 전문 임상가로서 혹은 각 대학 교수로서 상담학을 가르치고 있는 분들이다. 그만큼 여기 실린 연구자들의 연구결과물들이 인정받고 공인된 연구라는 것을 입증하고 있는 것이다.

바라건대 이 사례집이 단순한 질적 연구의 사례들과 그 기술을 보여주는 것으로만 끝나지 않고 질적 연구를 수행하는 연구자들의 열정과 성실성, 그리고 연구 대상에 대한 애정과 책임성까지도 함께 담아 전달하게 되기를 바란다. 여기 실린 모든 논문을 지도한 바 있는 교수로서 이분들의 연구자로서의 노력과 성실성 그리고 진실성에 무한한 애정과 존경을 보내며 이 책을 여러 질적 연구자들에게 추천하는 바이다.

연세대학교 연합신학대학원 상담코칭학과
정석환 교수

추천의 글

학문의 역사를 논하자면 상담학은 아직 그리 길지 않은 역사를 가지고 있다. 20세기에 시작한 학문은 대부분 과학적인 방법론에 많은 영향을 받았다. 실증적인 사고로 인과관계가 증명되어야 학문적인 타당성을 인정받는 방법론이 유력하게 사용되어 온 것이다. 상담학의 역사에서도 이러한 과학적 심리학, 실험심리학, 통계분석을 통한 양적 연구방법들이 적잖은 영향을 준 것이 사실이다.

하지만 인간의 다양한 삶의 깊이를 다루기 위해서는 실험적인 연구 설계나 통계를 통한 계량적 이해만으로 충분치 않다는 점은 주지의 사실이다. 일찍이 독일의 철학자들은 실험을 통한 인과관계를 규명하는 자연과학과 달리, 인간의 삶을 근간으로 하는 역사학, 철학, 심리학은 해석을 기본으로 하는 정신과학이라고 분류했다. 어쩌면 상담학도 해석을 필요로 하는 정신과학의 면모를 가지고 있다는 점은 의심의 여지가 없다.

상담학의 연구도 다양해야 한다. 양적인 연구만으로는 삶의 깊은 의미를 드러낼 수 없을 때가 많다. 특히 내면 심층의 욕구나 숨겨진 의미는 깊은 만남을 통해서만 가능하다는 점을 상담사들은 너무 잘 알고 있다. 연구방법론에서도 연구 대상자들의 이야기 속의 숨겨진 의미를 찬찬히 드러낼 수 있는 지혜가 필요하다. 가설을 세우고 이를 검증하는 양적인 연구가 연구자 중심 연구라면, 질적인 연구는 보다 연구 대상자 중심 접근이다. 그래서 때로는 질적 연구는 모호해 보인다. 빠른 연구결과를 기대하는 이들은 인내심을 가지고 질적 연구를 개진하기 힘들 때가 있다. 그러나 어느 때보다 질적 연구자들의 호기심이 필요할 때다. 인류학자들이 언급했던 연구 대상자들에 대한 깊이 있는 중층기술(thick description)이 상담학 연구에도 절실히 필요하기 때문이다.

이번에 출간되는 상담학 질적 연구방법론 사례집은 실은 추천인이 가장 필요로 했던 책이다. 논문을 질적 연구로 작성하도록 지도할 때마다 질적 연구에 대한 설명마저 모호해질 때가 있다. 잘 작성된 질적 연구 사례를 모은 책이 있다면 얼마나 좋을까 하는 생각을 자주 해왔다. 연세대학교에서 상담학 연구로 박사학위를 취득한 졸업생들이 질적 연구로 완성했던 학위논문을 이러한 질적 연구로 상담학 연구를 진행하고자 하는 후학들을 위해 옥고를 다듬어 출판하게 된 것이다. 무엇보다 추천인과 같은 질적 연구를 지도하는 교수들은 물론 상담학 분야의 많은 연구자들에게 주옥같은 가이드북이 되리라 확신한다.

가끔 나는 질적 연구를 연상할 때마다 잠자리채 하나를 들고 들로 채집을 나서던 어린 시절을 떠올린다. 그리고 지도 한 장 들고, 숙소도 정하지 않고 무전여행을 떠났던 대학 시절도 생각난다. 어마어마한 용기가 필요한 일이다. 왜냐하면 덫을 놓고 기다리는 것이 아니라, 무엇이 잡힐지 전혀 알 수 없고, 여럿이 어울려 자는 숙소에서는 도대체 어떤 경험을 하게 될지 도무지 모르기 때문이다. 역설적이지만 정해진 결과를 기대하지 않고 채집과 여행을 나서는 일이 더 많은 기대와 흥분을 일으키기도 한다. 신비로 가득 찬 인간의 이야기 속에 숨겨진 의미를 채집하고, 삶이 만들어 내는 순례를 여행하고자 하는 상담학 질적 연구자들에게도 이러한 기대와 흥분이 충만할 수 있다고 나는 믿는다. 이 책은 넘치는 지적 호기심을 가지고 연구 대상자의 삶으로 떠나는 질적 연구자들에게 나침반 역할을 하리라 확신한다. 출간을 축하하면서 이 땅의 5만여 상담학 분야 전문가들에게 꼭 일독을 권하고 싶다.

한국기독교상담심리학회 회장
권수영

머리말

상담학 질적 연구방법론 사례집의 발간을 진심으로 기뻐하고 감사하면서 일의 시초부터의 진행 과정을 기억해 보고자 한다. 연세대학교 연합신학대학원에서 상담학 박사 과정을 할 때의 수많은 에피소드가 있지만 2005년 당시에 상담학 주임교수님이셨던 정석환 교수님께로부터 받은 전화를 잊을 수가 없다. "우리 학교는 '상담학연구방법론'과 '목회신학방법론'을 수강한 학생만 학위논문을 쓰도록 방침을 정했습니다." 이렇게 '상담학연구방법론' 및 '목회신학방법론'과 필연적으로 만났고 오늘에 이르게 되었다.

논문을 작성하는 연구자마다 연구 주제 선정과 연구방법론 선택이라는 통과의례를 갖게 된다. 이 책에 동참한 모든 저자는 각기 자신만의 연구 주제를 갖고 씨름하였고, 해당 연구 주제에 적합한 연구방법론을 선택하여 논문을 작성하였다. 저자들이 자신들의 인터뷰 노트에서 연구 참여자와 어떠한 연구 진행 과정을 거쳤는지 기록을 남겼고 이 부분은 상담코칭학 분야의 연구자들이 논문을 작성할 때 참고할 수 있는 주요한 지표가 되리라고 생각한다.

실제로 이 책의 출발은 부족함에서 시작되었다. John W. Cresswell의 질적 연구방법론 (*Qualitative Inquiry and Research Design: Choosing Among Five Traditions*)과 Norman K. Denzin과 Yvonna S. Lincoln이 편집한 *Handbook of Qualitative Research*를 공부할 때

상당한 매력을 느꼈고 더 공부해 보고자 하였지만 역부족을 느꼈고, 또한 논문자격시험을 위해서 열심히 공부할 때도 좀 더 진지하게 연구하였으면 하는 바람이 있었지만 시간 제약에 밀려서 떠밀려 갈 뿐이었다.

논문을 준비하는 연구자들이 그러하듯이 연세대학교 연합신학대학원에서 상담학을 함께 공부한 필자들은 선배의 논문을 참고하면서 자신만의 논문을 구상하였고 후배의 논문이 발간될 때마다 새로운 주제, 다른 연구방법론으로 이루어진 논문을 보면서 학자로서의 지평을 조금씩 확장할 수 있었다. 개인적으로 필자는 제각기 자신의 연구 주제와 연구방법론을 선택하여 이루어 낸 학위논문들을 제3자의 시각으로 보면서 분석하고 비평을 만들어 보고 싶은 의욕이 있었다. 이러한 의욕이 한 개인의 작업이 아니라 공동체의 노력으로 결집된 것은 더욱더 의의가 있다고 생각한다.

Creswell의 질적 연구 5대 전통에 따라서 필자들을 모아 보니, 세부 목차에서 발견할 수 있듯이 근거이론, 현상학적 연구, 사례연구로 수행된 학위논문의 수가 각기 3편으로 상대적으로 많았다. 심리전기적 연구 논문이 한 편이었고 민속지학적 연구방법론으로 수행된 상담학 분야의 박사학위 논문을 아직은 찾을 수 없었다.

이러한 난관에 부딪혀 정석환 교수님께 자문을 구하니 비록 학위논문은 아니지만, 학위 과정에서 발표한 논문 가운데 민속지학으로 연구된 좋은 논문이 있으니 포함하는 것이 좋겠다는 실질적인 지도를 해주셨다. 그리하여 정석환 교수님의 '상담연구방법론 : 질적 연구'를 수강하던 이정우, 민은정, 설경욱, 심시정, 김진미, 김민정, 오지훈, 서정모의 8명이 함께 2005년 5월 19일에 발표한 '변화하는 회중, 변화하는 예배'라는 문화기술지 논문을 이 책에 포함하게 되었다. 각기 국내외로 흩어져 있는 동문들에게 e-메일과 전화로 동의를 구하는 과정에서 연세대학교 루스채플의 김진미 전도사님으로부터 동의를 받을 수 있었다. 앞으로 민속지학적 방법론으로 상담코칭학의 박사학위 논문이 나오기를 진심으로 기대한다. 그리고 필자도 한국목회상담협회가 사회봉사 차원에서 2013년 1월부터 4년째 지속적으로 지원하고 있는 노숙인집단상담의 경험을 바탕으로 문화기술지 논문을 작성할 책무와 소망을 함께 품고 있음을 밝혀 둔다.

여기에 함께한 저자들은 연세대학교 연합신학대학원에서 함께 수학하였을 뿐 아니라 오랜 기간 다양한 채널을 통해 서로의 전문성을 존중하고 지속적인 발전을 위해서 학회를 비롯한 수많은 장에서 서로 긴밀하게 교류하고 있다. 무엇보다도 저자 중의 7인, 박

순, 이명진, 이정선, 전혜리, 장석연, 장성금, 최양숙은 연세대학교 동문이 설립한 다움상담코칭센터에서 상담전문가로서 상담과 코칭의 지평을 넓혀 가고 있다. 그리고 이호선 숭실사이버대학교 교수, 안명숙 서울장신대학교 교수, 이명훈 서울기독대학교 교수 등 대학에서 후학 지도를 하는 동문들의 동참은 이 책을 조금 더 널리 활용되게 하는 플러스 요인이 될 것으로 기대한다.

앞에서 언급하였듯이 연세대학교 연합신학대학원 상담코칭학의 전통은 '상담학 질적 연구방법론'과 '목회신학방법론'이라는 두 가지의 물레를 통해서 논문을 작성하도록 되어 있다. 이번 책에서는 전통 있고 권위 있는 '목회신학방법론'을 적용하여 비판하고 성찰한 각 논문의 속살은 아직 내보이지를 않았다. 이 책의 발간에 즈음하여 "내가 비옵는 것은 이 사람들만 위함이 아니요 또 저희 말로 인하여 나를 믿는 사람들도 위함이니 (요 17 : 20)"를 기억하며 함께한 모든 동문은 물론이고 이 책을 활용하여 자신의 논문을 완성하여 학자로서 대성할 수많은 연구자들을 생각하며 희망에 부풀게 된다.

이 책의 출판을 수용해 주시고 허락하신 (주)시그마프레스의 강학경 사장님과 편집부 여러분께 저자들을 대표하여 심심한 감사를 드린다.

다움상담코칭센터에서
저자 대표 박 순

차례

제 1 부 근거이론적 연구방법론과 연구사례

제1장 비동거 가족 경험 –기러기아빠를 중심으로–

제2장 기독 장애 대학생의 청년기 적응 연구

제3장 노년기 성 갈등 유형의 상호학문 간 연구

제 1 부

근거이론적 연구방법론과 연구사례

비동거 가족 경험
- 기러기아빠를 중심으로 -

최양숙

1. 질적 연구방법론 : 근거이론

본 연구는 비동거 가족 연구의 일환으로써 연구 참여자는 '기러기아빠'들이다. 이들을 통하여 비동거 가족 경험, 즉 부부관계, 자녀관계에 대한 이해, 그들의 실제 생활 모습, 가족 전망 등을 알아보고, 이를 통하여 비동거의 원인, 동기, 또한 결과적으로 가족 비동거를 감수하게 하는 구조와 과정이 무엇인지를 이해하려는 것이다. 이러한 연구 목적을 달성하기 위하여 본 연구는 질적 연구방법론을 채택한다.

질적 연구방법론은 양적 연구방법론에 비하여 전통이 일천(日淺)하여 그 본질에 대한 확립된 규정이 그다지 없는 형편이다. 또한 질적 연구가 여러 갈래의 학문적 전통에 뿌리를 둔 것이어서 그 본질에 대한 합의된 규정을 얻기가 어렵기도 하다. 질적 연구는 양적 연구와 대비를 이루는데(조용환, 1993), Creswell(1988)에 의하면 질적 연구의 다섯 전통은 **전기**(biography), **현상학**(phenomenology), **문화기술지**(ethnography), **근거이론**(grounded theory)[1], **사례연구**(case study)이다.

---

[1] grounded theory : 토대이론, 근거이론, 현장이론 등 여러 가지로 번역되는데, 여기서는 신경림의 번역을 따라 근거이론의 용어를 사용한다.

질적 연구의 특징은 자연적인 세팅, 즉 현장에 초점을 둔다는 것, 연구자 자신이 자료수집의 중요한 도구가 된다는 것, 자료분석을 귀납적으로 한다는 것, 참여자의 조망과 그 의미에 초점을 둔다는 것 등이다. Denzin과 Lincoln은 질적 연구를 다음과 같이 정의한다.

> 질적 연구란 주제에 대한 해석과 자연적인 접근을 포함하여 다양한 방법에 초점을 둔다. 이것이 뜻하는 바는 질적 연구자들은 자연적인 세팅에서 연구하며, 사람들이 가져온 의미를 현상학적인 용어로 해석한다는 것이다. 질적 연구는 다양한 경험적인 자료수집, 즉 사례연구, 개인적인 경험, 자기 성찰적 삶의 이야기, 면담, 관찰, 역사, 상호작용, 그리고 시각적인 자료, 즉 일상적이거나 문제시되는 순간과 개인 삶의 의미들을 기술한다(Denzin, & Lincoln, (eds), 1994).

질적 연구를 하는 이유는 여러 가지가 있다. 즉, 연구 질문의 특성상 '왜' 그러한가보다 '어떻게' 혹은 '무엇'으로 시작하는 연구 질문을 할 경우이다. 또한 논제의 변인이 쉽게 확인되지 않기 때문이다. 본 연구 주제가 양적 연구보다 질적 연구에 적합하다고 보는 이유 역시 위와 같다.

최근 한국의 많은 가족들에게 부부가 별거하면서까지 자녀를 조기유학 보내는 것이 하나의 교육 대안이 되고 있다. 이러한 선택은 어떻게 이루어지는가? 또한 국내에 홀로 남은 아버지들의 삶은 어떻게 이루어지고 있는가? 이들은 가족에 대해 어떠한 느낌이며 어떠한 전망을 하는가? 이러한 문제들에 대한 양적 통계는 아직 이루어지지도 않았지만, 이루어진다 하여도 일상의 구체적인 삶의 모습을 기술하는 데는 큰 의미가 없을 수도 있다. 반면 질적 연구방법론은 현장으로부터의 모습을 심층적으로 그려내는 데 도움을 줄 수 있다.

전술한 바와 같이 연구자는 다섯 가지 질적 연구 전통 중 근거이론을 채택하므로 근거이론을 좀 더 상세히 살펴보기로 한다.

근거이론이란 체계적으로 수집되고 분석된 자료에 토대를 두고 이론을 개발하려는 일반적인 방법론을 말한다. 이론은 실제적인 조사 과정에서 발전되는데, 이것은 분석과 자료수집 사이의 끊임없는 상호작용을 통하여 이루어진다. 연구자는 가설을 세우지 않고 자료에서 이론이 생성되도록 한다. 근거이론은 자료에서 도출된 것이므로 직관력을 제공하며, 이해를 강화하고, 행동을 하는 데 의미 있는 지침을 제공해 준다. 분석은 연구자와 자료 간의 상호작용으로서 일정한 수준의 엄격함을 유지하고, 자료에 근거하여 분석하면서 원자료(raw material)로부터 개념을 추출하고 범주를 명명하고 이를 위하여 지속적인 비교와 질문을 한다. 그리하여 이 접근은 **항상적 비교법**(Constant Comparative Method)으로 언급되기도 한다.

근거이론 방법론의 핵심인 이러한 지속적인 비교방법은 사건을 명확히 하기 위하여 사건과 사건, 은유와 비유를 통해 이론적 사고를 촉진하고 **이론적 표본추출**(theoretical sampling)을 돕는다. 즉, 유사점과 차이점의 사례를 탐색하면서 의도적으로 관찰하고 면담하도록 한다. **코딩**(coding)은 자료를 분해하고 개념화하고 이론을 형성하도록 통합시키는 분석과정이다. **개방 코딩**(open coding)은 개념을 밝히고 그 속성과 차원을 자료 안에서 발견해 가는 분석과정이고, **축 코딩**(axial coding)은 한 범주의 축을 중심으로 속성과 차원의 수준에서 범주를 하위범주와 연결시키는 과정이며, **선택 코딩**(selective coding)은 핵심범주를 발견하여 이론을 통합시키고 정교화하는 과정이다.

이 방법론에서 이론은 처음에 자료로부터 창출되며 기존(근거) 이론이 조사 범위에 적합하다면 그 이론에 반대되는 자료들을 꼼꼼히 입수함으로써 이론이 정교화되거나 수정되기도 한다. 근거이론 방법론은 '동일한 과정의 두 부분인 이론을 창출하는 것과 사회조사를 행하는 것'과 관련되어 있다(Denzin & Lincoln, 1994).

근거이론 방법론을 사용하는 연구자는 현상에 대해 행동(작용)하고 상호작용하는 방식을 연구하기 위해 일차적으로 인터뷰 자료를 수집하고, 현장을 방문하며, 정보의 범주를 개발하고 상호 관련시키며, 이론적 전제 혹은 가설을 작성하고, 이론의 그림을 그린다. 그 구체적인 과정은 코딩과 이론적 표본추출 과정을 통하여 이루어지며, 이야기 개요를 발견하는 것이다. **이야기 개요**는 연구의 중심 현상과 각 범주 간의 관계를 서술적으로 기술하고, 이러한 기술을 분석적으로 표현하기 위하여 개념화하여 제시하는 것이다(Strauss & Corbin, 2001).

2. 연구 진행 과정

전체 연구 진행 과정은 사전준비, 자료수집, 자료분석 방법 및 해석, 글쓰기로 나눌 수 있는데, 특히 자료수집을 하면서 동시에 분석을 진행하기 때문에 자료수집과 분석은 나선형의 순환관계가 이루어진다. 문헌연구는 사전준비 과정에서부터 글쓰기단계, 최종 수정단계에 이르기까지 지속적으로 병행하여 이루어졌다.

1) 사전준비

(1) 예비조사

본 연구를 위해 연구자는 예비조사(pilot study)로서 연구 참여자 두 명을 인터뷰하고, 여기서 얻은 자료를 통하여 연구 질문을 작성하여 차후의 연구의 토대로 삼았다. 예비조사에서의 참여자 인터뷰는 2003년 2월부터 4월에 걸쳐 각 3회, 2회씩 면담함으로써 이루어졌다. 면담지침에 대해서는 교수 2인으로부터 반응을 받았다.

(2) 연구 참여자 선정

연구 참여자 모집은 연구자가 개인적으로 알고 있는 사람들의 소개로 이루어졌으며 세 사례의 경우에는 이들이 주요 정보제공자가 되어 다른 참여자를 소개하여 이루어졌다. 연구자가 처음 계획한 것은 기러기아빠들의 인터넷 사이트 활용이었으나 협조를 얻기 어려워서 연구자 지인들의 소개 중심으로 20명의 참여자가 모집되었다. 따라서 연구 참여자 모집은 연구자의 개인적 연결망을 통하여 근접성과 편의성을 활용하여 이루어졌다고 볼 수 있다. 연구자는 본 논문에서 자녀만 보내어 부부가 함께 국내에 남은 경우는 대상에서 제외하고 소위 '기러기아빠'들만을 대상으로 하였다. 그 이유는 처자식을 모두 보내고 독거하는 아버지들의 적응 양태가 자녀만 보내고 부부가 동거하는 아버지들의 경우와는 다를 것이며 비동거 가족 경험을 더 생생하게 체험할 것으로 생각하였기 때문에 두 그룹을 분리하여 전자(前者)만을 연구 대상자로 선정하였다.

참여자들이 남성들인데 연구자가 여성이라는 점은 연구의 한계에서 소개한 바와 같이 연구자로서 편견을 배제하는 데 일정한 한계가 있을 수 있다. 그러나 결정적인 방해

요인은 되지 않는다고 생각된다. 남성 연구자일 경우에도 남성 대 남성으로서의 역동이 역시 개재될 것이기 때문이다. 보통 남성들이 그나마 자기 감정에 대해서 이야기하는 것은 대부분 여성들과 대화할 때(Marsden, 2000)라는 것을 연구자 자신이 확인할 수 있었고, 대부분의 참여자들과 공감적 분위기를 이룰 수 있었음을 연구자는 경험할 수 있었다.

2) 자료수집

심층면담 방법

면담이란 Guba와 Lincoln에 의하면 목적이 있는 대화이다. 심층면담은 질적 연구의 자료수집 방법으로서 다른 사람의 가치를 존중하며 공감을 갖는 것이 필요하다. 먼저 연구자는 면담 과정에서 자기인식을 점검하고, 가치판단을 중지하며, 개방적이고 수용적인 자세를 지녀야 한다(신경림 외, 2003).

연구자는 이에 따라 개방적 태도로 면담에 임하였다. 질문 순서에 대해서도 고정된 방식을 취하지 않고 주로 연구 참여자의 흐름을 존중하면서 면담을 진행하였으며, 연구자가 미리 생각하지 못한 자료들을 연구 참여자로부터 우연히 얻을 수 있는 가능성도 고려하여 개방적인 태도를 유지하였다. 이처럼 면담은 고정된 방식이 아니라 참여자의 진술에 따라 이루어졌다. 참여자의 개별 특성이 드러나는 주제에 대해서는 다소의 강화 기법을 사용하기도 하였으나 주로 라포 형성과 자연스러운 접촉과 의사소통에 역점을 두어 진행하였다. 연구에 참여하기로 결정한 사람들이어서 개방적이고 솔직하다고 생각되었지만, 시간관계상 탐색이 제한되는 경우가 있음은 불가피하였다. 면담 내용은 허락을 받고 녹음을 하였으며, 중요 부분 및 전체적인 주제와 흐름에 대해서는 만일의 경우를 대비하여 기록을 병기하였다.

질적 연구, 특히 근거이론의 특성상 연구자가 사전에 검증하려는 가설은 가지고 있지 않았다. 다만 인터뷰의 접근을 용이하게 하고 연구 참여자로 하여금 면담에 흥미를 유발하기 위해 처음 질문을 준비하였다. 특히 이론적 설명틀의 엉성한 망으로 걸러질 수 없는 한국 가족의 일상생활의 면면을 살려내기 위해서(이동원 외, 1997), 또한 최근 등장한 기러기가족에 대한 생생한 경험을 살리기 위해서 **구조화된 면담**(structured interview)

보다도 **비구조화된 면담**(unstructured interview)을 사용하였다. 그리고 어느 정도의 주제와 목록을 가진 **면담지침법**(interview guide)을 활용하였다. 그러나 연구자는 탐색할 범주와 영역에 대한 대략적 지침은 정하지만 주로 개방적 태도를 유지함으로써 참여자로부터의 자료를 수집하는 데 방해되지 않도록 하였다. 또한 현상과 관련하여서는 추적질문(probing)을, 면담이 이미 진행된 다른 사례들과 비교하기 위해서는 때로 대조질문(contrast question)을 사용하였다. 이러한 질문은 사례 간 유사점과 차이점을 밝히는 데 도움이 되었다.

인터뷰는 주로 연구 참여자의 사무실, 병원, 연구실 등을 방문하여 진행되었지만, 부득이한 경우 조용한 찻집에서 진행한 경우도 몇몇 있었다. 연구자는 인터뷰 후에 감사의 뜻으로 고전음악 CD를 선물하였다. 인터뷰 시간은 1명의 참여자만 참여자 시간관계상 1시간을 하였고, 보통 2시간 30분, 가장 긴 경우는 4시간이었다. 전사한 자료는 가장 짧은 경우가 A4 6매이고, 보통 A4 17~18매였고, 가장 긴 경우는 A4 23매였다.

연구 참여자의 인터뷰로부터 전사한 내용을 **부호화**하고 여러 차례 검토하면서 이들이 실제 행하고 있는 생활과 그들의 신념을 크게 구분할 수 있었다. 이 점은 매우 중요하다고 보는데, 이 차이로부터 중요한 내용과 의미가 도출될 것이기 때문이다.

3) 자료분석 방법 및 해석

(1) 자료수집 및 분석 절차

자료수집 및 분석 절차는 다음과 같이 진행되었다.

① 1단계 : 녹음 및 기록된 자료들을 텍스트로 **전사**(transcribe)하여 **원자료**(raw data)로 사용하였다. 인터뷰 내용은 연구 참여자의 동의하에 녹음되었다. 녹음을 거부한 경우는 2명이었는데, 이 경우는 **진행 노트**를 사용하였다. 연구 참여자의 사생활과 익명성을 보장하기 위하여 녹음 내용을 연구자 자신이 직접 전사하였는데, 이 작업 자체가 상당히 시간과 노력이 드는 과정이었다. 자료는 면담 당시 녹음한 내용을 그대로 전사하였으며, 녹음하지 못한 두 사례에 대해서는 면담 당시 사용한 진행 노트를 면담 직후 가능한 한 빠른 시간 내에 기록하여 충분히 내용을 확보하였다.

② 2단계 : 원자료의 개념화를 위하여 자료를 줄마다 읽어서 문장과 그 의미에 대해 개념의 명명화를 하였다. 이는 개방 코딩에 해당되는 작업이며, 사례마다 지속적으로 비교와 질문을 통하여 유사한 개념들을 분류 · 비교 · 범주화하였다. 이 과정은 이후의 과정에 기본적인 가장 중요한 절차이다.

③ 3단계 : **중심 현상**을 발견하는 작업이 진행되었는데, 이는 자녀의 조기유학으로 인한 비동거 가족의 문제는 어떠한 대가를 치르더라도 자녀를 잘 키우려는, 즉 자녀에게 생존과 성공을 확보해 주려는, 가족주의와 연계된 현상이면서도 결과적으로는 그자체가 가족 변화의 일환이라는 것을 분석 범주에 따라 재배치하는 과정에서 발견할수 있었다. 패러다임 모형을 통하여 중심 현상을 중심으로 어떠한 **인과적 조건**, **맥락적 조건, 중재적 조건, 작용/상호작용 전략**과 **결과**가 나오는지를 재배치하는 과정인데, 이 부분 역시 많은 시간과 시행착오, 사고(思考)를 요하는 과정이었다.

④ 4단계 : 사례 간 여러 유형의 공통점과 차이점을 발견하고, **이야기 개요**를 발견하는작업이다.

(2) 자료분석 방법

자료분석은 Strauss와 Corbin이 제시한 개방 코딩, 축 코딩, 선택 코딩에 따라 이루어졌다. 근거이론에서는 연구자의 **이론적 민감성**(theoretical sensitivity)이 매우 중요한데, 이는 자료 속에서 중요한 것을 찾아내고 그것에 의미를 부여하는 연구자의 능력을 가리킨다. '이 자료가 무엇에 관한 것인가?', '여기서 무슨 일이 일어나고 있는가?', 분명히 다른 집단과 구분되는 것으로서 '이 사람들이 다루는 중심적인 문제는 무엇인가?', '그 문제를 어떻게 해결하는가?' 등이다. 연구자는 이론적 민감성을 위하여 연구기간 내내 문헌자료 이외에도, 신문, TV, 잡지 기사, 인터넷 자료 등을 항시 접하였고, 메모, 도표등을 활용하였으며, 교수 및 박사과정생들과 대화하고 논의를 거듭하였다. 그 밖에 비참여자 기러기가족, 자녀만 유학 보낸 부부들과도 대화하고 의견을 청취하였다. 또한외국에 사는 지인들을 통하여 기러기엄마 6인에 관한 자료도 수집하여 이메일로 전달받아 활용하였다.

분석에서 질문하기와 비교하기는 기본적인 방법이다. 본 연구에서는 '이들이 자녀 조기유학을 위해 가족 비동거를 감수하는 동기는 과연 무엇인가?', '가족 비동거 상황의 긍정적 측면은 무엇인가?', '크고 작은 여러 가지 문제와 의문에도 불구하고 가족 비동거 상황이 유지되는 힘은 어디에 있는가?' 등 질문하기를 계속하였다.

비교하기는 범주를 밝히고 개발하기 위하여 필수적인 것으로 Flip-Flop 기법(Flip-Flop Technique), 둘 이상의 현상에 대한 체계적인 비교, **붉은 깃발 흔들기**(Waving the Red Flag) 등의 기법이 있다. 먼저 **Flip-flop 기법**은 사건이나 사물, 작용/상호작용에 대한 다른 관점을 얻기 위하여 '안에서 밖으로 뒤집는 것'이나 '위아래를 바꾸는'것을 의미한다(Strauss & Corbin, 2001). 예를 들면 참여자 중에는 '아이가 시민권자니까 조기유학 결정이 쉬웠다'고 하는 경우가 있다. 이를 뒤집으면 시민권이 없었다면 공립학교 입학이 어려워 경제적 부담이 훨씬 커지므로 아예 조기유학 선택 가능성이 제외될 수도 있다는 이야기이다. 이는 외국 체류 경험이 있고 외국에서 자녀를 출산한 사람의 자녀들이 다시 외국으로 연결될 가능성이 높음을 말해준다. 또한 경제력은 가족 비동거 조기유학의 필요조건임을 말해주는 일이다.

둘 이상의 현상에 대한 **체계적인 비교**는 한 가지 사건을 경험에서 회상된 것이나 문헌에 있는 것과 비교하는 것이다. 예를 들면 비동거가 주는 면이 부정적인 측면만 있는 것은 아니며 긍정적인 측면도 있는 것인데, 참여자가 말하는 긍정적인 측면을 문헌에 나타난 비동거의 긍정적인 면과 비교하는 일이다. 또 각 참여자 간 제시하는 긍정적인 측면들과 비교하는 일이다. 이러한 일을 통하여 비동거의 긍정적인 측면에 상당한 공통성이 있다는 것을 알 수 있었으며, 참여자의 성격이나 부부관계의 성격, 비동거 기간에 따라 긍정적인 측면의 종류나 성격이 달라질 수도 있음을 알 수 있었다.

붉은 깃발 흔들기는 연구자 자신이나 연구 참여자의 편견이나 가정(假定), 믿음이 분석에 끼어들고 있는지를 알아차리는 일이다. 우리 모두는 우리가 살고 있는 문화와 시대, 성별, 경험, 훈련의 산물이기 때문에 편견에서 완전히 벗어난다는 것은 가능하지 않다. 그러나 한 걸음 물러나서 어느 정도의 객관성을 가지고 '여기서 무슨 일이 일어나고 있는가?'를 질문해야 한다. 예를 들면 '항상', '결코'라는 단어를 들을 때마다 붉은 깃발을 흔들어야 한다(Strauss & Corbin, 2001). 예를 들면 부부관계를 질문 받은 한 참여자가, "객관적인 얘기인데 외도 문제, 바람기 문제에 대해 남자가 바람을 생각조차 안 해봤다는 것은 거짓말일 거예요."라고 말하는 경우, 그가 말하는 '객관적인 이야기'라는 데에서 붉은 깃발을 흔들어야 한다. 그는 오히려 주관적인 이야기를 하고 있는 것 아닌가?

또 '바람을 생각조차 안 해봤다는 것은 거짓말'이라는 데서도 붉은 깃발을 흔들어 주어야 한다. 분석상 배워야 할 것은 상황이나 말을 당연한 것으로 받아들여서는 안 된다는 것이었다.

각 코딩 절차에 대한 설명을 상술하면 다음과 같다.

① 개방 코딩

개방 코딩(Open Coding)은 자료를 통하여 개념을 발견하고 명명하여 유사하거나 의미상 관련이 있다고 생각되는 사고나 사건, 물체, 작용/상호작용을 하위범주로 묶은 후 범주화하는 과정이다. 개념은 단순히 이름을 명명하는 것만으로 어떤 일이 일어나는지 알 수 없기 때문에 분석도구를 이용하여 속성과 차원에 따라 발전시키며, 하위범주는 언제, 어디서, 왜, 어떻게 일어날 수 있는가에 대한 정보를 나타냄으로써 범주를 보다 구체화한다.

특히 개념이란 이름이 붙여진 현상으로서 개념의 발견이 가장 기초적이며, 이후에는 개념을 가지고 작업하는 것이다. 특히 개념화할 때 참여자 자신의 단어에서 따온 **체험코드**(in vivo codes)를 활용하기도 하였다. 개념을 범주로 무리 짓는 일은 중요한데, 왜냐하면 이를 통해서 작업단위의 숫자를 줄일 수 있기 때문이다. 또한 범주는 분석적 힘을 가지고 있어 설명하고 예측하는 잠재력을 갖게 된다.

개방 코딩을 통하여 이론 구축의 기초 및 초기 구조를 갖게 되는데, 이는 여러 절차 중 가장 중요한 절차로 생각된다. 본 연구에서 연구자는 면담한 내용을 한 줄 한 줄 읽어 가면서 의미 있다고 생각되는 진술에 개념을 명명하였고 또 연관되어 떠오르는 가능한 생각들을 메모하여 두어 참고하였다. 개념 명명의 예를 보자.

가방 싸들고 무작정 시작했어요.(신형규[2]) – 무작정 시작함

인간은 편한 것을 찾으니까. 한국 대입이 어려운 것은 다 아니까.(배재우) – 더 편한 길 찾기

또 의미 있다고 생각되는 진술자의 단어에서는 자유연상을 활용하여 그것이 지니는 의미를 놓치지 않으려 하였고 단어가 상징하는 의미를 확장하여 사고가 축소되지 않게

---

2 연구 참여자 이름은 가명임

하였다. 예를 들면 "(가족 비동거) 조기유학은 고차방정식입니다."라는 연구 참여자의 말에서 '고차방정식'이라는 단어가 주는 의미에 대해 깊이 자유연상하였다. 고차방정식 이라는 말은 변수가 많다는 것이고, 차수가 많다는 의미이다. 고차방정식이기 때문에 풀기 어렵다는 의미이고 복잡하다는 의미이다. 혹은 아직도 풀기 어려워 해법을 찾는 중이라는 의미로도 들린다. 이런 방식으로 의미와 상징에 유의하였고, 개념 명명에서도 체험 코드를 활용하였으며, 보다 추상적인 하위범주, 더 추상적인 범주 개발에 유의하 였다.

② 축 코딩

축 코딩(Axial Coding)은 한 범주의 축을 중심으로 범주를 속성과 차원의 수준에서 하위 범주와 연결시키는 과정이다. 축이라고 불리는 이유는 코딩이 한 범주의 축을 중심으로 일어나며 속성과 차원의 수준에서 범주들을 연결시키기 때문이다. 축 코딩은 패러다임 에 의한 **범주분석**과 **과정분석**이 있으며, 이러한 구조와 과정을 통합시키는 분석과정이 현상과 연관된 다양한 조건, 작용/상호작용 전략, 그리고 결과를 밝혀준다.

패러다임 모델에 의한 **범주분석**은 인과적 조건, 중심 현상, 맥락적 조건, 중재적 조건, 작용/상호작용 전략, 결과를 통해 왜 현상과 연관된 문제, 사건, 쟁점이 위치하고 일어 나는지 파악하게 해준다. 인과적 조건은 현상에 영향을 미치는 사건이나 일을 말하며, 중심 현상은 작용/상호작용에 의해 다루어지고 조절되는 중심 생각이다. 맥락적 조건 은 현상에 속하는 속성으로 어떤 특정한 현상에 대응하기 위해 취해지는 구체적인 조 건이며, 중재적 조건은 어떤 현상에 속하는 보다 광범위한 구조적 전후관계로서 맥락적 조건에서 취해진 작용/상호작용 전략을 조장하거나 강요하도록 한다. 작용/상호작용은 현상에 대처하거나 다루기 위해 취해지는 의도적이고 고의적인 행위이며, 결과는 작용/ 상호작용의 결과물이다.

과정분석은 자료에서 작용/상호작용을 살펴보고 이것이 시간의 흐름에 따라 어떻게 변화하고, 중재적 조건에 의해 영향을 받아 어떻게 변화하는지를 보여주며 각각의 단계 로 구성되어 있다. Strauss는 대부분의 질적 연구가 상호작용에 대한 과정 중심적인 경 향이 강조되어 구조적 상황에 대한 설명이 부족하다고 지적하고 구조와 과정의 적절한 결합을 강조하였다.

③ 선택 코딩

선택 코딩(Selective Coding)은 범주를 통합시키고 이론을 정교화하는 과정이다. 이 과정에서 통합은 오랜 시간에 걸쳐 일어나는 지속적인 과정으로 연구자와 자료 간의 상호작용을 통해 이루어진다. 선택 코딩의 첫 단계는 핵심범주를 결정하는 것으로 핵심범주를 밝히고 개념의 통합을 촉진하는 기법으로 이야기 개요 적기, 도표, 메모 정리, 검토하기가 있다.

본 연구에서는 모든 범주 간의 관계를 통합적으로 설명할 수 있는 포괄적인 중심 현상으로 핵심범주를 명명하고 서술적으로 이야기 개요를 적었다. 또 이론 구축을 위하여 핵심범주를 중심으로 범주 간 전후관계가 어떻게 형성되며 어떻게 연결되는지를 가설적 관계진술을 통하여 제시하였다.

(3) 자료해석

자료해석은 근거자료 및 문헌자료에 근거하여 사회과학적 해석 및 신학적 해석을 실시하여 제시하였다.

4) 연구방법론에 대한 평가

질적 연구방법론은 객관적 · 통계적 · 가설 검증적인 양적 연구와는 달리 주관적, 통찰적, 발견적, 해석적이다. 질적 연구는 Guba와 Lincoln이 제시한 네 가지 기준, 즉 **사실적 가치**(truth value), **적용성**(applicability), **일관성**(consistency), **중립성**(neutrality)을 따를 때 충족된다. 이는 신빙성, 신뢰도, 적합성 즉 전이가능성, 감사가능성, 확증성, 확인가능성에 해당된다. Guba와 Lincoln에 의한 연구의 4대 평가기준은 다음의 〈표 1-1〉과 같다(신경림 외, 2003).

사실적 가치, 신빙성이란 현상을 얼마나 생생하고 충실하게 기술하고 해석하였는가의 문제이다. 본 연구자는 기러기아빠들과의 면담 내용을 충실히 서술하고자 하였고, 가능한 한 참여자들의 경험을 잘 나타낼 수 있도록 체험 코드를 활용하였다. 그러나 면담법은 실재 사실과 연구 참여자의 주관적 실재 사이에 기본적인 한계가 존재한다고 본다. 이를 보충하기 위하여 보조적으로 기러기엄마로부터의 이메일 자료를 활용하였고, 조기유학생, 이주공사 직원 등을 면담하였으며, 많은 인터넷 자료, 기러기아빠 사이트,

표 1-1 질적 연구 및 양적 연구에서의 평가기준

판단/평가기준	질적 연구	양적 연구
사실적 가치	신뢰도	내적 타당도
적용성	전이가능성	외적 타당도
일관성	의존성	신뢰도
중립성	확인가능성	객관도

문헌자료, 기사자료 등을 참고하였다. 따라서 다양한 자료가 확보되는 **삼각검증법**을 활용하였다. 또한 연구 참여자가 아닌 다른 기러기아빠들에게도 연구결과를 보여주어 '나의 이야기를 보는 것 같다', '정말 그렇다'는 반응을 들을 수 있었다.

적용성이란 양적 연구의 외적 타당도에 해당되는 개념인데, 연구결과가 일반화될 수 있는가를 측정하는 것이다. 그러나 Guba와 Lincoln은 이를 적합성이라고 설명할 수 있다고 하였다. 이것은 독자들이 연구결과를 읽고 자신의 경험에 비추어 보았을 때 의미 있고 적용 가능한 것인지를 의미한다. 질적 연구에서는 양적인 일반화는 의미가 없다. 오히려 표본수가 적더라도 통계적이 아니라 이론적으로 표본추출을 하는 것이다. 따라서 질적 연구에서는 특수집단에 소속된 대상자도 그 집단을 나타낼 수 있고 그 대상자가 실세계에 대한 자료를 잘 묘사할 수 있다면 그는 적합한 연구 참여자가 될 수 있다(Lincoln & Guba, 1985). 본 연구에서는 가능한 한 다양한 방법으로 기러기아빠들을 대상으로 자료를 수집하였고 그 자료들이 그들의 삶의 경험을 표현한 것이며 그 자료로부터 연구결과를 도출한 것이기 때문에 적합성의 기준을 충족한다고 본다.

감사가능성이란 연구자가 사용한 분명한 경로를 다른 연구자 역시 따라갈 수 있을 때 확보될 수 있는 것이다. 다른 연구자도 연구자의 자료, 시각, 상황에 따라 유사한 결과에 이를 수 있을 때 다다른다고 보겠다. 양적 연구에서는 연구절차의 일관성, 안정성, 의존성을 말하며, 질적 연구에서는 경험의 중요성과 인간 상황의 독특성을 강조한다. 본 연구에서는 면담 지침에 관하여 교수 2인으로부터 자문을 받았고, 연구결과에 대해서도 박사과정 2인, 교수 1인과 논의과정을 가졌다. 이러한 과정은 연구의 일관성에 기여하였다고 본다.

중립성이란 연구과정과 결과에서 편견이 배제되어야 함을 의미한다. 양적 연구에서는 신뢰도와 타당도가 높을 때 이 기준이 충족되며, 질적 연구에서는 확증성으로 사실적 가치, 적합성, 일관성, 즉 앞의 세 기준이 확립될 때 도달되는 것이라고 볼 수 있다(Lincoln & Guba, 1985). 본 연구에서는 근거이론 방법론의 절차와 분석과정에 따라 연구자가 사전에 어떤 결과나 관점을 증명하려는 의도 없이 진행하였으며, 자료를 조작하지 않고 실제 상황을 왜곡하지 않으려 노력하였다.

3. 심층면담 질문지

연구방법론에도 나와 있듯이 특별한 구조가 없는 개방적인 질문을 활용하였다. 기본적으로 질문할 범주는 대략 가지고 있으나 반(半)구조적이며 비(非)구조적인 개방적 질문에 의해 유연하게 진행하였다.

연구자가 면담할 때의 질문 범주는 다음과 같다.

① 가족 비동거형 조기유학을 보내게 된 동기는 무엇인가? 가족 비동거형 조기유학 결정자는 누구인가? 그 목적은 무엇인가?

② 기러기아빠들의 실제 생활 모습은 어떠한가? 가족 비동거 생활에는 어떤 긍정적·부정적 측면이 존재하는가?

③ 부부 간 커뮤니케이션의 수단과 빈도는 어떠한가? 재회의 빈도는 어느 정도인가?

④ 시간 경과에 따른 부부관계의 변화는 어떠한가? 부모-자녀관계는 어떠한가?

⑤ 비동거 예상 기간은 어느 정도인가? 가족의 미래를 어떻게 전망하는가?

⑥ 가족 비동거의 가장 어려운 점은 무엇인가? 이를 어떻게 극복하는가? 신앙이나 종교가 어떠한 도움을 주는가? 신앙이나 종교의 측면에서 문제점은 없는가?

⑦ 가족이란 무엇이라고 생각하는가?

4. 인터뷰 노트

1) 연구 주제 선정의 어려움

(1) 어떠한 주제를 선정하는가

논문 작성을 하려면 우선 의문이나 관심을 갖게 되는 특정 현상을 발견하고 집중해야 한다. 논문을 써야 한다는 압박을 받을 때 단지 '쓰기 위한 논문'이 되어서는 안 될 것이다. 이 부분을 우선 분명히 해야 한다. 문제의식으로부터 시작하는 것이 중요하다.

연구자는 '기러기가족'의 대두에 대해 관심과 의문을 갖게 되었다. 연구자 자신에게 적용한다면 '자녀교육을 위해서' 가족 분거, 부부 별거를 감수할 수 있을까? 아무리 자녀교육이 중요하다고는 하여도 연구자가 선택할 수 있는 가능성은 없어 보였다. 그렇다면 "기러기가족은 어떠한 계기에서 그러한 결정을 하게 되는 것일까?" 하는 점에 대해 실제적인 관심과 의문을 갖게 되었다. 주제 선정이 의외로 어려울 수 있다고 보는데, 연구자의 경우는 기러기가족의 출현 및 증가, 사회문제로의 대두 등으로 시대 분위기의 도움이 컸다고 본다.

연구 주제를 선정하는 데에는 자신의 관심과 의문이 되는 현상이나 대상에 대해 평소에 숙고하고 관련 자료를 참고하며, 교수뿐만 아니라 학생들, 일상 속에서 만나는 많은 사람들과 대화를 통하여 감각을 지니는 것이 중요하다고 본다. 문제의식, 숙고과정을 거쳐 주제가 좀 더 분명해지면 이미 절반은 이루어진 것이나 다름없다.

2) 논문 작성에서의 어려움

(1) 연구과정의 우선순위 및 순환과정

논문 작성을 하면서 '다독(多讀), 다작(多作), 다상량(多商量)이 중요하다'는 말을 끊임없이 떠올리게 되었다. 연구 주제는 정해졌고 연구방법론도 질적 연구로 정해졌기에 연구참여자와의 실제 면담을 진행하는 것이 중요해지게 된다. 한편 면담자료가 중요하지만 주제와 관련된 자료를 다양하게 수집하고 관련 논문을 읽고 이론 작업을 하는 것이 여전히 중요하다.

그런데 많은 자료를 읽으면 읽을수록 갈피를 잡을 수 없었고, 또한 어떤 때는 우연히 떠오르는 중요한 통찰이나 초점을 놓쳐버리게 되는 일이 자주 발생하였다. 그리하여 읽는 것을 연기하고, 직접 논문에 삽입할 문장이나 떠오르는 짤막한 글들을 일단 써내려가기도 하였다. 이러한 작은 '글모음'들은 중요한 통찰을 주는 메모로 기능하였다.

그렇지만 후에 정작 논문을 써내려 갈 때에는 전체적인 흐름에서 나온 것이 아닌 단상들이므로 오히려 방해가 되는 때도 있었고, 어느 부분에 삽입해야 가장 적절할지가 분명하지 않은 때도 있었다. 이후에 전체 체계에서 볼 때 부적절한 부분은 매우 아까운 자료임에도 불구하고 삽입하지 못하고 그대로 유실되는 부분도 생겨났다. 그리하여 또 다시 직접 쓰는 것을 자제하고, 어떠한 틀에서 논문을 전개할지, 전체적인 구조를 어떻게 할지 생각하는 일이 더욱 중요해지게 되었다.

이처럼 '읽는 것'에서 '쓰는 것'으로, '쓰는 것'에서 '생각하는 것'으로, 다시 '읽는 것'으로, 다시 '생각하는 것'으로…… 끊임없이 오가게 되는 경험을 하였다. 이 작업은 자료의 양이 증가할수록 점점 더 통제하기 어려운 정도가 되었다.

연구자의 경우 메모지, 노트, 수첩, 신문조각 등 닥치는 대로 활용하여 메모된 것을 분실하기도 하였다. 따라서 주제가 정해지고 논문 작업에 들어간다면, 좀 두껍고 무겁더라도 한 권의 노트로 메모를 단일화하여 항시 휴대하고 다니면서 떠오르는 생각이나 참고할 자료를 그때마다 기록함으로써 중요한 통찰을 놓치지 않는 것이 필요하다는 것을 깨달았다. 경우에 따라서는 근사한 문장이 떠오르는데, 절대 잊어버릴 것 같지 않을 만큼 뚜렷하던 인상도 곧 잊혀지기 쉬우므로, 항상 기록하는 습관을 들일 필요가 있다. 지하철을 타고 다니다가, 혹은 커피숍에서, 혹은 다른 누군가와 대화를 나누는 도중이라도 이러한 영감이 떠오르기 마련이다. 메모 습관은 가장 중요한 부분이다.

에피소드 하나! 친구와 몇몇 사람들과의 식사자리에서 잘 모르는 사람의 이야기 도중 중요한 생각이 떠올라 노트를 꺼내어 기록하였더니, 그 사람은 이해할 수 없다는 표정으로 연구자를 바라보았다. 그래도 그 생각을 놓치는 것보다는 낫지 않은가!

이처럼 연구과정의 우선순위 및 순환과정을 겪어내는 과정 자체가 결과적으로는 논문 작성의 묘미일 수 있을 것이다.

(2) 참여자 선정

논문 작성과정에서 어려웠던 점은 무엇보다도 참여자 선정의 어려움이었다. 그 이유는 첫째, 기러기아빠의 희소성 때문이다. 기러기가족이 연구 당시 증가 추세에 있다고는 하여도 전체 인구수에 비하면 여전히 극소수이므로, 연구 참여자를 쉽게 구하기 어렵다고 볼 수 있다. 한 명의 참여자를 알게 되면 그 사람으로부터 소개받는 형식으로 참여자 모집이 이루어졌다. 일종의 눈덩이 표집(snowballing sampling) 방식이다. 그러므로 소개받아 알게 된 사람이 연구에 참여하지 않는다고 할 때에는 난감해질 것이다. 다행히 연구자는 주변에 기러기아빠인 사람이 몇몇 있었고 소개받을 수도 있어서 참여자 모집을 할 수 있었다. 연구 참여를 거부한 경우는 없었다. 그러나 시간이 많이 걸리는 일이었다. 예비연구로 두 달 정도 걸렸고, 참여자 모두를 만나 인터뷰하는 데에는 10개월의 시간이 소요되었다. 참여자를 면담하고, 그다음 참여자를 만나기까지 녹음 내용을 전사하고, 또다시 분석하고, 분석에서 드러나는 부분을 그다음 면담에도 반영하는 방식으로 연구 진행이 이루어졌다. 자료수집과 동시에 분석이 이루어지는 나선형의 순환관계인 것이다.

둘째, '가족 비동거'가 주는 이미지 때문이다. 기러기가족 유형은 부부 별거가 전제된다. 연구자의 연구 주제가 일반적으로 동거가 전제되는 통념적 가족과는 달리, 동거하지 않는 가족의 경험을 알아보려는 것이었기 때문이다. 또한 이전부터 있었던 생계형 비동거 가족과는 달리, 1990년 대 중반 이후 증가한 자녀의 조기유학으로 인해 출현한 '기러기가족'이라는 비동거 가족의 경험을 알아보려는 것이었다. 생계형 비동거 가족과는 달리 기러기가족 유형은 상류층, 부유 계층의 사람들이 자녀의 더 나은 입지를 위해 투자한다는 사회적 비판도 받는 입장이어서 참여자들 스스로도 떳떳하지 못하다고 느끼는 경우가 있었다. 방어적이 되기도 하고, 오해받을 것을 회피하는 심리도 있었다.

기러기가족의 경우 아직 돌봄이 필요한 자녀들을 위해 어머니가 외국에 함께 나가게 되므로 부부가 불가피하게 별거하게 되는데, 이 부분도 참여자들이 불편해하는 부분이었다. 새로운 가족 유형으로 이해해 달라고 호소하는 참여자도 있었고, 부부보다 자녀가 중심이 되는 한국 가족의 강한 자녀 사랑에서 나오는 이해할 만한 결정이라고 말하기도 하였다. 연구 참여자는 이러한 사회 인식을 의식하여 조심스러움을 보이기도 하였다. 이러한 부분이 참여자 선정의 어려움이었다.

3) 참여자 특성 및 참여자와의 만남 경험

참여자들로부터 드러나는 특징적인 부분들을 만남의 경험을 일부 제시함으로써 전체적인 윤곽과 의미를 파악하는 데 도움이 되고자 한다.

(1) 참여자들의 다양한 심리 상태 및 비언어적 메시지

참여자들은 자신이 기러기아빠임을 자랑스러워하기보다는 자녀교육을 위해 무엇인가 정상적이지 않은 노선을 취하였다는 쑥스러움의 표정을 띠는 경우가 종종 있었다. 자신이 기러기아빠임을 일상에서 전혀 노출하지 않는 경우도 있었다. 한편 부인과 자녀들을 외국에 보내고 교육비와 생활비, 체류경비 및 여행비 등 막대한 비용을 감당할 수 있다는 경제력에 대한 자부심을 동시에 가지고 있었다. 이러한 측면을 단순히 양가감정이라고 부르기에는 부족한 듯하다. 사회적으로는 쑥스러움을, 개인 내적으로는 자부심을 갖는다고 단언하는 것도 정확하지는 않다. 미묘함과 복잡성을 띠는 감정을, 그러한 감정의 표정을 발견할 수 있었다.

연구 주제가 가족 비동거였으므로 연구 참여자들이 스스로 사회적 시선을 의식하여 피해의식을 갖는 경우도 있었다. 예를 들면 자신이 기러기아빠라고 하면 주변에서는 부부 사이가 안 좋거나 이혼한 사람으로 보기도 하고, 친구들이 혼자 있는 자신을 불쌍하게 생각해서 돌아가면서 매일 술자리에 불러낸다는 것이다. 그렇게 자신이 동정의 대상이 되는 것도 못마땅한 일이므로 처음에는 술자리에 참석하지만 점점 뜸해지다가 고립된다는 것이다. 친척 모임도 시간 여유가 생겨 더 자주 가기보다는 점차 가지 않게 되어, 소원해지는 경우가 더 많았다. 그러므로 참여자들은 원래의 성격이 활발하고 외향적이었을지라도 점차 사회적으로 위축되며 감정을 혼자서 삭이게 되는 경향이 증가하는 듯 보인다.

어떤 참여자는 자녀 사랑, 자녀에 대한 투자를 말하지만 본인은 가족 동거 때보다도 더 자유로움을 누리는 듯한 말을 흘리기도 하였다. 그 부분에 대해 연구자가 상세히 듣고 싶어 하자, 곧 수정하고 부인하는 경우도 있었다. 이러한 다양한 메시지가 언어적·비언어적으로 드러나게 되었다.

(2) 참여자와의 면담 횟수, 면담 장소, 면담 선물

대부분 1~2회, 1회에 2시간 30분~3시간, 긴 경우 4시간 만났으며, 경우에 따라 2~3회 만난 참여자가 있었다. 면담 장소는 참여자가 편안해 하는 곳을 우선하였는데, 참여자의 사무실, 연구실, 병원, 조용한 찻집 등이었다. 처음에는 참여자들에게 따로 선물을 하지 않았으나, 네 번째 참여자부터는 클래식 CD를 선물하였다. 연구자가 후에 후속 연구를 위하여 미국으로 갔을 때 기러기엄마들을 인터뷰할 때에도 스타벅스 기프트카드를 선물로 제공하였다.

참여자들이 기꺼이 인터뷰에 응한다 할지라도 시간과 마음을 내어 응하는 만큼, 이러한 제공은 필요하고 연구자로서도 마음이 편해지는 일이므로 중요하다고 본다. 초기 면담에 응해준 참여자들에게 선물을 제공하지 못한 것에 대해 지금도 죄송하게 생각한다.

(3) 에피소드

① 인터뷰 동안은 고독한 시간을 잊을 수 있다

인터뷰 참여자 중 어떤 분은 가족이 모두 외국에 있어 한가하다고 하였으며, 인터뷰로 시간을 보낼 수 있다는 것에 안도하는 듯하였다. 이는 독거하는 참여자들이 홀로 시간을 보내는 일이 쉽지 않을 수 있음을 암시하는 부분이다.

그러나 대부분의 참여자들은 그 시간을 어떠한 방식으로든 채우려고 계획을 잡고 있었다. 예컨대 사업을 확장한다거나 부하 직원이나 사원들과의 주기적인 만남을 실행하거나 골프, 등산 등 운동을 더 열심히 하거나, 교회 활동에 더욱 열성을 보인다거나 하는 것이다. 일부 참여자는 자유롭게 지내는 것이 강점이라고 하면서, 아무도 없는 집에서 혼자 크게 음악을 틀거나, 옷을 갖추어 입지 않아도 되는 사소한 자유를 독거의 좋은 점으로 전해주었다. 이는 독거의 좋은 점을 찾아내려는 참여자들의 노력이라고 보이며, 그만큼 독거가 고통스럽다는 반증이기도 한 셈이다.

② 연구자에게 자신의 가치관을 주입하려는 참여자

어떤 참여자는 연구자의 인터뷰에 응하기는 하였지만, 여성인 연구자가 논문 쓰기에 애쓰고 분주한 모습을 보고 가정일에는 소홀할 것이라고 추측하였으며, 연구자에게 학업을 중단하기를 권하기도 하였다. 그는 사회적으로 높은 지위에 있는 남성임에도 불구하고 전형적인 남성 중심적, 가부장적 가치관을 지니고 있었다. 그는 현재 벌어지고 있는 모든 가정문제와 사회문제는 여성이 집안에서의 역할을 소홀히 하고 외부 활동을 하기 시작하면서 더 악화되었다는 단순 논리를 견지하고 있었다. 연구자는 그의 가치관에 대하여 논쟁하기보다는 인터뷰에 집중하였으나, 여성으로서 답답해지고 감정적으로 불편해지는 것을 경험하였다.

③ 인터뷰 기회에 자신의 평소 주장을 전개하는 참여자

모든 인간의 행동이나 관계는 상황에 적절해야 한다는 것이 전제되어 있다고 본다. 그러나 때로 인터뷰 취지와 무관한 논지를 전개하는 참여자가 있었다. 연구 주제에서 벗어나 있기는 하지만 참여자의 다른 측면을 발견할 수 있어서 경청하였으나, 상황과 무관한 이야기인 경우가 있는 것이다.

때로는 자신의 이야기가 아닌 제3자에 대한 이야기를 하려는 경우도 있었다. 이러한 현상은 임상 현장에서 상담을 할 때에도 발견되는 것인데, 연구자로서는 자기 이야기를 하고 자기 목소리를 내는 데 강화를 받지 못해 온 한국 사회와 문화 속에서 일어나는 일이라고 생각한다. 제3자에 대한 이야기를 함으로써 자신이 하고 싶은 이야기를 간접적으로 전하는 경우가 있기 때문이다.

이와 관련하여 참여자들과의 이야기에서 발견되는 또 하나의 측면은 대부분 자신과 가족의 이야기를 하다가 교육제도 및 정치적 문제, 정책, 사회문화적인 문제 등 거시체계에 대한 분개로 확장된다는 것이다. 어떠한 제도이든 모두를 만족시키는 것은 불가능할 터인데도, 마치 그 제도 때문에 나 같은 사람이 생겨날 수밖에 없다는 정당화로까지 이어지기도 하였다. 그리고 공교육제도가 제대로 된다면 기러기가족은 생겨나지 않을 것이라고 힘주어 주장하기도 하였다. 이 부분은 가족 분거에 대해 정당화하려는 무의식적 기제와도 관련이 있을 것이라고 본다.

④ 특징적 표현

연구자의 학위논문에서도 밝혔지만 연구 참여자들의 특징적 표현은 많은 것을 압축해 주기에 이곳에 다시 한 번 정리해 두면 다음과 같다.

표 1-2 연구 참여자들의 일반적인 특성

참여자	특징적 표현	참여자	특징적 표현
1	내가 돈만 버는 기계도 아니고……	2	남자와 여자는 완전히 다른 종족이다.
3	여기(한국)도 좋고 거기(자녀유학 국가)도 좋다.	4	'큰물에서 놀아라'는 생각으로 보냈다.
5	애들이 잘되는 것 외엔 남는 게 없다.	6	아버지로서는 아이들을 잃어버린 것이다.
7	기러기아빠의 좋은 점은 하나도 없다.	8	거기가 '작은 강남'이다.
9	애들을 이유로 집사람을 희생시킨 것이다.	10	엄청난 헌신이지만 선택의 문제이다.
11	마누라 없어지길 바라는 남자가 많다.	12	가족이 해체될 것 같아 두렵다.
13	가족에 대한 책임회피가 정당화된다.	14	기러기가족은 무조건 반대이다.
15	아버지가 따라가 있는 애들은 없을 것이다 (아버지까지 갈 수는 없다).	16	오래 안 가 (문화) 추세가 바뀔 것이다.
17	한국 교회는 이중 구조이다.	18	가정이 든든해야 내가 뭘 한다.
19	내가 여자면 혼자 살겠다.	20	나만 거두면 되니까 편하다.

이상에서 드러나는 것은 남성과 여성의 차이점, 즉 성차, 가족 해체 추세에 대한 감지 혹은 해체에 대한 두려움, 가족 전체의 중요성 혹은 가족 구성원 개인의 자유의 중요성 등 상반되는 측면이다. 이러한 다양한 측면은 연구 참여자의 개인적 특성 차이, 가족 상황의 차이, 가치관의 차이 및 삶의 지향 차이 등 복합적인 요인에 기인할 것으로 생각된다. 이 모든 면이 기러기가족으로서의 가족 경험을 가리키고 있다.

⑤ 해석된 이야기

연구자는 처음에, 연구 참여자들이 그들의 경험을 '객관적' 방식으로, '사실' 위주로 진술할 것을 기대했었다. 그러나 면담을 진행하면서 인간의 이야기에는 이미 화자의 관점이 들어가 있음을 발견할 수 있었다. 이것이 소위 '스토리'와 '내러티브'의 차이이다. 스토리가 이미 굳어진 형태의 이야기라면, 내러티브는 스토리에 관점, 메시지, 주제가 덧붙여진 것이다(고미영, 2007).

이러한 발견을 통하여 이야기에서 중요한 것은 역사적 사실이 아니라 **이야기적 사실**이라는 것을, 인간은 이야기를 통하여 자신의 정체성을 구성하고 수정해 간다는 사실을 확실하게 발견하게 되었다. 참여자들의 이야기는 그들의 해석을 담고 있고, 의미와 방향성에 따라 선택되고 선별된다.

또 하나 중요한 것은 연구 참여를 위한 면담을 통하여 마치 상담을 받은 것과 같은 효과를 경험하였다고 말하는 참여자가 꽤 있었다. 자신에 대해 이렇게 체계적으로, 일관되게 이야기하고 대화를 나누어 본 경험이 한 번도 없었다고까지 말하기도 하였다. 사회에서 중진이고 리더인 남성 참여자들을 대하면서, 연구자는 고독하고 대상이 없지만 대안이 없는, 한국 가족의 가장들의 모습을 부분적으로나마 경험할 수 있었다. 연구자는 이러한 경험을 통하여 상담이 하나의 운동처럼 한국 사회에서 활성화되어서 많은 사람들이 치유와 자기성찰의 계기를 가질 수 있는 장(場)이 되기를 바라게 되었다.

4) 녹음 문제

연구 참여자인 기러기아빠들의 사생활 보호를 위해 녹음된 내용을 전부 연구자가 전적으로 혼자서 직접 전사하였다. 녹취된 내용을 풀어낸 것이 A4 용지로 1인당 보통 17~18매, 많은 경우 23매였으므로 보통 고된 노동이 아니었다. 오십견이 생겨나고 피로가 누적되기도 하였다. 아르바이트생의 도움을 받으면 시간 절약도 되었을 것이나 참여자들의 정보가 누출되어서는 안 된다는 윤리의식에서 직접 전사하였고, 이는 잘한 결정이라고 생각한다.

인터뷰의 녹음된 내용을 풀면서 느끼게 된 것은 상담 축어록을 전사할 때처럼 현장에서는 파악하지 못하고 놓쳤던 부분들을 다시 한 번 보게 된다는 이점이 있다는 것이다.

한편 참여자의 말의 내용을 현장에서는 제대로 파악하지 못하고 달리 생각하고 있었던 경우가 아주 드물지만 있었다. 이때 연구자는 자신의 경청 능력에 대해 회의감이 들면서 놀라기도 하였다. 경청이 어려운 이유는 말을 듣는 속도가 말하는 속도보다 몇 배나 빠르기 때문이라고도 하는데, 경청에 대해 다시 한 번 생각하게 되었다. 녹음 전사과정은 현장 노트 기록에만 의존할 때 착오가 생겨나는 것을 방지하는 효과가 있기에 도움이 되었다.

5) 코딩 작업 중의 상호작용

연구자와 동일하게 근거이론 방법론을 사용하여 논문 작성을 하는 타과 학생과 긴밀하게 대화하는 시간을 가졌는데, 이는 매우 도움이 되었다. 학교에서 만나기도 하였고 전화로 장시간 논의하기도 하였다. 이러한 논의는 연구자의 연구뿐만 아니라 상대방의 연구에도 영향을 미친다.

연구자와 자주 논의하고 대화하던 그 박사과정생의 경우 참여자들로부터 도출해 낸 중심 현상을 그중 한 명의 체험 코드(in-vivo code)로 명명하였는데, 그것은 구어체로 표현된 것이었다. 그러나 논문 지도교수는 그 명명을 못마땅해 하여 학술적 추상명사로 고칠 것을 권유하였다는 것이다. 그러나 그 연구자의 의견은 추상명사로 표현되면 참여자들의 생생한 느낌이 전혀 살아나지 않는다고 보아 지도교수에게 자기 주장을 계속함으로써 관철하였다는 것이다.

이것은 하나의 예로서 그 지도교수는 질적 연구도 수행하지만 보다 이론 중심 및 양적 연구자였기에 질적 연구자의 명명과는 다른 견해를 가졌던 것으로 보인다. 연구자는 그 박사과정생이 명명한 구어체로 표현된 중심 현상이 훨씬 생생하게 참여자들의 경험을 표현한다고 보아 지지해 주고 강화해 주었다. 이러한 상호작용의 경험이 매우 귀하게 기억된다.

때로는 반드시 박사과정생이 아니더라도 전혀 다른 전공생, 혹은 가족 구성원과도 고심하고 있는 것을 나눈다는 것은 도움이 되었다. 이러한 과정을 거치면서 연구자가 배우게 되는 것은, 지식이란 인간의 상호작용 과정을 통하여 구성되고 수정되며 발견된다는 것이었다.

이처럼 질적 연구는 일상적이고 익숙한 경험으로부터 문제점, 주제들을 도출할 수 있고 새로운 의미를 기술할 수 있는 것이다. 특히 근거이론은 현장으로부터 귀납적으로 도출되는 소이론으로 볼 수 있으며, 이는 거대이론 못지않게 인간의 경험과 의미를 '두 텁게 기술'하여 준다.

질적 연구자는 그러므로 현상학에서 요구되는 자세, 다시 말하여 자신의 선입견이나 고정관념을 **괄호치기**(판단 중지, bracketing), 사태를 있는 그대로 바라볼 것이 요구된다. 또한 자신의 주관적 입장의 영향을 지속적으로 성찰하여야 한다. 상담 과정으로 비유하면 역전이(counter-transference)에 대한 자각에 소홀히 해서는 안 된다는 것을 절감하였다. 자연적인 세팅, 현장으로부터 귀납적으로 도출되는 현장이론인 근거이론은 그 결과를 비록 일반화할 수는 없다 할지라도 인간 현상에 대한 중요한 의미를 담지하는 도구로서 기능하는 것이다.

6) 검증 및 새로운 주제의 발견

연구 참여자들을 인터뷰하면서 연구자가 갖게 된 예상 중의 하나는 일상적이고 낯익어 보이는 경험들이기에 어떠한 주제가 제대로 도출되고 학술적으로 의미 있는 결과로 이어질까 하는 염려였다. 그러나 자료가 쌓여갈수록 그리고 참여자와의 만남이 늘어갈수록 개념이 포화되어 감을 느낄 수 있었고, 이는 신선하고 놀라운 경험이었다. 따라서 질적 연구자는 연구 시작점에서의 막막함이나 막연함을 불안해하지 말고 조금은 여유를 가지고 기다리면서 꾸준히 자료를 모으고 면담자료 이외에도 논문, 선행연구, 주변 사람들과의 이야기, 인터넷 자료 등을 다양하게 접할 필요가 있다. 인터뷰 자료에서 포화된 개념이 기존 이론이나 다른 자료와 부합하거나 혹은 부합하지 않는 것, 둘 다 의미가 있기 때문이다.

연구자의 경우 연구결과를 연구 참여자가 아닌 다른 기러기아빠들에게 이야기하였을 때 "바로 나의 이야기인 것 같다.", "정말 그렇다!"는 반응을 들을 수 있었다. 이를 **삼각검증법**(triangulation)이라 할 수 있다. 아쉬웠던 부분은 당사자들에게까지 세밀하게 피드백을 받을 시간적 여유가 없었다는 점이다. 앞으로 질적 연구를 할 때에는 연구 참여자들에게 검증받을 필요를 절실하게 느끼고 있다.

한편 연구 참여자와의 인터뷰를 통해서 강하게 느끼게 된 것은 참여자들이 모두 남성들이었음에도 불구하고 남성(기러기아빠)과 여성(기러기엄마)의 가족생활 경험이 다를 수 있다는 측면이었다. 그리하여 후에 연구자는 기러기엄마들도 인터뷰하였고, 남성과 여성의 가족 경험의 차이에 초점을 둔 논문을 '부부분거경험의 성별차이를 중심으로 본 기러기가족 현상'이라는 제목으로 가족과 문화 제18집 2호에 게재하였다. 또한 발견하게 된 것은 기러기가족의 독특한 사회심리적 기제였기 때문에 이를 후에 정리하여 '자녀의 조기유학으로 인한 분거 가족에서 나타나는 사회심리적 기제'라는 제목으로 한국가족관계학회지 제13권 3호에 게재하였다. 이 두 주제가 중요하게 발견되었다. 이때 사회심리적 기제로 투사(projection), 체면, 동조의 세 측면을 도출하였다. 이상의 새로운 두 주제가 중요하게 발견되었다.

▶▶ 참고문헌

고미영 (2007). 가능성을 불러오는 이야기의 힘. 국어국문학 146: 151-180.

신경림 · 장연집 · 조영달 · 김남선 (2003). 질적연구 용어사전. 서울: 현문사.

조용환 (1999). 질적 연구-방법과 사례-. 서울: 교육과학사.

Creswell, John W. (1998). *Qualitative Inquiry and Research Design Choosing Among Five Traditions. Sage Publications*, Inc.

Denzin, Norman K. & Lincoln, Yvonna S. (eds) (1994). *Handbook of Qualitative Research. Sage Publications*, Inc.

Lincoln, Yvonna S. & Guba, Egon, G. (1985). *Naturalistic Inquiry. Sage Publications*, Inc.

Strauss, Anselm & Corbin, Juliet (2001). 근거이론의 단계(*Basics of Qualitative Research: Grounded Theory Procedures and Techniques*). 신경림 역. 서울: 현문사.

▶▶ 연구자 소개

최양숙

학력

서울대학교 역사교육과 졸업

서울대학교 대학원 서양사학과 수료

연세대학교 연합신학대학원 상담학 석사

연세대학교 대학원 상담학 박사

경력

연세대학교 상담코칭지원센터 슈퍼바이저

다움상담코칭센터 전임상담사

연세대 연합신학대학원 상담전문과정 강사

서울가정법원 가사조정위원

저역서 및 논문

조기유학, 가족 그리고 기러기아빠 (2005. 한국학술정보)

'기러기아빠'의 비동거 가족경험(신학논단 특집 54. 2008. 연세대학교 신과대학)

부부분거경험의 성별차이를 중심으로 본 기러기가족 현상(가족과 문화 제18집 2호(여름호). 2006. 한국가족학회)

2

기독 장애 대학생의
청년기 적응 연구

안명숙

1. 사용한 연구방법론

사용한 연구방법론은 **근거이론 방법론**(Grouned Theory Approach)이다. 본 연구는 장애 대학생들이 경험하는 현상을 고정된 관념이나 이론적 체계의 틀에서 벗어나 생생한 경험의 실제를 존중하며 내부자 관점으로 한 사람 한 사람의 인생을 심도 있게 이해하고자 하였는데, 이를 위해 질적 연구방법 중 근거이론 접근방법을 사용하였다. 근거이론 방법은 경험의 다양한 조각들로부터 개념과 관계를 발견하여 기본적인 이론을 생성하는 것이다. 근거이론 방법론은 관찰자에게는 혼란스러워 보이지만 연구대상 집단은 명료하게 표현되지 않은 사회적·심리적 문제를 공유한다는 가정을 세운다(신경림 외, 2005). 본 연구는 기독 장애 대학생들이 갖는 공통적인 청년기 경험의 특징을 발견하고자 하며 적응의 패턴을 발견하여 잠정적인 이론화를 목적으로 하고 있기에 근거이론 방법론의 적용이 합당하다고 보았다.

2. 연구의 문제와 목적 및 논문의 명칭

본 연구에서 다루고자 하는 연구 문제는 "기독 장애 대학생들의 청년기 중심 현상과 이에 영향을 미치며 관여하는 조건들은 무엇이며, 이에 대한 전략적 적응 유형이 어떻게 나타나는가?"이고 목적은 기독 장애 대학생의 청년기 경험의 중심 현상과 적응의 패턴을 발견하여 잠정적인 실체 이론을 도출하고 그 결과를 기반으로 목회상담적 함의를 밝히는 것이다. 논문의 명칭은 '기독 장애 대학생의 청년기 적응 연구'이다.

3. 연구 진행 과정

1) 연구 대상의 선정

표 2-1 연구 참여자들의 일반적인 특성

	성별	연령	학년	장애 발생시기	장애 등급	장애 유형
참여자 1	남	22세	3	선천성	2급	뇌병변장애
참여자 2	남	20세	1	선천성	2급	뇌병변장애
참여자 3	여	23세	2	선천성	4급	지체장애
참여자 4	남	23세	3	선천성	3급	시각장애
참여자 5	남	24세	4	선천성	1급	뇌병변장애
참여자 6	남	26세	4	선천성	1급	지체장애
참여자 7	여	22세	2	선천성	6급	청각장애
참여자 8	여	28세	4	후천성	1급	지체장애
참여자 9	여	23세	3	선천성	3급	청각장애
참여자 10	남	24세	4	후천성	2급	뇌병변장애

근거이론 방법론을 사용하는 본 연구에서는 이론을 발전시키는 데 적합한 대상자를 인위적으로 표집하는 이론적 표본추출에 의해 참여자를 선정하였다. 특히 **개방 표본추출**

(open sampling)과 **관계적·변화적 표본추출**(relational and variational sampling)의 방법을 따랐다. 선정된 연구 참여자의 일반적 특성은 다음과 같다.

2) 자료수집 및 분석과정

자료수집에서는 질적 연구의 신뢰성과 타당성을 높이기 위한 방안으로 심층면담, 관찰, 기존 이론과의 비교 등 다양한 자료의 원천을 활용하여 신뢰성을 검증하는 **삼각검증법** (triangulation)을 사용하였다. 연구질문은 기본 질문과 반구조화된 질문을 사용하였다. 연구 참여자 선정 방법은 지인소개 방법 또는 학교 장애지원센터의 협조 공문을 통해 동의받은 학생을 대상으로 하였으며, 이론적 포화(theoretical saturation) 상태에 이를 때까지 자료를 수집하려고 노력하였다. 심층면담은 연구의 목적, 1시간 이상의 면담 시간 그리고 추후면담의 가능성 등을 기재한 연구 참여 동의서에 사인을 받은 후 진행되었고 시간은 대개 1시간에서 2시간이 소요되었다. 면담 내용은 동의하에 녹음되어 전사되었으며 전사된 내용은 원자료로 사용되었다. 원자료를 분석하면서 미진한 부분은 전화 통화로 보완하였다. Creswell의 분석과정에 따라 첫 인터뷰를 마침과 동시에 범주화 과정을 통해 코딩과 분석을 시작하였고 각 자료를 주의 깊게 읽으면서 자료의 실체를 개념화, 조직화하여 구체적인 패러다임을 도출하고자 하였다. 연구결과에 대하여는 신뢰도를 높이기 위해 상담학 박사에게 몇 차례 논의와 자문을 받았으며, 연구결과를 연구 참여자에게 제시하여 "맞아 바로 그거야!"라는 반응을 확인함으로써 타당도를 높였다.

4. 심층면담 질문지

① 장애의 종류와 장애가 생긴 경위에 대해 말씀해 주십시오.
② 대학 생활을 하는 데 장애가 있었다는 것이 어땠는지요?
③ 학교, 교회, 가정에서의 생활에 대해 말씀해 주십시오.
④ 신앙 생활은 어떠하며 하나님에 대해서는 어떤 생각을 가지고 있는지요?
⑤ 대학 생활에서 가장 좋은 점과 힘든 점은 무엇인가요?
⑥ 앞으로의 계획이나 바람은 무엇인가요?

표 2-2 연구 참여자의 일반적인 특성

기간 (연, 월)	단계	내용	비고
2013. 8	1단계 예비연구	초점 집단을 구성하여 예비연구 후 예비조사 연구결과를 토대로 연구 질문을 작성하였다.	장애지원센터와 학습지원센터에 협조 공문 발송
2013. 9	2단계 연구 참여자 선정 및 심층면담	1차 참여자들을 선정한다. 개방 표본추출로 참여자의 내용을 심층면담하고 녹음된 내용을 전사한 뒤 분석과정	장애지원센터와 학습지원센터를 통해 소개받은 지원자, 초점 집단원 중 지원자, 눈덩이 표본추출, 개방 표본추출로 연구 참여자 선정
2013. 10~11	3단계 이론적 민감성	계속적으로 2차, 3차 참여자를 선정하여 인터뷰를 진행해 가는 동시에 이론적 민감성을 위해 문헌고찰을 하게 된다.	
2013. 12	4단계 다차원적 자료수집	학술적 문헌연구나 비학술적 자료들을(TV, 인터넷)을 통한 연구로 이론적 민감성.	
2014. 1	5단계 자료의 탐구	심층면담의 내용, 다차원적 수집 자료들을 통해서 이론적 포화 상태에 이르기까지 자료를 반복적으로 수집하고 이 자료들로부터 '있는 그대로의 경험'을 탐구한다.	장애지원센터 관리자와의 공동 토론, 상담학 박사로부터의 자문을 통해서 신뢰도와 타당도 고려
2015. 2	6단계 자료의 분석	이론적으로 포화된 자료를 질문하기, 비교하기의 방법을 통해서 계속적으로 분석해 간다. 분석과정은 개방 코딩, 축 코딩, 선택 코딩의 순으로 한다.	
	7단계 글쓰기	참여자의 언어를 사용하여 여러 번 다시 쓰기를 하면서 정리하고 도출된 연구결과를 논의하여 완성한다.	연구결과를 대상자에게 제시하여 반응 확인

5. 질적 연구 인터뷰 노트

1) 논문 작성과정에서 어려웠던 점

(1) 집중할 수 있는 시간 확보의 문제

논문을 작성할 때에는 집중적으로 시간을 할애하여 작성하는 것이 효율적이다. 왜냐하면 논문에만 집중하는 시간을 낼 수 있다면 원자료들을 읽으면서 생생한 느낌과 통찰의 감각을 일정하게 유지하기에 좋기 때문이다. 그러나 상황의 한계에 의해서 논문에만 집중하는 시간을 갖는 것이 쉽지 않았다. 직업상 요구되는 다양한 일들을 하면서 짬을 내어 논문을 쓸 수밖에 없는 상황에서 질적 연구가 요구하는 생생한 현장성에 대한 감각을 유지하는 것이 쉽지 않았다. 그래서 되도록 주말을 이용하여 인터뷰 내용들을 전사하거나 분석하고 본격적으로 논문을 작성하는 시간은 방학을 이용하여 집중할 수 있도록 하였다.

(2) 연구 대상자와의 관계성 문제

본 연구자의 연구 대상자는 연구자가 속한 대학의 장애 학생들로서 편의표집을 하였는데, 장애 학생들이 연구자에 대해서 어렵게 느끼고 불편하다고 표현하였다. 그리하여 편안하게 자신의 이야기를 하는 데 대해 어려움이 있었다. 이 어려움을 처리하기 위해서 인터뷰 장소를 연구실이 아닌 학생상담센터로 하였다. 연구실에서 인터뷰를 하면 연구자에 대해서 느끼는 불편함이 더 커질 것이라는 판단에서였다. 인터뷰에서는 따뜻한 차와 함께 잔잔한 음악을 틀어 편안한 분위기를 조성하기 위해 노력하였다.

(3) 공용기관생명윤리위원회의 윤리 지침에 따라 연구내용을 검열받는 과정의 어려움

사회적 소수 계층이나 미성년자를 대상으로 하는 연구 또는 인체를 직접 연구하는 실험 연구의 범주는 연구의 윤리적 측면을 고려하기 위하여 연구를 계획하는 단계에서 공용기관생명윤리위원회(IRB)의 심사를 받도록 되어 있다. 이 심사를 받기 위해서 연구윤리 강의를 일정 시간 수료해야 한다. 다행히도 인터넷 강의로 개설이 되어 있어서 연구자들의 편의를 돕고 있다. 윤리위원회의 심사과정은 매우 까다로운 엄격한 기준을 제시하고 있기 때문에 연구자들이 신경을 많이 쓰게 된다. 그러나 이 윤리 규정을 잘 지키면 연구 대상자들의 보호에 도움이 되고 연구자는 연구 윤리성에 대한 감각이 커지게 된다는 장점이 있다. 본 연구자도 이 심사에 임하여 몇 번의 연구 계획의 수정 끝에 연구 진행의 허락을 받게 되었다. 또한 윤리위원회는 연구 설명서와 동의서 등 기본적인 연구 계획의 틀을 제공해 줌으로써 연구자에게 도움을 준다. 연구자는 연구 참여자에게 윤리위원회의 심사를 받은 설명서와 동의서를 심층면담에 앞서서 연구 참여자를 위한 '설명서'와 '동의서'를 제시하고 연구에 대한 충분한 정보를 제공하였다. 설명서에 포함할 내용은 연구의 배경과 목적, 연구 참여 대상에 대한 정보, 연구방법, 연구 참여 기간, 연구 참여 도중 중도 탈락에 관한 내용, 연구 참여에서 오는 부작용 또는 위험요소, 연구 참여에 따른 이익 여부, 연구에 참여하지 않을 수 있는 자유, 개인정보에 대한 비밀보장 등의 내용이 제공되었다. 즉, 수집된 정보는 개인정보보호법에 따라 적절하게 관리될 것인데, 관련 정보는 연구 책임자만이 접근할 수 있는 잠금장치를 사용한 파일에 보관될 것이며, 연구를 통해 얻은 모든 개인정보는 참여자의 이름을 익명화하여 개인적인 식별을 할 수 없도록 하는 등 비밀보장을 위해 최선을 다할 것임을 알렸다. 이 내용 외에 또 다른 문의 사항이 있는지를 확인한 후, 연구 참여자로서 권리에 대한 질문이 생겼을 때 연락할 수 있도록 연구자 본인의 연락처와 보건복지부 지정 공용기관생명윤리위원회(IRB)의 연락처를 알렸다. 설명서에 대하여 충분히 인지한 것을 확인한 후, 작성된 연구 참여에 대한 동의서를 제공하였다. 동의서에 포함된 내용은 설명문을 잘 인지하였음에 대한 내용, 연구 참여에 대한 위험과 이득을 이해했다는 내용, 참여에 자발적 동의한다는 내용, 정보수집에 동의한다는 내용, 보건당국이나 공용기관생명윤리위원회의 실태 조사 시 개인신상정보 열람에 동의한다는 내용, 철회의 자유와 사본 보관에 대한 내용이 포함되었다. 연구 참여자와 연구자 공히 성명과 서명과 서명일에 자필서명하였다. 연구 참여자는 설명서와 동의서의 사본을 연구 참여가 끝날 때까지 보관하게 될 것이고, 연구 관련 자료들은 연구 종료 3년 후 분쇄 방법으로 폐기될 것임을 알렸다.

2) 과정의 소감

질적 연구를 한다는 것은 어떤 한 현상에 대한 공감능력을 키우는 것이었다. 본 연구자가 관심을 갖게 된 장애 현상에 대해 막연하게 외부자의 시각으로 다가갔으나 인터뷰를 진행하면서 장애인 당사자의 심리사회적 세계에 대해 이해하게 되었고 그들의 분투와 노력 그리고 꿈에 대해서 감동받았다. 인터뷰를 진행하고 논문을 작성하면서 연구 이전과 이후가 분명히 달라지는 경험을 하였다. 가까이서 바라보면서 대화를 나누는 것을 통해서 호감도가 높아졌다. 그들이 당면하고 있는 어려움과 부당한 대우에 대해서 마음이 아팠고 분노감이 생겼다.

3) 준비과정에 대한 기술

첫째, 논문의 주제를 선정하였다. 논문 주제를 선정하는 데는 연구자의 관심과 흥미 요소가 있다. 동시대의 현상 중 연구자에게 매력을 끄는 주제가 논문 주제가 될 것이다. 본 연구자는 소속되어 있는 대학에서 소수에 속하는 장애 학생들의 학습과 적응 지원을 담당하는 학생상담센터 일을 하고 있기 때문에 이들 장애 학생들에게 특히 관심을 가져야 하는 당위성에서 출발하였다.

둘째, 장애 학생들에 대해 무엇을 연구할 것인가 하는 문제이다. 이를 위해 주제와 관련된 논문이나 책을 준비하여 읽어 나가면서 연구의 주제를 명확히 해나가게 된다. 대학에서 장애 학생들은 소수에 속하지만 전체 청년 장애인의 범주에서 보면 사회 적응에 성공한 경우에 속한다. 그러나 대학에서 이들의 삶은 과연 어떠한가 하는 관심이 생겼다. 그리하여 청년기라는 발달시기를 지나고 있는 이들의 대학 현장에서의 적응 내지 삶의 형태에 대한 연구 질문을 형성하게 된다.

셋째, 연구 참여자들을 선정하게 된다. 연구 참여자들을 모집하기 위해서 우선 학교 학생처에 동의를 구하여 장애 학생의 명단과 연락처를 얻고, 학생들에게 개별적인 연락을 하여 만나고자 하는 연구 계획을 세웠다.

넷째, 위의 내용들로 연구 계획을 작성하고 이를 공용기관생명윤리위원회(IRB)에 통보하여 연구 허락을 받게 된다.

다섯째, 이상의 준비과정이 끝나면 본격적으로 연구 대상자들을 표집하여 인터뷰를 시작하면서 포화에 이르기까지 인터뷰와 연구분석을 진행하게 된다.

4) 논문 준비와 진행 시간

본 연구자는 대학의 장애 학생들을 직접 만나 인터뷰하는 방식이기 때문에 학기 중에 인터뷰를 끝내야 한다는 어려움이 있었다. 그리하여 방학 중에 연구 계획을 완성하고 학기가 시작되면서 학생처에 문의, 동의를 얻어 학생들을 한 명씩 만나게 된다. 준비기간은 방학을 이용한 두 달, 인터뷰 포함 연구 진행 시간은 학기 중 세 달, 인터뷰 내용을 분석한 것으로 논문을 작성하는 것은 이후 이어지는 두 달이 된다. 즉, 한 편의 논문 완성을 위해 할애되는 시간은 7개월가량이라고 볼 수 있다. 이후 논문을 학회지에 게재하는 시간을 더하면 연구 시작부터 학회지 게재까지 1년에서 2년을 생각할 수 있다.

5) 인터뷰 녹음의 전사과정

인터뷰 녹음을 들으면서 전사하게 되는데 한 사람의 인터뷰 대상자당 녹음 전사의 분량은 10~20페이지에 달한다. 녹음 전사 작업은 연구자가 직접 하는 것이 좋고 인터뷰가 끝난 후 바로 시작하는 것이 좋다. 녹음을 전사하는 것은 많은 시간을 필요로 하지만 연구자가 직접 하는 이유는 녹음한 것을 전사하면서 내용을 더 잘 이해할 수 있게 되고 연구 흐름과 주요 주제와 개념에 대해서 아이디어를 얻게 되며, 그다음 연구 참여자에게 질문할 내용을 구상할 수 있기 때문이다. 또한 인터뷰 내용을 전사하면서 연구 참여자의 표정이나 억양을 연상할 수 있기 때문에 진술이 담겨 있는 의미들을 추론하여 분석함에 있어서 용이하다.

6) 참여자 선정 과정

참여자를 선정하는 것은 편의적 표집 방법에 따르게 되었다. 학교의 학생처에 문의하여 재학 중인 장애 학생들의 명단을 구하고 한 사람씩 개인적으로 연락하여 약속 시간을 잡았다. 연구 설명서와 동의서를 제시하고 연구에 대해 설명하게 된다. 인터뷰 장소는 장애 학생이 편안하게 임할 수 있는 학생상담센터로 하였다. 인터뷰 시간은 1~2시간 내외였다. 인터뷰 횟수는 보통 1회로 하였고 미진한 부분에 대해서는 전화로 추가질문을 하여 내용을 보충하였다. 인터뷰에 응해준 데 대해 고마움의 표시로 만 원 상당의 펜을 선물로 주었다.

7) 연구의 타당화를 위해서 동료 박사들과 논의함

연구 내용의 타당화를 위해서 인터뷰 내용을 전사하는 과정에서 나타나는 개념들을 몇몇 동료 박사에게 알리거나 장애 관련서적을 참고하여 장애현상의 개념들을 확인해 나갔다.

연구결과가 과연 신뢰할 만한가, 즉 관련 전문가나 관계자들에게 공감적인 반응을 얻느냐 하는 문제를 해결하기 위해서 연구 과정과 결과를 동료 박사나 장애지원센터장, 학생처장에게 논의하였다. 특히 질적 연구를 수행한 동료 박사에게 연구결과에 대해 설명하고 의견을 구하였다. 또한 연구결과에 대해서 연구 참여자에게 보여주고 공감적인 의견을 확인하였다.

▶▶ 참고문헌

신경림, 조명옥, 양진향 (2005). 질적 연구방법론. 서울: 이화여자대학교출판부.

Creswell, J. W. (2007). Qualitative *Inquiry and Research Design: Choosing Among Five Approaches (2nd ed)*. Thousand Oaks, CA: Sage.

Mathison, S. (1988). Why trianguate? *Educational Research*. 17(2). 13-17.

Strauss, A. & Corbin, J. (1998). *Basic of Qualitative research: Ground theory procedures and techniques*. (Newbury Park: Sage Publication, 1998).

▶▶ 연구자 소개

안명숙

학력
성균관대학교 교육학과 졸업(문학사)
장로회신학대학교 신학대학원 졸업(Th.M.)
연세대학교 연합신학대학원 신학 석사(Th.M, 목회상담학 전공)
연세대학교 대학원 신학 박사(Ph. D, 목회상담학 전공)

경력
서울장신대학교 신학과 조교수
서울장신대학교 학생상담센터 소장
한국기독교상담심리학회 수련감독
한국정신건강상담사협의회 정신건강증진상담사 1급
임상심리사 2급

저역서 및 논문
목회상담 이야기: 공감과 수용이 필요한 때(2014, 서울장신대학교)
상담이론과 내면탐색 (2011, 라온북)
목회신학과 실천신학의 이해 (2007, 대한기독교서회)
삶에 열정을 주는 내러티브 연구(2014, 서울장신논단)

3

노년기 성 갈등 유형의
상호학문 간 연구

이호선

1. 연구 진행 과정

근거이론 혹은 토대이론을 연구방법론으로 채택했으며, 전체 연구 진행 과정은 예비연구, 사전준비 작업(연구 목적 설정과 연구방법에 대한 논구), 자료수집, 자료분석, 결과분석 및 글쓰기로 진행되었다. 연구의 전체 진행 과정은 [그림 3-1]을 보라.

2. 예비연구

본 연구를 위한 예비연구는 2001년 11월에 실시되었다. 예비연구 면담 대상자로는 61세의 서옥지(가명, 여성 노인)와 71세의 조천수(가명, 남성 노인) 부부를 대상으로 심층면담을 실시하였다. 이들 부부는 잘 알고 지내던 이들로서 38년의 결혼관계를 유지했으며 도시와 농촌에서 각각 20년, 18년의 기간을 지냈다. 예비연구 당시 성생활이 가능할 정도의 건강 상태를 유지하고 있었으며, 남성과 여성 모두 성(性)에 대해 본 연구자에게 분명한 공동 연구자가 될 수 있다고 생각되어 선정하였다.

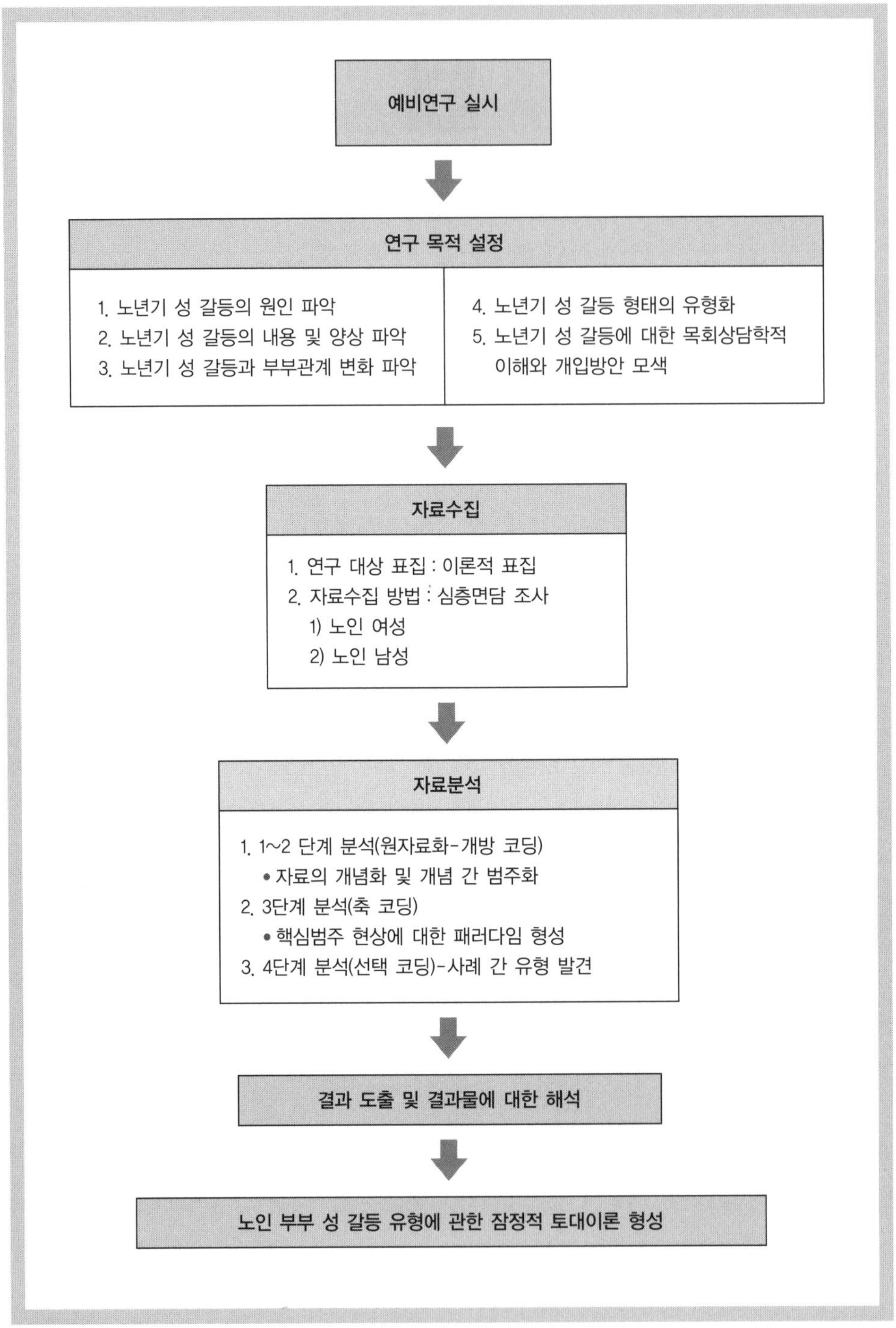

예비연구 실시

연구 목적 설정

1. 노년기 성 갈등의 원인 파악 2. 노년기 성 갈등의 내용 및 양상 파악 3. 노년기 성 갈등과 부부관계 변화 파악	4. 노년기 성 갈등 형태의 유형화 5. 노년기 성 갈등에 대한 목회상담학적 　　이해와 개입방안 모색

자료수집

1. 연구 대상 표집 : 이론적 표집
2. 자료수집 방법 : 심층면담 조사
　　1) 노인 여성
　　2) 노인 남성

자료분석

1. 1~2 단계 분석(원자료화-개방 코딩)
　• 자료의 개념화 및 개념 간 범주화
2. 3단계 분석(축 코딩)
　• 핵심범주 현상에 대한 패러다임 형성
3. 4단계 분석(선택 코딩)-사례 간 유형 발견

결과 도출 및 결과물에 대한 해석

노인 부부 성 갈등 유형에 관한 잠정적 토대이론 형성

그림 3-1 연구 진행 과정

예비연구는 단일사례 연구 조사법을 사용하였으며, 반개방형 질문지를 사용하여 면담이 실시되었다. 면담 시 연구 내용을 충분히 설명하고 동의서에 서명하였다. 면담 시간은 조천수(남성) 120분, 서옥지(여성) 130분이었으며, 면담은 일반 녹음기를 사용하였고 분리된 공간에서 이루어졌다. 면담 내용 전사 자료는 남성 노인 18장, 여성 노인 25장이었다. 자료에 대한 분석 결과는 다음과 같았다.

▶ **여성 노인**

1. 성적 욕구가 거의 없다. 이것은 한(恨)이라는 감정적인 정서 때문이다.
2. 남편이 성행위 의지를 보일지라도 자신의 감정 상태에 따라 거부하기도 한다.
3. 성행위가 거북할 경우라도 폭력적인 상황이면 응한다.
4. 성행위 시 윤활액이 충분히 분비된다.
5. 성행위 시 성 보조기구를 사용하지 않는다.
6. 성행위 시 오르가슴을 대부분 경험한다.
7. 성행위 후 만족스럽다는 생각이 든다.
8. 경우에 따라 배우자의 성적 요구에 대해 스트레스로 인한 정서장애를 경험한다.
9. 심리 상태와 과거 감정에 대한 배우자의 이해와 배려를 기대한다.
10. 배우자의 독선적인 반응에 대해 적절한 해소 통로가 필요하다.

▶ **남성 노인**

1. 성적 욕구가 비교적 왕성하다.
2. 성행위는 주로 남성에 의해 이루어진다.
3. 성행위 시 남성과 여성 모두 주도적인 역할을 한다.
4. 사정 후 체력적인 위기 없이 정상적인 생활로 곧 복귀한다.
5. 1개월 기준 1회 정도의 성행위를 기대한다.
6. 배우자의 성적 요구 거부에 대해 정신적 스트레스를 받는다.
7. 배우자의 성생활 거부에 대해 심리적 영향으로 짜증이나 폭력 등 공격적인 반응을 보인다.
8. 노년 남성들의 성적 욕구 해소를 위한 사회적 대안이 필요하다.

3. 연구 대상 표집 방법 : 이론적 표집

본 연구에서는 Strauss와 Corbin(1990)이 제시하고 있는 개방적 표집과 연관 있는 다양한 표집(relational and variational sampling) 방법을 사용하였다. 개방적 표집은 잠재적으로 현상에 포함된 범주를 가능한 많이 발견하기 위함이고(Strauss & Corbin, 1990), 자료를 분석하는 과정에서 연구 자료를 체계화하고 현상의 패러다임을 설정하는 데 있어서 필요한 범주의 밀도를 심화시키기 위하여 연관적이고 다양한 표본표출이 요구되었기 때문이다.

4. 연구 대상자 선정

본 연구에서는 면담 조사 대상자로 65세 이상의 유배우자 노인들을 선정하였다. 본 연구가 노년기에 배우자와 성생활을 유지하고 있는 자가 갖는 성 갈등의 내용과 원인 및 관계 변화를 중심으로 하기에 장기적이며 정기적으로 부부 간 성생활을 하고 있는 노인으로 그 대상을 한정했다. 그리고 25년 이상의 결혼 상태 유지의 경우 재혼의 형태도 포함시켰다. 연구 대상자는 다음의 조건을 충족시키는 자들을 대상자로 선정하였다.

첫째, 합법적인 결혼 상태를 유지하고 있는 자로 부부 모두 65세 이상, 25년 이상의 결혼생활을 유지하고 있는 자로 한정한다. 결혼 기간이 짧을 경우 본 연구가 살피고자 하는 성 갈등의 결과로 나타나는 부부 간의 관계 변화에서 장기간의 부부 간 역동을 통해 드러나는 변화의 이슈를 명확하게 파악하기 어렵기 때문이다.

둘째, 자녀와 분리되어 독립 가구를 형성하고 있는 자로 한정한다. 이는 최근 들어 노인 부부가 자녀의 출가와 동시에 자녀들과 분리하여 단독 가구를 형성하고 있는 추세가 늘어가고 있기 때문이다. 이에 따라 면담 대상자도 노인 부부 단독 세대 가구로 한정한다.

셋째, 신체적·정신적으로 성생활이 가능한 자로 그 대상을 한정한다. 노인의 경우 심각한 심근계 장애나 치매 혹은 중증 장애의 경우 실제적인 성생활이 규칙적이지 않거나 불가능할 경우가 많기 때문이다.

넷째, 연관적이고 다양한 표집을 위해 그 대상자를 기독교인와 비기독교인, 취업인과 비취업인, 거주지별로는 서울(강남, 강북, 강서, 강동), 경기도, 인천 등에 거주하는 경우를 포함시켰다.

5. 연구 대상자 선정 과정

연구 대상자 조건에 해당하는 대상자 모집을 위하여 본 연구자는 자연스럽게 많은 노인들을 만날 수 있는 경로당이나 노인정과 마을 회관이나 노인 복지관을 임의로 방문하였으며, 일부 대상자들은 지인들의 소개를 통하여 방문 면담하였다.

경로당 혹은 노인정은 28곳, 마을 회관 혹은 노인 복지관 4곳을 임의로 접촉하였다. 경로당 혹은 노인정은 주로 인구가 밀집한 아파트 지역을 선정하였다. 아파트 지역 경로당(노인정)은 주로 관리 사무실과 같은 건물에 있는 경우가 많았다. 노인들과의 접촉을 위해 관리 사무소장을 만나 경로당 입실과 방문 및 면담에 대한 협조를 얻고 경로당 책임자(회장)를 만나 대상자를 의뢰받았다. 경로당이 주택 밀집 지역에 있을 경우에는 임의로 방문하여 전체 노인들에게 방문 목적과 면담 방법에 대해 설명한 후 자원자를 받거나 참여자를 추천받았다. 마을 회관의 경우는 경기도 이남 지역이었으며, 이때는 마을 이장에게 협조를 구한 후 대상자를 의뢰받는 형태를 취했다. 특히 경로당이나 마을 회관의 여성의 경우 상당수가 배우자가 사망한 경우였고, 남성의 경우 발기부전으로 성생활 자체가 중단된 경우가 있었기 때문에 혹시 대상자들 외의 노인들이 부당한 대우를 받는다는 오해가 없도록 최대한의 배려를 하였다.

지인들에게 소개를 받은 경우는 소개자에게 연구에 대한 충분한 설명을 하도록 했으며, 연락처와 거주지를 받고 전화로 약속을 정하고 방문하는 형식을 취하였다. 이 경우는 남성 1명과 여성 3명이었으며 인터뷰 당시 배우자는 동석하지 않았다.

경로당(노인정)이나 마을 회관에서 만난 연구 참여자들은 심층면담을 위해 경로당 내 분리된 작은 공간을 허락 받아 그곳에서 인터뷰를 실시했다. 지인을 통해 소개를 받은 대상자들은 모두 대상자의 집에서 면담을 실시했다. 모든 연구 대상자와의 면담은 연구 내용의 특성상 비공개된 장소에서 이루어졌다. 그러나 대상자 중 남성 1명은 본인의 요구에 따라 공개된 장소에서 면담이 이루어졌다.

6. 심층면담 질문지

아래의 질문은 여성 A와 남성 B의 성(性)생활에 관한 것입니다. 질문을 천천히 읽어 보시고 솔직하고 자세한 응답을 기대합니다. 질문의 표현이 직접적이고 당혹스러울 수도 있습니다. 그러나 앞서 말씀드린 바와 같이 익명성 및 일체의 자료들이 철저하게 보장됩니다. 질문에 응답하실 때에 직접 쓰시거나 혹은 말씀해 주시면 녹음을 통하여 기록하도록 하겠습니다. 질문지를 작성하는 처음이나 혹은 중간, 혹은 이후 2003년 12월 30일까지는 언제든지 연구의 중지를 요청하실 수 있습니다.

노년기 성 갈등 유형 연구를 위한 질문지 - 1

1. 최근에 성적 욕구를 느낀 적이 있습니까?(언제, 몇 회, 어떤 상황에서, 대상은?)
   (귀하가 느끼는 노년 시기의 성적 욕구에 대해 어떤 감정을 가지고 있습니까? 예 : 당연함, 수치심 등)

2. 최근 배우자에게 성적 욕구를 느껴본 적이 있습니까?
   (1) 언제, 몇 회, 어떤 상황에서?
   (2) 귀하가 느끼는 성적 욕구에 대해 동성 혹은 이성 대상과 서로의 경험을 이야기해 본 적이 있습니까? 이때 이야기를 기피하거나 수치심을 느낀 적이 있습니까? 있다면 왜?

3. 배우자에게 성적 욕구를 느꼈을 때 구체적으로 성적 욕구를 표현한 적이 있습니까?
   (1) 있다면 구체적으로 어떻게 표현했습니까? 왜?
   (2) 거절을 당했을 때, 심리적 · 육체적 영향이 있었습니까? 있었다면 어떤 것이었습니까?
   (2-1) 거절에 대해 배우자에게 특정 행동이나 언어를 사용한 적이 있습니까?
   (자존심의 문제를 포함하여) 왜?

(계속)

(2-2) 배우자(혹은 본인)가 거절하는 이유는 무엇이었습니까?

4. 배우자가 성적 욕구를 표현했을 때 당신은 어떤 느낌이었습니까?
   (귀하의 감정적 연령(혹은 정서적 연령)은 몇 살이라 생각하십니까?)

5. 배우자의 표현에 대해 당신은 어떻게 대응했습니까?(그때의 감정을 어떠했습니까? 대응이 있었다면 직접적으로 성행위를 했습니까? 혹은 다른 방법을 사용했습니까? 다른 방법은 구체적으로 어떤 것이었습니까?)

6. 부부 간의 성(性)행위의 빈도는 어느 정도입니까?(예 : 애무는 몇 달에 몇 번, 직접적인 성행위는 몇 달에 몇 번, 이때 상대방의 반응은 어떠했습니까?)
   (1) 빈도가 높거나 낮은 이유는 무엇이라고 생각하십니까?
   (2) 빈도가 높거나 낮은 경우 부부 관계와 일상생활에는 어떤 영향이 있습니까?

7. 부부 간의 성행위를 위하여 성(性) 보조기구를 사용하십니까?(예 : 비아그라 복용이나 윤활제 사용, 이외 기타 성행위 시 사용하는 여러 보조기구 등)
   (1) 보조기구는 어떻게 구입하였습니까?
   (2) 보조기구를 사용할 때 귀하의 느낌은 어떤 것입니까? 또 상대방은 어떨 것이라고 생각하십니까? 자신의 생각을 구체적으로 상대에게 표현한 적이 있습니까?

8. 부부 간의 성행위 시 주로 주도적인 역할을 하는 것은 누구입니까? 왜?

9. 부부 간의 성행위 시 만족감을 느낍니까?(오르가슴 경험 유무, 남성의 만족도)
   (1) 긍정-이때 자신이 아직 늙지 않았다는 감정을 갖게 됩니까?(이로 인한 일상생활의 적응 정도는 어떠합니까?)
   (2) 부정-왜?

10. 부부 간의 성행위 시 남성이 매번 사정을 합니까?(이후 남성이 일상생활에 복귀하는 데 시간은 얼마나 소요됩니까? 자위행위를 합니까?)
    (1) 남성-사정과 남성으로서의 자존감은 어떤 관계를 갖습니까?
    (2) 여성-느낌은? 왜?

(계속)

11. 부부 간의 성행위에 대해 만족의 정도는 어떻습니까?

    (1) 좋다-일상생활에서의 부부관계와 사회생활에서의 적응 정도는?

    (2) 그저 그렇다-상동

    (3) 싫다-왜? 일상생활에서의 부부관계와 사회생활에서의 적응 정도는?

    11-1. 부부 간의 성행위 이전의 부부관계 분위기와 이후의 부부관계 분위기의 차이가 있습니까? 있다면 구체적으로 말씀해 주십시오.

    11-2. 부부 간 성 갈등이 있습니까? 있다면 어떤 식으로 갈등이 나타나는지요?

    11-3. 부부 간 갈등은 어떻게 풀어 가시는지요?

12. 노년 부부 간의 성생활이 노년의 삶에 어떤 의미가 있습니까?

    (1) 긍정적인 면

    (2) 부정적인 면

13. 부부 간의 성문제에 관해 다른 노년 부부들과 대화를 나눈 적이 있습니까?

    (1) 노년 부부들에게 공통으로 지적되는 점이 있다면 어떤 것입니까?(문제점이 있다면 그 내용은 무엇입니까?)

    (2) 그 외의 불만이나 요구사항은 어떤 것이 있었습니까?

    (3) 배우자에게 성생활에 있어 요구사항이나 불만사항이 있습니까?

14. 한국 노년들의 성문제가 관심의 대상으로 주목받고 있다고 생각하십니까? 왜?

15. 노년 부부의 건전한 성생활은 어떤 것이라고 생각하십니까? 왜?

16. 한국 노년들의 성문화가 폐쇄적이라고 생각하십니까? 왜?

17. 은폐된 한국 노년 부부의 성문화의 병폐들은 어떤 것이라고 생각하십니까? 왜?

18. 한국 노년 부부의 성문제에 관한 병폐에 대한 개선 방안이 있다면 어떤 것이 있다고 생각하십니까?

19. 정부나 사회단체에 노년 부부의 성문화에 대한 구체적인 요구가 있다면 어떤 것입니까?

(계속)

20. 노년의 성생활에 대한 올바른 인식이 성인 초기 및 중년들에게 필요하다고 보십니까? 어떠한 인식이 필요하다고 생각하십니까?

21. 성인 초기 및 중년들에게 노년의 성생활에 대해 조언을 하신다면 어떤 것입니까?

22. 노년의 부부생활이 종교생활에 영향을 미친다고 생각하십니까? 혹은 종교생활이 노년 부부의 성생활에 어떤 영향을 미치고 있습니까?

23. 종교생활이 성생활에 장해를 주거나, 성생활이 종교생활에 영향을 미치지는 않습니까?

24. 노년기 부부의 성생활과 노년기 성숙성이 어떤 관계가 있다고 생각하십니까?

25. 노년기 성숙성과 성생활, 그리고 종교생활이 어떤 관계가 있다고 생각하십니까?

26. 교회나 종교단체가 노년 부부들의 삶의 질 향상을 위해 어떤 노력을 기울이고 있다고 생각하십니까? 또 어떤 노력을 기울여야 한다고 생각하십니까?

27. 노년기 부부의 성에 대한 연구가 어떤 점에 집중되어야 한다고 생각하십니까?

28. 질문의 내용과 답변에 만족하십니까? 어떤 점이 더 추가되어야 하겠습니까?

노년기 성 갈등 유형 연구를 위한 질문지 - 2

1. 어르신은 성생활을 어떻게 하고 계십니까?

2. 두 분 간에 성생활로 인한 스트레스는 없으신지요?

3. 성생활로 인한 스트레스는 어떤 식으로 풀고 계십니까?

4. 스트레스에 대한 배우자의 반응은 어떤 것입니까?

(계속)

5. 성생활에서 배우자의 스트레스는 어떤 것입니까?

6. 배우자의 성 스트레스에 대해 어떻게 반응하십니까?

7. 6번의 경우 상대방이 어떻게 반응합니까?

8. 두 분은 갈등 해소를 위해 어떤 노력을 하십니까?

9. 갈등 해소를 위한 노력에 대해 배우자의 반응은 어떻습니까?

10. 노년기에 성생활은 어떤 의미가 있습니까?

11. 노년기의 바람직한 성생활은 어떤 것이라고 보십니까?

12. 노년기를 바라보는 청장년들을 위한 조언을 부탁드립니다.

13. 노인의 성문제에 대해 정부나 사회단체 및 교회기관에서 어떤 역할을 해야 한다고 생각하십니까?

14. 노년기 성생활에 대해서 하시고 싶은 다른 말씀이 있으시다면 해주십시오.

▶▶ 참고문헌

권명순 (2002). 노인의 성에 대한 탐색적 연구. 연세대학교 박사학위논문.

김주희 · 이창은 (2000). 유배우자 노인의 성에 관한 탐색적 연구. 한국노년학. 20(2000/3), 185-195.

김태현 (1998). 노년학 서울: 교문사.

서혜경 · 이영진 (1997). 노년기의 성에 관한 다각적 고찰. '97 제2회 노인 보건 · 복지 세미나초록집. 45~61.

송상효 (1997). 노인의 견강과 성에 대한 의학적 고찰에 대한 토론. '97 제2회 노인·보건 복지세미나 초록집. 62~78.

오진주·신은영 (1998). 노인의 성적 욕구에 대한 시설종사자들의 태도에 대한 연구. 한국노년학회지 18 (1998/2), 97-109.

전헌식 (2001). 혼자된 노인의 성생활 욕구 태도와 이성교제에 관한 연구. 대구가톨릭대학교 석사학위논문.

최준영·한내창 (1995). 노인에 대한 사회적 복지정책. 지역사회와 복지문제. 서울: 도서출판 월산.

통계청 (2004). 2004 고령자통계. www.nso.go.kr

한영현 (2003). 노인들의 성에 대한 비노인집단의 태도에 관한 조사연구. 광주보건대학 논문집 28 (2003), 129-148.

한혜자·김남초·지성애 (2003). 노인의 성지식과 태도 및 교육 요구. 성인간호학회지 15 (2003/1), 45-55.

Archibald, C. (1998). Sexual secrets of older women: counter transference n clinical practice. *Clinical Gerontologist*, 17(2), 51~67.

Barver, H. R. K. (1996). "Sexuality and the art of arousal in the geriatric woman." *Clinical Obsterics & Gynecology 39* (1996/4), 970-973.

Diokno, S., Brown, M. B. & Herzog, R. A. (1990). "Sexual function in the elderly." *Archives of internal Medicine 150* (1990), 197-200.

Donahue, J. R. (1988). *The Gospel in parable*. Philadelphia: Fortress Press.

Drehch M. E., & Losee, R. H. (1996). "Sexuality band sexual capacities of elderly people." *Rehabilitation Nursing 21* (1996/3), 110-121.

Hagner, D. A. (1995). *Matthew 14-28, WBC*. Dallas: Word Books.

Jung, A. & Wolf, B. H. (2004) "Male sexuality with advancing age." *European Journal of Obsterics & Gynecology and Reproductive Biology 113* (2004), 123-125.

Masters, W. H. & Johnson, V. E. (1966). *Human sexual response*. Boston: Little Brown Company.

Patel, D. Gillespie, B.& Foxman, B. (2003). Sexual behavior of older women: Results of a randam-digit-dialing survey of 2000 women in the United States. *Sexually Transmitted Diseases*, 30, 216~220.

Shott, S. (1979). "Emotion and Social Life: A Symbolic Interactionist Analysis." *American Journal of Sociology 84* (1979 May): 1317-34.

Strauss A. L. & Corbin, J.(1990). *Basics of qualitative research*. Newbury Park: Sage.

White, C. B. & Cantania, J. (1982). "Sexuality in an aged sample: Cognitive determinants of masturbation." *Archives of Sexual Behavior* 11 (1982/3), 237-245.

Willert, A. & Semans, M. (2000). "Knowledge and attitudes about later life sexuality: What clinicians need to know about helping the elderly." *Journal of Contemporary Family Therapy* 22 (2000/4), 415-435.

▶▶ 연구자소개

이호선

학력
경희대학교 영어영문학과 졸업(B. A.)
장로회신학대학교 신학대학원 졸업(M. Div.)
연세대학교 대학원 신학 석사(Th. M. 신약학 전공)
연세대학교 대학원 신학 박사(Ph. D. 상담학 전공)

경력
숭실사이버대학교 기독교상담복지학과 학과장
한국노인상담센터장
한국기독교상담심리학회 수련감독
한국정신건강상담사협의회 정신건강증진상담사 1급

저역서 및 논문
부모도 사랑받고 싶다(2015, 프롬북스)
노인상담(2012, 학지사)
재미있는 심리학 이야기(2012, 시그마프레스, 공역)
노인상담론(2011, 공동체, 공저)
노화와 영성(2011, 북코리아)
노년학 척도집(2010, 나눔의 집, 공저)
노인과 노화(2010, 시그마프레스)
쉽게 배우는 역할극(2009, 학지사)

제 **2** 부

현상학적 연구방법론과 연구사례

기독교인의 혼외관계에 대한 목회상담학적 성찰

이명진

본 연구자는 연구를 수행함에 있어 크게 두 가지 방법론적 접근을 사용하였다. 일차적으로는 기독교인의 혼외관계의 구체적인 경험에 접하여 그 본질을 있는 그대로 서술하기 위해서 질적 연구의 주요 전통의 하나인 현상학적 접근을 택했다. 그리고 이차적으로 일단 드러난 현상을 신학적으로 해석하고, 효율적인 목회상담을 위한 실천적 지혜로 연결시키기 위해서, Don S. Browning의 '수정된 비판적 상관관계 접근(Revised Critical Correlational Approach)'에 의한 실천신학 성찰방법론을 적용하였다.

1. 현상학적 접근

Van Manon은 *Researching Lived Experience*에서 인간의 체험을 연구하는 목적은 실천적 지혜를 얻기 위한 것이며, 우리가 겪는 체험의 의미를 가장 잘 가르쳐 줄 수 있는 접근법은 다른 무엇보다도 현상학적인 접근이라 하였다. 현상학적 관점에서 연구를 한다는 것은 우리가 살고 있는 세계를 좀 더 잘 알고 싶어 한다는 것이고 세계를 체험하는 방식에 의문을 던진다는 것이다(Manon 1994, 신경림, 안규남, 1994). 현상학적 연구는 우리로 하여금 일상의 세부적인 것과 언뜻 보아 사소한 것 속에 있는 중요한 것, 당연시되는 것 속에 있는 특별한 것들에 관심을 가지고 사려 깊게 의식하도록 이끈다. 또한 우리가 실존 속에서, 즉 일상적인 삶의 현장에서 겪는 경험의 의미를 있는 그대로 해명하고자 하며, 본연의 우리가 되어 인간의 본성을 충분히 발휘하며 살게 하는 것을 궁극의 목적으로 삼는다.

현상학적 연구는 개인이 처해 있는 상황에서 출발한다. 인간들이 꾸밈없이 자신의 세계에 참여하고 있는 바로 그곳에서 인간들을 만나는 것이다. 이러한 원리는 Hussell의 "사물들 그 자체로 돌아가라."는 말로 가장 간명하게 표현될 수 있다. 이는 우리가 세상을 바로 알기 위해서는 불충분한 설명과 부정확한 근거에 입각한 모든 원칙과 개념, 독단적인 사고방식과 편견을 버리고 오로지 사물들 그 자체에 의해서 인도되어야만 한다는 뜻이다(신경림, 2001).

현상학적 접근의 특징적인 면모는 '괄호치기'이다. 괄호치기는 우리의 믿음과 가정을 '보류하기', '그것들을 제쳐두기', 우리 스스로 그것들로부터 '가능한 한 자유로워지기'를 의미한다. 괄호치기를 함으로써만 연구자는 연구 대상자의 경험에 온전히 초점을 맞출 수 있게 된다. 그들이 자신의 경험을 자기만의 언어로 설명하고 의미를 부여하도록 허용함으로써, 연구자는 이들의 개념 세계로 들어갈 수 있게 된다. 자료들은 일단 주어진 그대로 무비판적으로 받아들여져야 하며 이론적으로 확인된 유형이나 범주에 의해 제한 받아서는 안 된다. 괄호치기는 연구자 개인의 믿음이나 가정들이 자료수집 과정에 작용하는 것을 허용하지 않고, 자신의 이해와 설명을 자료에 덧붙이지 않으려고 노력하는 것이다. 자료는 그 자체만의 형태로 모습을 드러내고 스스로의 힘으로 말할 수 있도록 허용되어야만 한다(신경림, 2001).

본 연구자는 이상과 같은 현상학적 접근의 철학이 혼외관계 체험에 대한 연구에 적합하다고 여기고, 연구 대상자들과 만남에 있어 본인이 가지고 있는 기독교적 가치관과 윤리관, 학문적인 선이해(先理解)를 모두 괄호치기하고 인터뷰에 임하고자 했으며, 그들이 자신의 체험에 부여하는 의미에 충실하고자 했다.

현상학은 이들이 부여한 의미를 깊이 있고 풍부하게 기술하고 해석하고자 한다. 의미에 초점을 맞춘다는 점에서 현상학은 변수 사이의 통계적 관계나 사회 여론, 어떤 행동들의 발생 빈도 등에 초점을 맞추는 다른 학문적 접근과는 다르다. 현상학은 세계에 대한 설명이나 효율적인 이론을 만들어 낼 가능성을 제공하지는 않는다. 오히려 현상학은 우리가 세계와 보다 직접적으로 접촉할 수 있게 해주는 그럴듯한 통찰을 가능하게 한다. 인간과학을 비판하는 사람들은 인간과학의 담론이 흔히 너무 종잡을 수 없고, 너무 모호하고, 측정할 수 있는 데이터를 바탕으로 하지 않고, 반복할 수 없고, 한정된 집단에 대해서만 일반화할 수 있으며, 비합리적이고 비과학적이고 주관주의적이라는 등의 비판을 해왔다.

어떤 사람들은 현상학이 실천적 가치가 없다고 주장한다. 도구적 이성의 입장에서 보면 우리가 현상학적 지식을 가지고 아무것도 할 수 없다는 말이 사실일 수 있다. 그러나 해석학적 현상학은 주로 기술적이거나 해석적인 방법론으로서 인식되지만, 행위에 대한 비판철학이기도 하다. 해석학적 현상학의 반성이 생각을 심화시키고 그 결과 따라오는 생각과 행동을 급진적으로 변화시킬 수 있다는 점에서 현상학적 발견은 행동으로 연결된다. 모든 진지하고 독창적인 생각은 궁극적으로 혁명적이다. 지금까지 단순히 덮어버리거나 당연시했던 인간 삶의 양상들을 좀 더 사려 깊게 혹은 주의 깊게 파악하다 보면, 그 같은 행동이 요구되는 사회적 상황에 처할 때, 터놓고 거리낌 없이 말하거나, 선택해야 할 행동들을 단호하게 취할 수 있게 되는 것이다.

2. D. S. Browning의 실천신학 성찰방법론 : '수정된 비판적 상관관계 접근법'

현상학적인 접근을 통해 시작된 인간 경험의 연구는 자연스럽게 해석학적 성찰의 과정으로 이어지게 되며, 그 과정을 통과함으로써 비로소 실천적 지혜로 거듭나게 된다. 본 연구에서는 두 번째 단계인 신학적 성찰을 위한 방법론으로서 Don S. Browning의 '수정된 비판적 상관관계 접근법'을 사용하였다.

Browning은 1980년대에 이르러 전통적인 목회신학 방법론을 재평가하면서 새로운 목회신학관을 우리에게 제시하였다. 그는 다양한 종교적·문화적 가설들이 난무하는 현대의 다원화된 환경 안에서 목회신학이 추구해야 할 과제는 신학적 윤리와 사회과학을 한데 묶어서 인간의 삶의 현실을 향해 규범적 비전(normative vision)을 제시하는 일이라고 역설하였다(권수영, 2006). Browning의 가장 큰 관심은 무엇보다도 다원주의 상황하에서의 효과적인 목회적 돌봄인데, 현대 목회적 돌봄에 있어서 가장 심각한 문제는 도덕 규범의 결핍이라고 보았다. 그에 따르면 목회상담에서 많이 강조되는 사랑, 수용, 용서 없이는 깨어진 인간관계가 회복될 수 없는 것이 사실이지만, 한편으로 무엇이 선이고 무엇이 악인지를 분별하도록 인도하는 도덕 규범이 없다면 사람들은 더 깊은 정신적 혼란으로 인해 파멸할 수밖에 없다는 것이다. 오늘날 다원주의 사회 속에서 기독교 전통과 세속 가치의 경계선상에 살고 있는 많은 사람들은 무엇이 옳고 무엇이 최선인가를 알고 싶어 하는데 전통적인 기독교 신학은 더 이상 이 문제에 대한 만족스러운 답변을 제공하지 못한다고 한다. 즉, 전통적인 규범이 과거의 의미 그대로 자동적으로 오늘의 상황에 적용될 수 없다는 것이다. 그러므로 전통적 기독교적 가치관을 중요시하고 신앙을 윤리적 논의의 출발점으로 한다 할지라도, 전통으로부터의 주장은 일방적인 독백이 아니라 공적으로 받아들여질 수 있는 방식으로 자기의 주장을 펼치는 것이어야 하며, 이것이 다원주의 사회 속에서 우리가 취해야 할 바람직한 자세라고 말한다. Browning은 기독교 전통이 현대성을 충분히 수용하지 못하고 있음을 지적한다. 그는 성서 자체 안에 현대인의 신앙 상실을 초래하는 원인이 있다고는 보지 않으며, 여전히 성서는 많은 사람들에게 의미 있는 내용을 제시한다고 본다. 그러나 한편으로 성서 안에는 서로 다른 모순되는 개념이 많이 있기 때문에, 이러한 성서의 내용들은 생각과 행동의 효과적인 안내자로서 봉사하기에 언제나 적합한 것은 아니라는 것이다. 이 점에서 Browning은 정통주의 신학의 경직된 주장은 지적 책임에 대한 거절이며 세속 문화와 학문들이 제기하는 심각한 질문들을 직면하지 않으려는 무책임으로 볼 수 있다는 것이며, 그렇게 함으로써 공적인 사회 속에서 현대인은 기독교에 대한 신뢰를 잃게 되는 것이라 지적한다.

그는 인접 학문들이 신학 발전에 건설적으로 기여할 수 있고, 신학은 또한 과학이론의 규범적 지평을 비판할 수 있다고 보며, 궁극적으로 신학과 과학은 상호 비판적 대화에 의해 풍부해질 수 있다고 주장한다. Browning의 대화 목적은 기독교의 전통과 일반 문화 정보 사이의 유사성을 확인하는 것이 아니라, 자신의 전통 안에서 아직 발견하지 못했거나 충분히 발전시키지 못한 것을 다른 전통으로부터 배우고자 하는 것이다. 이러한 그의 입장은 기독교 전통과 문화 정보는 동등한 수준에서 대화를 시작해야 한다는 방법론적 기본 가설에서 나온다.

Browning은 *A Fundamental Practical Theology*의 제2장 'Exploring Practical Wisdom and Understanding'에서 신학은 근본적으로 실천신학이 되어야 함을 강조하면서, 실천적인 이해와 지혜에 이르는 길을 제시하고 있다. 그는 신학은 기본적으로 해석의 작업이며, 해석의 작업에는 반드시 적용과 실천에 대한 고려가 근본적으로 자리 잡고 있다는 것을 강조한다. 그는 Gadamer의 전이해의 개념과 비판적 대화를 통한 지평융합이라는 해석학적 이론을 자신의 신학적 성찰 방법론에 도입하였다. 전이해로서의 기존의 신학적 전통과 인간의 실제적 경험에 대한 학문적 발견들은 새로운 신학적 해석을 이끌어 내기 위한 실천적 질문이 생겨나는 장(場)이며, 또한 새롭게 도출된 신학적 해석은 현실적 맥락에서 삶의 방향을 제시하는 규범으로써 기능하게 된다고 말한다. 그는 실천적 지혜를 이끌어 내는 방법론으로서 Paul Tillich의 상관관계 방법(correlational method)만으로는 부족하다고 비판하며, David Tracy의 수정된 비판적 상관관계 방법을 지지한다. 즉, 문화적 경험에서 나오는 실존적 질문에 대해 일방적인 기독교 메시지로 답변하는 것이 아니라, 서로 다른 해석 간에 비판적인 대화가 일어나야 하며, 현실 경험에서 제기되는 질문들에 대한 어떠한 답변에 대해서도 상호 비판적인 대화를 할 수 있어야 한다는 것이다.

Browning은 실천신학을 정의함에 있어서 "실천신학은 기독교 신앙에 대한 해석된 이론 및 실제가 현상황에 대한 해석된 이론 및 실제와 상호 비판적으로 만나 관계를 맺는 것"이라는 Tracy의 견해에 동의한다(Browning 1987b, p. 47). 따라서 그의 실천신학은 단순히 이론을 삶에 적용시키는 차원(theory-to-practice model)을 탈피하고, 삶의 현실에서 출발하여 새로운 이론을 도출하고 다시 실천을 거쳐 평가하고 순환하는 차원(practice-theory-practice model)을 지향한다. Browning은 실천신학이 단순히 이론과 실제를 연결하는 고리 정도에 그치지 않고, 인간 경험으로부터 일어나는 질문에서 출발하여, 궁극적으로는 인간에게 새로운 윤리적 규범과 삶의 방향성을 제시하며 바람직한 경험으로 이끌어 가는 사명을 감당해야 한다는 것을 강조하였다.

이러한 신학관에 근거하여 Browning은 다양한 학문과 학제적 접근을 시도하면서 목회신학방법론의 재구성을 위한 네 가지 원칙을 다음과 같이 제시하였다(권수영, 2006). 첫째, 신학은 인간의 경험에 대하여 인간과학과 사회과학이 제시하는 '다른 모든 대답',

즉 다양한 학문적 관점과 비판적으로 대화할 수 있어야 한다는 것이다. 따라서 그는 인간의 경험에 대한 문화적 접근이 실존에 대한 질문을 제공할 뿐 아니라 그에 대한 답변을 제시하는 데에도 방법적인 도움을 줄 수 있다는 Tracy의 견해에 동의하면서 그의 '수정된 상관관계 방법'을 목회신학에 차용할 것을 제안하였다. 둘째, Browning은 목회신학의 '공적인' 성격에 대해 강조한다. 종교적 언어야말로 인간의 한계성을 위해 봉사할수 있는 도구이기 때문에 기독교의 규범적 가치는 기독교인뿐만 아니라 비기독교인에게도 일반적으로 공적인 의미를 지닐 수 있어야 한다는 것이다. 이 점에 대해 목회신학자 권수영은 "다원화된 사회에서의 목회신학이 반드시 공적이고 철학적인 성격을 지녀야 한다는 근본 철학은 Browning의 방법론적 변천사에 면면히 흐르고 있다."고 평가한다(권수영, 2006). 셋째, 목회신학은 종교 윤리적 규범과 근본적으로 연결된 신학적 윤리의 한 표현으로서 이해해야 한다는 점이다. 그는 목회적 돌봄은 늘 '종교적'일 뿐 아니라 하나의 '윤리적 과제'라는 사실이 아주 쉽게 간과되고 있기 때문에 오히려 가장 강조되어야 한다고 역설한다. 넷째, 목회신학은 인간 행위에 관한 신학 윤리적인 관점과 심리역동적 관점을 연결시킴으로써 실제적이고 구체적인 전략을 마련하고, 어떠한 시점에 실행할지 등에 대해서도 깊이 관심을 가져야 한다고 주장한다.

Browning의 '수정된 비판적 상관관계 방법'에서는 우리가 체험하는 다양한 삶의 문제들에 대해 신학적인 해석을 함에 있어 현 시대의 문화가 가지고 있는 대답, 인문과학과 자연과학을 포함한 모든 현대과학이 가지고 있는 대답 속에 함축되어 있는 의미를 간과해서는 안 된다는 것을 강조한다. Gadamer의 말처럼 전이해(fore-understanding)를 긍정적으로 이용하는 이해, 해석과 적용의 지평융합이 일어나는 해석학적인 작업인 것이다. Browning은 *Religious Ethics and Pastoral Care*(1983)에서 '실천적 도덕적 성찰'의 다섯 가지 차원을 제시한다. 이는 그의 기본적인 방법론적인 틀로서 다양한 타학문과 비판적 대화를 추구함에 있어 다섯 가지 차원에서 질문을 던지게 된다는 것이다. 첫째, 우리는 어떠한 세계에 살고 있으며, 무엇이 우리의 삶을 구성하는 궁극적인 모습인가?(**비전적·은유적 차원**) 둘째, 우리는 무엇을 해야만 하는가?(**의무론적 차원**) 셋째, 인간의 기본적인 욕구와 추구하고자 하는 성향은 무엇인가?(**성향-욕구의 차원**) 넷째, 우리를 둘러싸고 있는 상황은 무엇이고, 그것을 구성하는 다양한 요소들은 무엇인가?(**상황적 차원**) 다섯째, 우리가 도덕적인 목적을 달성하기 위해서 수행해야 하는 삶의 규범, 역할, 상호작용의 과정들은 무엇인가?(**규율-역할의 차원**)라는 다섯 가지 차원의 질문을 가지고 상호 비판적으로 상관관계를 성찰한다는 것이다(Browning, 1983).

목회신학자 권수영은 'Don S. Browning의 목회(실천)신학 방법론 연구'에서 "Browning은 수정된 상관관계 방법론을 통해 정신과학의 다양한 방법론에서 규범적인 지평을 밝혀내고 해석학적으로 성찰하려는 시도를 진행시켜 왔다. 특히 90년대 이후 그의 책임하에 진행된 '종교, 문화와 가족' 프로젝트에 이르러서 그의 연구방법론은 신학의 여러 분야와 현대심리학, 가족치료, 사회학, 정치학, 철학 등의 인접 학문들과 보다 상호적이고 비판적인 상관관계의 방법으로 발전하였다."고 평가한다. "또한 Browning은 가족과 종교 및 문화를 연결하여 성찰하는 '가족 프로젝트'를 학계에 제시하면서, 목회신학의 학제 간 연구가 '성직자, 교회 중심 패러다임'에서 보다 '공적인 패러다임'으로 전환되어 어떻게 사회 전체에 공공의 의미를 던져줄 수 있는지를 모범적으로 보여주었다. 특별히 이 새로운 패러다임의 뼈대로 제시된 실천적 도덕적 성찰 방법은 일부 보수주의 계통의 교회나 학문에서 심리학이 무비판적으로 종교와 신학을 대체하는 경향에 도전한 것이며, 현대 미국 사회가 당면하고 있는 가족해체의 위기에 가장 포괄적이고 의미 있는 해답을 주고 있는 것으로 평가되고 있다."고 하였다(권수영, 2006).

본 연구의 주제인 기독교인의 혼외관계는 어찌 보면 오늘날 현대 사회가 당면하고 있는 가족의 위기와 그 위기에 대해 더 이상 통제의 능력을 상실한 것처럼 보이는 기독교 윤리의 무력함을 단적으로 드러내 보여주는 현상이라 말할 수 있을 것이다. 따라서 본 연구의 주제인 기독교인의 혼외관계 현상을 신학적으로 성찰함에 있어, 신학의 공적이고 윤리적인 사명을 강조하면서도 기독교 밖의 다양한 관점을 유연하게 포용하고자 하는 Browning의 목회신학 관점과 성찰 방법론은 매우 적절한 접근법이라 사료된다. 다음 절에서는 이상의 두 가지 연구방법론에 근거하여, 본 연구를 진행한 과정과 절차, 제한점 등에 대해 간략하게 정리하였다.

3. 논문 제목과 연구의 주제

이 장에서 다루는 논문의 제목은 '기독교인의 혼외관계에 대한 목회상담학적 성찰'이
다. 본 연구의 의도는 기독교인의 가정에서 현실적으로 발생하고 있는 혼외관계 경험에
대해 그 존재를 부인하거나 도외시하지 않고, 있는 그대로 드러내어 그 현상의 본질을
밝히고자 한 것이다. 그리고 현상의 본질에 대한 이해 위에 목회상담적인 성찰을 더함
으로써 목회상담사들이 혼외관계의 위기를 맞이한 개인과 가정에 새로운 삶의 지평을
열어주고자 할 때, 균형 잡힌 시각과 바른 기독교 윤리적 가치관을 가지고 효율적인 목
회상담을 할 수 있도록 실천적 지혜를 제공하려는 것이다.

본 논문의 연구 주제는 기독교인의 가정에서 일어나는 혼외관계의 경험이며, 그 경험
을 현상학적으로 분석하고, 실천신학적으로 성찰하려는 것이다. 기독교인의 혼외관계
라는 연구 주제는 선과 악의 분별이라는 문제를 포함하는 영적인 주제이며, 죄의 현대
적 해석과 윤리적 실천의 문제까지 고려해야 하는 중요한 주제이다. 혼외관계를 예방하
기 위해서는 비단 기독교인뿐만 아니라 비기독교인까지도 결혼과 가정에 대해 하나님
께서 의도하신 뜻을 분명히 이해할 수 있어야 하고, 많은 유혹에 노출되기 쉬운 현대 상
황에 대해 경각심을 가질 수 있도록 도와야 한다. 신학에서 다루어야 할 주요 과제 중의
하나는 그동안 간과해 왔던 혼외관계에 대해서 현대인들이 받아들일 수 있는 언어로 새
로운 삶의 방향성을 제시해 주는 것이다.

4. 연구 진행 과정

1) 연구 대상의 선정 및 참여 동기 부여

연구 대상 선정에 있어서 우선이 된 원칙은 동질성의 추구라기보다는 다양성의 확보이
다. 연구 대상이 모두 기독교인이라는 것 외에는 연구 대상을 선정함에 있어 연령, 직
업, 학벌, 사회계층, 혼외관계 경험의 양상, 가족관계 양상 등에 있어 제한 기준을 두지
않았다.

연구 대상 인원은 처음에는 20명 정도로 예정하였으나 실제로는 16명을 인터뷰하는 데 그쳤다. 인터뷰 대상자들과의 만남은 주위 사람들의 소개와 인터뷰에 응했던 사람들이 다시 다음 사람을 소개하는 방식으로 이루어졌다. 공식적인 몇 모임에서 연구에의 참여를 홍보하기도 하였으나, 혼외관계에 대해 말한다는 것이 어려운 이유로 연구자와 개인적으로 신뢰가 두텁거나, 연결을 주선한 사람과의 신뢰가 두터운 경우에만 인터뷰가 성사되었다. 면담은 2004년 12월에서 2005년 11월까지 거의 1년에 걸쳐 간헐적으로 이루어졌다. 자신의 이야기를 노출하기 꺼리는 이유로 인해 2004년 12월에 첫 연구 대상자를 인터뷰한 후 다음해 4월이 되기까지 두 번째 인터뷰 대상을 만나지 못하는 어려움도 있었다. 16명의 참여자 중 2명의 경우는 인터뷰를 행했으나 그 내용이 연구의 방향에 부합되지 않는 것으로 평가되어 자료분석에서 제외되었고 결국 14명이 최종적으로 연구의 대상이 되었다.

연구 참여자 14명 중 8명은 혼외관계 당사자이고, 6명은 혼외관계 피해 배우자였다. 당사자 중에는 여성이 5명, 남성이 3명이고, 피해 배우자 중에는 여성이 5명 남성이 한 명 이어서, 전체적으로는 여성 10명과 남성 4명이 연구에 참여하였다. 이들의 연령 분포는 33세에서 57세에 걸쳐 30대가 3명, 40대가 9명, 50대가 2명이었다. 연구 대상자의 개인 신상과 면담 일시 및 장소를 정리해 보면 〈표 4-1〉과 같다. 본 연구에서 사용하는 모든 이름은 가명이며, 신분 보호를 위해 약간의 내용은 감추기도 하고 바꾸기도 하였다.

표 4-1 연구 참여자(개인 신상, 면담 일시와 장소)

연구 참여자	개인 신상					면담
이름(가명)	성별	연령	학력	직업	신앙 경력 (직분)	면담 일시 장소
심경철	남	49	고졸	회사원	30년 (안수집사)	2005. 4. 26. 교회상담실
이태영	남	48	대졸	자영업	모태신앙 (장로)	2005. 10. 10. 연세기독상담센터
최정화	여	41	고졸	주부	20년 (평신도)	2005. 6. 14. 연세기독상담센터

(계속)

연구 참여자	개인 신상					면담
이름(가명)	성별	연령	학력	직업	신앙 경력 (직분)	면담 일시 장소
이지수	여	44	대학원졸	전문직	모태신앙 (집사)	2005. 4. 20. 연세기독상담센터
김선혜	여	48	대졸	자영업	기재누락 (평신도)	2005. 5. 28. 연세기독상담센터
임종길	남	33	대학원졸	전문직	모태신앙 (평신도)	2005. 9. 14. 연세기독상담센터
김민영	여	43	대학원 재학중	주부	모태신앙 (집사)	2004. 12. 19 (1) 2005. 1. 10 (2) 연세기독상담센터
유현애	여	45	대학원졸	주부	26년 (집사)	2005. 4. 23. 연세기독상담센터
여미진	여	35	고졸	자영업	5년 (평신도)	2005. 5. 24. 연세기독상담센터
한명수	남	57	고졸	회사원	25년 (집사)	2005. 10. 27. 연세기독상담센터
김경희	여	55	대졸	회사원	모태신앙 (사모)	2005. 11. 27. 국제전화 인터뷰
사미경	여	46	대학원졸	주부	28년 (집사)	2005. 4. 23. 연세기독상담센터

연구 대상자의 결혼 및 가족관계 양상, 혼외관계 경험 양상을 정리하면 〈표 4-2〉와 〈표 4-3〉과 같다.

표 4-2 혼외관계 당사자(결혼 및 가족관계 양상, 혼외관계 경험 양상)

연구 참여자		결혼 및 가족관계 양상			혼외관계 경험 양상			
사례	이름(성별)	결혼 경력	부부관계	자녀	관계 유형	빈도	노출 여부	진행 여부
사례 1	심경철(남)	21	가정 유지 냉전 상태	2	정서적 & 성적	수년간 간헐적	노출 안 됨	진행 중
사례 2	이태영(남)	25	가정 유지 원만함	2	성적	한차례 일회성	노출 안 됨	종료
사례 3	최정화(여)	8	이혼하고 재혼함	0	성적	두 사람 수차례	노출 안 됨	종료

(계속)

연구 참여자		결혼 및 가족관계 양상			혼외관계 경험 양상			
사례	이름(성별)	결혼 경력	부부관계	자녀	관계 유형	빈도	노출 여부	진행 여부
사례 4	정예나(여)	11	이혼했으나 동거 중 냉랭함	2	성적	두 사람 일회성	노출 안 됨	종료
사례 5	고윤정(여)	15	가정 유지 원만함	2	정서적	수년간	노출 안 됨	종료
사례 6	이지수(여)	18	가정 유지 원만함	1	정서적	단기간	노출 안 됨	종료
사례 7	김선혜(여)	13	이혼 후 재결합 관계 소원함	2	정서적 & 성적	수년간	노출 안 됨	진행 중
사례 8	임종길(남)	2	가정 유지 화목함	0	정서적 & 성적	수년간	노출됨	종료

표 4-3 피해 배우자(결혼 및 가족관계 양상, 배우자의 혼외관계 양상)

연구 참여자		결혼 및 가족관계 양상			배우자의 혼외관계 양상			
사례	이름(성별)	결혼 경력	부부관계	자녀	관계 유형	대상 지속기간	노출 여부	진행 여부
사례 9	김민영(여)	17	가정 유지 갈등 중	2	정서적 & 성적	한 사람 수년간	노출됨 부인함	진행 중
사례 10	유현애(여)	19	이혼소송 계류 중 별거 상태	2	정서적 & 성적	한 사람 수년간	노출됨 부인함	진행 중
사례 11	여미진(여)	8	가정 유지 갈등 중	1	정서적 & 성적	한 사람 단기간	노출됨	종료
사례 12	한명수(남)	27	이혼	2	정서적 & 성적	여러 명 단기간	노출됨 부인함	진행 중
사례 13	김경희(여)	30	이혼	2	정서적 & 성적	한 사람 일회성	노출됨	종료
사례 14	사미경(여)	20	가정 유지 화목함	2	정서적 & 성적	한 사람 수년간	노출됨	종료

인터뷰를 허락한 참여자들에게는 연구의 진행 절차를 충분히 설명하고, 개인 신상에 대해서 철저하게 비밀을 보장할 것을 약속하였다. 연구에 참여하고 싶다는 의지를 이끌어 내기 위해 연구의 필요성을 인식시키고 협조를 구하기도 하였으나, 무엇보다도 자신이 경험한 일을 인터뷰를 통해 이야기하는 동안 그 경험이 자신의 삶에 의미하는 바가 무엇인지 스스로 발견하게 되며, 치유와 성장이 일어날 수 있다는 점을 강조하였다. 실제로 인터뷰를 마친 연구 대상자들은 좀 더 많은 자기 이해와 가정에 대한 책임의식을 갖게 되었으며, 자신의 입장을 분명하게 정리함으로써 보다 큰 정신적 자유를 느끼게 되는 것을 발견하였다.

모든 설명을 듣고 나서 연구에 참여하기로 선택한 사람에게는 인터뷰에 앞서 연구 참여 동의서에 서명을 받았다. 연구 참여 동의서에는 참여자가 연구의 내용을 이해할 수 있도록 연구 주제, 목적, 방법, 연구에 참여함으로써 받게 될 수 있는 불이익, 연구를 통하여 얻을 수 있는 유익, 연구 참여자의 권리, 지도교수의 연락처 등이 명시되어 있다(그림 4-1 참조).

그림 4-1 연구 동의서

동 의 서

_____ 님께

본 연구는 연세대학교 대학원 신학과에서 목회상담학을 전공하는 본 연구자의 박사학위취득을 위해 행해지는 것입니다. 본 연구자는 현대 사회의 가정의 위기에 관심을 가지고 특히 기독교 가정에서의 배우자의 혼외관계가 가정의 해체 혹은 가정의 회복과 성숙으로 연결되는 과정에 대한 연구를 계획하게 되었습니다. 여기에 연구에 관련된 제반 사항을 알려드리고, 선생님께서 본 연구에 참여해 주실 것을 청하고자 합니다.

연구에 응하실 경우 선생님께서는 2시간 정도에 걸쳐 1~2회 인터뷰를 하시게 될 것입니다. 인터뷰는 미리 제작된 질문지에 따라 행해지며, 질문지는 미리 받

(계속)

아 보실 수 있습니다. 인터뷰 도중 답변하시기가 힘드실 경우 인터뷰의 시간과 횟수는 조정될 수 있습니다. 또한 인터뷰 중에라도 계속하기를 원치 않으실 경우에는 연구에 참여하시는 것을 중단하실 수 있습니다.

인터뷰의 내용은 녹음이 되어 연구 분석의 자료가 될 것입니다. 원하실 경우, 면담한 내용을 제공해 드릴 수 있으며, 연구의 결과물도 연구자와 공유하게 될 것입니다. 면담한 내용은 연구 목적에만 쓰여질 것이며, 선생님의 신원이나 면담의 내용에 대해서는 철저하게 기밀을 유지할 것입니다.

이 연구를 통하여 본 연구자는 선생님의 귀한 경험으로부터, 혼외관계로 인해 가정을 상실했거나, 혼외관계에도 불구하고 가정을 지킬 수 있었던 경험에 대한 깊은 이해를 얻음으로써 앞으로 그러한 상황에 처한 가정들을 보다 잘 도울 수 있는 이론을 도출하고 현대인의 삶에 바람직한 방향성을 제시할 수 있기를 기대합니다. 한편 선생님께서는 이번에 본 연구과정에 참여하심을 통하여, 자신의 삶의 이야기를 정리하고 새로운 삶의 의미를 찾는 계기를 맞이하시게 될 수 있기를 바랍니다.

본 연구를 위하여 관심을 가져주시고 귀한 시간을 내어주시는 것에 대해 진심으로 감사드립니다. 연구에 대해 궁금한 점이 있으시면 017-701-8979로 전화해 주십시오. 또는 본 연구자의 지도교수이신 정석환 교수님께 (02)2123-2918로 문의하실 수 있습니다.
감사합니다.

이명진 (서명) _____

본 연구에 참여하시기로 동의하시면 아래에 서명해 주시기 바랍니다.

성명 : _____
연락처 : _____
서명 : _____
날짜 : _____

2) 자료수집 : 심층면담

(1) 질문지

질문지는 연구 참여자의 개인 신상에 대한 질문(general information)과 연구 주제에 대한 구조화된 개방형 질문(semi-structured, open-ended question)들로 구성되었다. 질문의 내용은 준비된 질문지에 따라 하는 것을 원칙으로 하되, 인터뷰 대상자가 혼외관계 당사자인지 혼외관계의 피해 배우자인지에 따라, 이야기의 흐름에 따라 인터뷰 과정 중에 적절하게 조정되었다.

(2) 심층면담

인터뷰는 2 시간에 걸쳐 1~2회 진행하는 것으로 양해를 구하고, 시간은 참여자의 편의에 따라 조절하였다. 인터뷰의 장소는 사람이 드나들거나 시끄러운 장소는 절대적으로 피하였고, 주로 연세기독상담센터 내에 위치한 연구자의 개인 상담실이나 교회 상담실을 이용하였다. 일부 사람은 안전한 상담실에서 대화를 함에도 불구하고 목소리를 낮추어 조심스럽게 이야기하는 모습을 보였다. 연구 참여자 중 한 사람은 해외에 거주하는 사람이어서 유일하게 국제전화를 통하여 인터뷰를 하기도 하였다.

심층면담을 통해 연구 참여자들은 자신만의 이야기를 할 수 있는 기회를 부여받게 되었다. 처음에는 연구에 참여하기를 주저했던 거의 모든 참여자가 그들이 그동안 말 못하고 마음속에 품고 있던 체험을 안전한 공간에서, 판단 없이 귀 기울여 들어주는 누군가의 앞에서 이야기할 수 있다는 것은 새롭고 유익한 경험이었다고 말해 주었다. 이야기 상담학자인 정석환은 "우리가 우리의 삶을 이야기할 수 없다면 삶의 의미도 더 이상 찾지 못하고 있음을 느끼게 된다."고 하였다. 또 "사람들은 삶의 이야기를 통해서 과거와 현재, 그리고 미래에 대하여 어떤 의미를 찾게 되고, 시간의 흐름 속에서 자신의 정체성에 대한 통전성과 치유를 경험하게 된다."고 하면서, 이야기를 들어주는 상담자나 연구자가 갖추어야 할 덕목은 자신이 살펴보고자 하는 주제에 대한 명확한 인식과 준비된 질문과 함께 긍정적이며 개방적이고 공감적으로 듣는 자세라고 강조하였다(정석환, 2002).

연구자는 이러한 이야기 치료적 자세가 본 인터뷰를 진행함에 있어 필요하다고 판단

했으므로 비록 질문의 기본 틀은 정해져 있었지만 인터뷰의 전 과정을 통하여 참여자들이 자신의 체험의 의미를 분명하게 밝힐 수 있도록 하기 위해 유연하게 대처하였다. 인터뷰의 일차적인 목적은 혼외관계 경험에 대한 다양한 자료를 수집하고자 하는 것이었지만, 인터뷰가 진행되는 동안 연구자와 참여자가 함께 나누는 대화는 자연스럽게 해석과 의미 발견의 단계로 이어지게 되는 것을 알 수 있었다. 또한 본 연구에서 인터뷰의 본래 목적은 이야기치료를 하려는 것이 아니었음에도 불구하고, 실제로는 이야기치료의 효과가 일어나는 기대 이상의 소득도 있었다. 참여자들은 자신의 참 목소리에 귀 기울이면서 혼란스러웠던 경험에 질서를 찾기도 하고, 감정의 구속으로부터, 억압된 사건으로부터 자유함을 얻기도 하면서 자신을 통합시켜 나가는 것을 발견할 수 있었다. 또 자기도 모르게 일어난 통찰과 함께 새로운 삶으로의 전환을 다짐하기도 하였다. 대화가 진행되는 가운데 인터뷰 대상자들은 때로 연구의 결론에 대한 나름대로의 기대를 표명하기도 하면서 공동 작업자로서의 의식을 보이기도 했다.

3) 자료의 기록과 분석

인터뷰한 내용은 모두 녹음하고 전사하는 과정을 거친 후 분석하였다. 현상학적 접근에서의 자료분석 과정은 근거이론적 접근에서 사용하는 단계별 코딩 작업 같은 기계적인 절차와는 성격이 다르며, 다분히 창조적이고 해석적인 과정이다. 현상학적 성찰의 목적은 이론의 수립이 아니라, 어떤 체험의 본질적인 성질과 의미를 파악하려는 것이다. 본 연구에서는 지오르기(Giorgi)식 방법에 의한 분석을 시도하였다.[1] 녹음한 테이프를 여러 번 경청하고, 전사한 텍스트를 여러 번 읽고, 어떤 진술이나 어구가 특히 본질적인가를 끊임없이 생각하면서, 핵심적이라 여겨지는 의미 단위와 주제들을 발견할 때마다 다양한 부호나 색을 사용하여 밑줄을 긋거나 강조 표시를 하였다. 각각의 텍스트에 대해 충

---

1 신경림은 현상학적 연구(2001)에서 지오르기식 방법에 대해 다음과 같이 정리하고 있다.
- 녹음된 테이프를 들어보고 전체적인 내용을 이해하기 위해서 텍스트 읽기
- 각각의 텍스트에 대해 직관적으로 파악하고 성찰하기
- 각각의 텍스트 속에 있는 의미 단위들 파악하기
- 각각의 텍스트에 있는 개별적 의미 단위와 관련된 진술들을 묶어 재기술하기
- 모든 텍스트 전체에 걸쳐서 각 의미에 관해 직관적으로 성찰하고 핵심 주제 파악하기
- 불변의 주제를 명시하기 위해서 전형적인 담화 기술하기
- 참여자들과 동료들로부터 유효성 확인하기
- 발견한 것을 종합하여 서술하기

분한 이해를 하게 되면 다시 전체 텍스트와 연결하고 종합하는 해석의 과정을 반복하였다. 이런 방법은 분석과정에서 연구자의 직관적인 성찰과 주관적인 해석 및 강조가 개입된다는 점에서 흔히 사용되는 내용분석 절차와는 구분이 된다. 현상학적 연구방법은 발견 지향적이고, 아무런 전제 없이 시작하며, 사전에 계획된 확고한 연구절차에 의해 지배되는 것이 아니라 연구가 진행되는 과정 중에 새로운 차원으로의 진화와 확장 또는 축소와 초점화가 일어나기도 한다. 예를 들어, 본 연구를 진행하는 가운데서도 처음에는 혼외관계 현상을 바라봄에 있어서 당사자와 피해 배우자의 두 가지 관점에서 바라보려고 하였는데, 연구를 진행하면서 혼외관계 대상자, 즉 가정을 가진 사람과 연애를 하고 있는 사람이 자신의 관계 경험을 통해 혼외관계 현상에 대해 어떻게 바라보며 의미를 부여하는지 제3의 시각도 인터뷰 대상에 포함시킴으로써 연구 범위의 확장이 일어났다. 그러나 결국에는 자료를 분석하고 그 결과에 대한 보고서를 작성하는 과정에서 연구 대상을 다시 혼외관계 당사자와 피해 배우자의 경험에만 국한시키기로 결정하는 연구의 축소 및 초점화가 일어나게 되었다.

4) 자료분석 결과 보고 : 현상학적 글쓰기

분석결과에 대한 글쓰기는 다른 어떤 질적 연구의 전통에 있어서보다 현상학적 연구에서는 중요한 위치를 차지한다. Van Manon은 현상학적 연구에서는 글을 쓰는 작업 자체가 연구의 본질이고, 현상학적 텍스트를 만들어 내는 것이 연구 과정의 목적이라고 말한다. 또 현상학적 연구는 일종의 시를 쓰는 활동과 같아서, 결론을 제시하기 위해 시를 요약하지 않듯이 현상학적 연구에 있어서도 이론 수립을 위한 요약이나 결론을 요구하는 것은 부적절한 일이라 하였다(Manon, 1994; 신경림, 안규남). 현상학적 글쓰기 작업은 다시 생각하고, 다시 고찰하고, 다시 인식하는 복합적인 과정을 거쳐서 이루어진다. 실제로 모든 현상학적 글쓰기는 궁극적으로 해석이다. Gadamer는 우리가 어떤 사람의 말의 의미를 해석한다는 것은 실제로는 하나의 해석을 해석하는 것이라 하였다(Manon, 1994, 신경림; 안규남). 우리가 살펴보고자 하는 현상과 연결된 표현 중에 가장 일반적인 표현들조차도 주의해서 살펴보면 언어 그 자체로 의미심장하고 대단히 교훈적일 경우가 있다. 실제로 연구 참여자들은 때로 자신만의 독특한 언어로 자신의 혼외관계 체험을 표현하고 있으므로 본 연구자는 가급적 그 표현들을 있는 그대로 살려내는 글을 쓰고자 하였다.

현상학적 글쓰기는 한편으로는 체험 그 자체의 본질에 대한 기술이고 다른 한편으로는 체험을 말하기 위해 사용한 표현들의 의미에 대한 기술이다. 분석결과를 기술하는 방식에 있어서 본 연구자는 맥락분석적인 기술(記述)과 개체분석적인 기술(記述)을 함께 사용하였다. 기독교인의 혼외관계의 본질과 관련된 핵심 주제별로 다양한 사례를 비교 분석하거나 유형화를 시도할 경우에는 맥락분석을 통해 종합적으로 기술하였다. 그러나 한 개인의 독특한 경험 자체로서 시사해 주는 바가 클 때는 개체분석을 통해 개인의 이야기를 상세히 다루었다. 이는 기독교인의 혼외관계에 대한 전체적인 그림을 파악하면서도 그 그림에 독특한 문양이나 현저한 색채를 보이는 개인의 이야기를 희생하지 않기 위해서이다. 음악에 빗대어 말한다면 협주곡 사이에 연주가가 홀로 연주하는 카덴차(cadenza)와 같은 것이라 비유할 수 있다.

5) 신학적 성찰

현상학적인 접근에 의해 질적 연구를 수행하는 경우, 인터뷰 자료의 분석을 통해 얻은 통찰은 그 자체만으로도 이미 커다란 의미를 지닌다. 그러나 본 연구에서는 자료분석을 통해 일차적으로 얻은 통찰들을 가지고 깊이 있는 이차적 성찰의 단계로 다시 한 번 들어가게 된다. 이는 본 연구가 발견과 이해의 차원에 그치지 않고, 보다 실천적으로 목회상담의 현장과 더 나아가 우리의 삶의 현장까지 연결되도록 하기 위해 필요한 과정이다. 이를 위해 Don S. Browning이 제안한 '수정된 비판적 상관관계 접근'에 근거하여 심리학, 사회학, 사회생물학, 생리학, 법학 등에서 제시하는 혼외관계에 대한 다양한 관점을 가지고 다시 한 번 연구자들의 체험의 의미를 재조명해 보았다. 또 인간의 성향에 대한 이해, 현재 기독교가 직면하고 있는 현사회 상황의 분석도 신학적 성찰의 과정에 포함되었다. 또 혼외관계와 관련된 성서 말씀과 전통적인 기독교의 가르침에 대해서도 반성적으로 성찰함으로써 연구 참여자들의 실제 체험과 동떨어지지 않으면서, 현시대를 살아가는 사람들의 마음에 와 닿을 수 있는 해석을 시도하였다. 그리고 이상과 같은 신학적 성찰을 통해 기독교인의 혼외관계 목회상담을 위한 실천적 지혜를 도출하고자 했다.

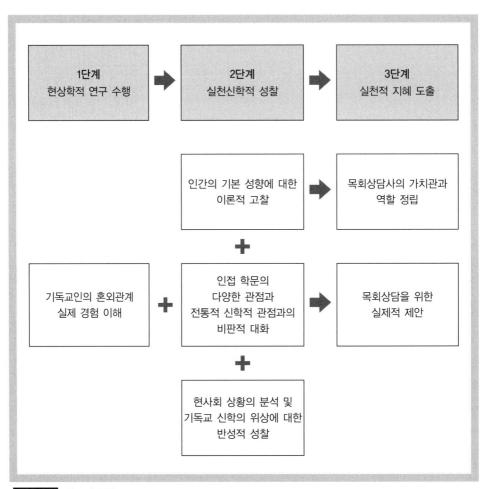

그림 4-2 연구의 흐름도

5. 심층면담 질문지

※ 본 연구에 참여해 주시는 것에 대하여 감사드립니다. 다음은 귀하의 인적 사항에 대한 질문입니다. 직접 답을 기록해 주시기 바랍니다.

1) 개인 신상에 관한 질문

이름 : _____(익명을 원하시면 쓰지 않으셔도 됩니다.)

나이 : 만 _____세 　　　　성별 : _____

직업 : _____

학력 : _____

종교 : _____ 　　신앙 경력 : _____ 　　직분 : _____

결혼 여부 : 결혼생활 _____년째, 또는 이혼하였음(　　)

연애 결혼 : _____ 　　　　중매 결혼 : _____

가족관계	성별	나이	직업	학력	종교

가족관계(가족의 이름은 밝히지 않으셔도 됩니다.)

※ 다음은 연구 내용과 관련된 인터뷰를 위한 질문입니다. 직접 답을 기록하실 필요는 없으며, 단지 면담을 위하여 미리 읽어 보시고 생각을 정리하시기 바랍니다.

2) 인터뷰용 질문

(1) 혼외관계 당사자용 질문지

이렇게 말씀하시기 어려운 주제에 대해서, 인터뷰에 응해 주신 것에 대해 감사드립니다.

■ **혼외관계의 시작에 관한 질문(외도로 이끄는 사회환경적 요인 탐색을 위한 질문)**

① 대상이 되었던 여성(남성)과 어떤 계기로 혼외관계가 시작되었는지에 대해서 간단히 말씀해 주시겠습니까?

② 그 당시의 가족 환경이나 선생님께서 처해 있던 상황은 어떤 것이었는지 간단히 말씀해 주시겠습니까? 특히 부인(남편)과의 관계는 어떠하셨는지요?

③ 그 당시 혼외관계로 빠져들게 만든 특별한 이유가 있었습니까?

■ **외도의 심리에 관한 질문(외도의 심리적 원인 탐색을 위한 질문)**

① 혼외관계를 통해 무엇을 얻을 수 있을 것이라 기대하였습니까?

② 혼외관계가 진행되는 동안 선생님의 마음속에는 어떤 감정들이 있었는지 돌아보실 수 있겠습니까? 여러 가지로 심경의 변화가 있었다면 그 변화 과정에 대해서도 말씀해 주세요.

■ **외도의 양상 및 성적 관계에 대한 질문**

① 대상이 되었던 여성(남성)과의 관계의 깊이는 어느 정도였습니까?

(예 : 정서적으로 친밀한 관계였습니까? 성적인 관계입니까? 동거를 했습니까? 장래에 대한 약속이 있었습니까? 두 사람 사이에 자녀가 있습니까?)

② 현재 두 사람의 관계는 지속되고 있습니까? 아니면 정리된 관계입니까?

현재의 관계 양상에 대한 선생님의 심경은 무엇입니까?

■ **혼외관계의 발전 및 파국 과정에 관련한 질문**

① 혼외관계는 얼마 동안 지속되었습니까?

② 어떤 계기로 배우자에게 알려지게 되었습니까?

③ 혼외관계가 밝혀졌을 때 선생님과 배우자와 외도 대상자 세 사람의 반응은 무엇이었습니까?

④ 그 당시에 선생님이 가장 힘들게 느꼈던 점은 무엇이었습니까?

■ 배우자 및 자녀와의 관계에 관한 질문

① 배우자 모르게 혼외관계가 지속되는 동안 배우자 및 자녀와의 관계는 어떻게 유지하셨습니까?

② 혼외관계의 사실이 밝혀진 후 배우자 및 자녀와의 관계는 어떻게 달라졌습니까?

■ 사태 수습 과정에 대한 질문

① 사태를 수습하기 위해 선생님이 하신 노력은 어떤 것이었습니까? 어떻게 선생님의 삶을 정리하기 원하셨습니까?(예 : 외도의 대상을 택할 것인지, 가족을 택할 것인지의 선택)

② 선생님이 원하는 대로 이루실 수 있었습니까? 만약 선생님의 의사대로 되지 않았다면, 그 원인이나 방해요인은 무엇이었다고 생각합니까?

③ 이때 배우자와 외도의 대상자가 취한 태도는 무엇이었습니까? 이때 배우자와 외도 대상자에 대한 선생님의 감정은 무엇이었습니까?

④ 수습 과정에서 배우자 이외의 자녀를 포함한 다른 일가친지들의 역할은 무엇이었습니까?

■ 기독교인으로서의 정체성 및 가치관과 관련된 질문

① 혼외관계의 진행 중에 기독교인이기 때문에 가졌던 어려움이 있었습니까?

② 기독교인이기 때문에 내적 갈등이 있었다면 주로 무슨 이유 때문입니까? 특히 갈등을 하게 만든 설교의 내용이나 성경 말씀이 있었습니까?

③ 혼외관계가 드러난 후 사태의 수습 과정에서 선생님이나 배우자의 신앙은 어떤 역할을 했습니까?

이 이하의 질문은 가족이 해체된 경우와 가족이 재결속을 하게 된 경우를 나누어 질문하게 된다.

■ **가족이 해체된 경우**

① 가족이 해체된 과정에 대해 간단하게 말씀해 주시겠습니까? 배우자와의 결별은 일방적인 것이었습니까? 합의에 의한 것이었습니까?

② 가족의 해체 이후 선생님, 배우자 및 가족, 외도 대상자의 거취를 말씀해 주시겠습니까?

③ 현재의 상황은 선생님이 바라던 것이었습니까? 현재의 선택에 만족하십니까? 아쉬운 점이 있다면 어떤 점을 들 수 있겠습니까?

④ 가족이 해체될 수밖에 없었던 주된 원인이 무엇이었다고 생각하십니까?

⑤ 선생님에게 다시 한 번 기회가 주어진다면 가족의 해체를 막기 위해서 어떤 일을 해 보고 싶습니까?

⑥ 가족의 해체를 막기 위해 상담을 받거나 전문가의 도움을 받은 적이 있습니까? 있었다면 그 도움이 어떤 점에서 미흡했다고 생각합니까?

⑦ 이 모든 과정을 겪으면서 선생님의 신앙과 영성은 현재 어떤 상태에 처해 있다고 평가하시겠습니까?

■ **가족이 재결합된 경우**

① 선생님은 외도 대상자와의 관계를 깨끗이 정리하였습니까? 감정까지 정리되었습니까? 아니면 현재 정리를 시도하는 중에 있습니까?

② 선생님이 혼외관계를 정리하고 가족에게 돌아오게 하는 데 선생님의 배우자나 자녀는 어떤 역할을 하였습니까? 주변 일가친지들의 역할은 무엇이었습니까?

③ 관계를 정리하는 과정에서 가장 힘들었던 점은 무엇이었습니까?

④ 배우자와의 관계를 재정립하기 위하여 현재 두 사람이 기울이는 노력은 무엇입니까?

⑤ 현재 다시 시작한 배우자와의 관계를 어떻게 평가하시겠습니까?

⑥ 어려움을 극복하는 과정에서 얻은 것은 무엇이고 잃은 것은 무엇입니까?

⑦ 이 모든 과정을 겪으면서 선생님의 신앙과 영성은 현재 어떤 상태에 처해 있다고 평가 하시겠습니까?

지금까지 인터뷰에 응해 주셔서 대단히 감사합니다.

(2) 배우자(외도의 피해자)용 질문지

이렇게 말씀하시기 어려운 주제에 대해서, 인터뷰에 응해 주신 것에 대해 감사드립니다.

■ 혼외관계 발견에 관한 질문

① 남편(부인)이 혼외관계에 빠져들었다는 사실을 어떻게 발견하게 되었습니까?

② 그 당시의 가족이 처해 있던 상황은 어떤 것이었는지 간단히 말씀해 주시겠습니까? 특히 남편(부인)과의 관계는 어떠하셨는지요?

③ 그 당시 남편(부인)을 혼외관계로 빠져들게 만든 무슨 특별한 개인적 이유가 있었습니까?

■ 피해자의 심리에 관한 질문

① 남편(부인)의 혼외관계를 알았을 때의 심정이 어떠했는지 괴로우시겠지만 돌이켜 보면서 말씀해 주실 수 있겠습니까?

② 혼외관계가 밝혀지고 나서 남편(부인)과 외도의 대상자가 보여준 반응에 따라 선생님의 마음속에는 어떤 감정들이 있었는지 돌아보실 수 있겠습니까? 여러 가지로 심경의 변화가 있었다면 그 변화 과정에 대해서도 말씀해 주십시오.

■ 혼외관계의 양상에 대한 질문

① 대상이 되었던 여성(남성)과 선생님의 배우자와의 관계의 깊이는 어느 정도였습니까? (예 : 정서적으로 친밀한 관계였습니까? 성적인 관계입니까? 동거를 했습니까? 장래에 대한 약속이 있었습니까? 두 사람 사이에 자녀가 있습니까?)

② 현재 두 사람의 관계는 지속되고 있습니까? 아니면 정리된 관계입니까? 현재 그들의 관계 양상에 대한 선생님의 심경은 무엇입니까?

■ 혼외관계에 대한 대처방식에 대한 질문

① 배우자의 혼외관계가 밝혀졌을 때, 선생님은 배우자와 외도의 대상자에게 어떻게 행동하셨습니까?

② 그 당시에 선생님이 가장 힘들게 느꼈던 점은 무엇이었습니까?

■ **혼외관계 중에 남편(부인)이 가족에게 보여준 태도에 관한 질문**

① 남편(부인)이 비밀리에 혼외관계를 지속하는 동안 선생님과 자녀들에게는 어떻게 행동하였습니까?

② 혼외관계의 사실이 밝혀진 후 남편(부인)의 태도는 어떻게 달라졌습니까?

■ **사태 수습 과정에 대한 질문**

① 사태를 수습하기 위해 선생님이 하신 노력은 어떤 것이었습니까? 어떻게 선생님의 삶을 정리하기 원하셨습니까? (예 : 외도를 범한 배우자와 헤어질 것인지, 용서하고 함께 살아갈 것인지의 선택)

② 선생님이 원하는 대로 이룰 수 있었습니까? 만약 선생님의 의사대로 되지 않았다면, 그 원인이나 방해요인은 무엇이었다고 생각합니까?

③ 이때 배우자와 외도의 대상자가 취한 태도는 무엇이었습니까? 이때 배우자와 외도의 대상자에 대한 선생님의 감정은 무엇이었습니까?

④ 수습 과정에서 배우자 이외의 자녀를 포함한 다른 일가친지들의 역할은 무엇이었습니까?

■ **기독교인으로서의 정체성 및 가치관과 관련된 질문**

① 남편(부인)의 혼외관계를 알고 나서 기독교인이기 때문에 가졌던 어려움이 있었습니까?

② 기독교인이기 때문에 내적 갈등이 있었다면 주로 무슨 이유 때문입니까?
특히 갈등을 하게 만든 설교의 내용이나 성경 말씀이 있었습니까?

③ 남편(부인)의 혼외관계가 드러난 후 사태의 수습 과정에서 선생님이나 배우자의 신앙은 어떤 역할을 했습니까?

이 이하의 질문은 가족이 해체된 경우와 가족이 재결속을 하게 된 경우로 나누어 질문하게 된다.

■ **가족이 해체된 경우**

① 가족이 해체된 과정에 대해 간단하게 말씀해 주시겠습니까? 배우자와의 결별은 어느 한쪽의 일방적인 것이었습니까? 합의에 의한 것이었습니까?

② 가족의 해체 이후 선생님과 가족, 배우자, 배우자의 외도 대상자의 거취를 말씀해 주시겠습니까?

③ 현재의 상황은 선생님이 바라던 것이었습니까? 현재의 선택에 만족하십니까? 아쉬운 점이 있다면 어떤 점을 들 수 있겠습니까?

④ 가족이 해체될 수밖에 없었던 주된 원인이 무엇이었다고 생각하십니까?

⑤ 선생님에게 다시 한 번 기회가 주어진다면 가족의 해체를 막기 위해서 어떤 일을 해 보고 싶습니까?

⑥ 가족의 해체를 막기 위해 상담을 받거나 전문가의 도움을 받은 적이 있었습니까? 있었다면 그 도움이 어떤 점에서 미흡했다고 생각합니까?

⑦ 이 모든 과정을 겪으면서 선생님의 신앙과 영성은 현재 어떤 상태에 처해 있다고 평가하시겠습니까?

■ **가족이 재결합된 경우**

① 선생님의 남편(부인)은 외도 대상자와의 관계를 깨끗이 정리하였습니까? 감정까지 정리되었다고 생각하십니까? 아니면 현재 정리를 시도하는 중에 있습니까?

② 배우자가 혼외관계를 정리하고 가족에게 돌아오게 하는 데 선생님이나 자녀는 어떤 역할을 하였습니까? 주변 일가친지들의 역할은 무엇이었습니까?

③ 배우자가 관계를 정리하도록 돕는 과정에서 가장 힘들었던 점은 무엇이었습니까?

④ 배우자와의 관계를 재정립하기 위해 현재 두 사람이 기울이는 노력은 무엇입니까?

⑤ 현재 다시 시작한 배우자와의 관계를 어떻게 평가하시겠습니까?

⑥ 어려움을 극복하는 과정에서 얻은 것은 무엇이고 잃은 것은 무엇입니까?

⑦ 이 모든 과정을 겪으면서 선생님의 신앙과 영성은 현재 어떤 상태에 처해 있다고 평가하시겠습니까?

인터뷰에 응해 주셔서 대단히 감사합니다.

6. 인터뷰 노트

이 논문을 쓰면서 가장 어려웠던 점은 논문의 주제를 결정하는 일이었다. 그렇지 않아도 교회가 비난과 공격의 대상이 되고 있는데 기독교인의 가정에서 발생한 혼외관계 현상을 박사학위 논문의 주제로 삼는 것이 바람직한 것인가에 대해 고민하게 되었다. 현상학적 연구를 진행하자면 기독상담자로서 혼외관계 당사자를 정죄하는 입장에 서서도 안 되고 그들을 비호하는 입장에 서서도 안 된다는 것은 분명했다. 진정으로 가치중립적인 입장에 서 있으면서, 건전한 기독교 윤리적 관점을 훼손시키지 않는 결론을 도출해 낼 수 있을까 염려가 되었다. 기독상담사로서 기독교인 가정 내에서 발생하는 혼외관계 현상의 본질을 밝혀내고, 어떻게 상담을 해야 이들 가정의 위기가 오히려 영적 성장의 계기가 되게 할 수 있을지 정리해 보고 싶었다. 이런 마음은 마치 일종의 사명감처럼 내 가슴에 가득했지만 막상 연구를 시작하려고 하니 두려움이 생기고 자신이 없어졌다. 그래서 한동안 결정을 못하고 망설이면서 새벽기도에 나가 엎드렸고, 결국 용기를 내서 이 주제를 연구하기로 결정하였다.

막상 주제를 정하고 나니 이젠 인터뷰 대상자를 만나기가 어려웠다. 혼외관계가 주제이다 보니 피해 배우자를 만나는 것은 상대적으로 쉬웠지만, 혼외관계 당사자를 만나는 것은 어려웠다. 논문을 완성하기까지 2년 반의 세월이 흘렀는데, 대상자를 선정해서 인터뷰를 하는 데만 꼭 1년이 걸렸다. 첫 번째 인터뷰 대상자를 만나고 나서 5개월이나 지난 다음에야 두 번째 대상자를 만날 수 있었다. 여성에 비해 남성들이 혼외관계 연구에 노출되는 것을 꺼리는 경향이 커서 남성 인터뷰 대상자를 만나는 것이 훨씬 더 어려웠다. 이는 본 연구자가 여성이라는 점도 크게 작용했을 것이다. 결국 남성 연구 대상자의 대부분은 연구의 막바지에 이르러서야 인터뷰를 진행할 수 있었고, 인터뷰 시간도 여성 대상자들에 비해 상대적으로 짧았다. 여성들은 일단 인터뷰에 응하기로 한 이상 가슴에 숨겨놓았던 것과 자신의 느낌 등을 순발력 있게 쏟아 내었다. 반면에 남성들과의 인터뷰는 이미 지나가 버린 과거사에 대한 힘겨운 정리이거나 그에 대한 어눌한 이야기일 경우가 많았다. 또한 일부는 인터뷰 과정을 통해서 처음으로 자신의 감정이나 의미에 접근하는 것처럼 보이기도 하였다. 남성을 인터뷰할 때는 특히 그들이 정죄당한다거나 체면에 손상이 간다고 느끼지 않도록 각별한 주의를 기울여야 했다. 여성들의 경우는 자신의 이야기가 노출됨으로 인해 배우자나 자녀에게 피해가 가지 않을지에 대해 염려하는 모습을 보이는 경우가 많았다. 이에 대해 연구자는 그들의 신변이 노출되지 않도록 각별히 주의하겠다는 것을 여러 차례 다짐해야 했다.

인터뷰는 2시간씩 두 차례 만나서 실시했으므로 한 사람당 평균 4~5시간이 걸렸다. 인터뷰 내용을 녹취한 분량은 1,000여 쪽에 달했다. 처음에는 직접 녹취를 시도하였으나 시간이 한없이 많이 걸려 나중에는 연구자보다 훨씬 빠른 아르바이트 학생을 고용하여 모든 인터뷰 내용을 전사할 수 있었다. 자신이 직접 할 경우 시간은 많이 걸리지만 녹취하는 과정에 분석의 틀이 잡히기 시작하는 것이 장점이다. 그러나 인터뷰한 것을 녹취하는 과정에서 모든 에너지를 초반에 소진해 버리면 그것은 손해이다. 논문을 완성하는 일은 지구력을 필요로 하는 작업이므로 시간과 에너지를 안배하는 것이 지혜롭다.

시간과 에너지를 안배하는 것과 관련하여 연구자가 깨달은 것 한 가지를 더 나누고 싶다. 2005년에 논문을 시작할 당시 연구자는 이미 연세대학교 상담코칭지원센터에서 교육분석가로, 슈퍼바이저로 일을 하고 있었다. 풀타임으로 일을 하면서 논문을 쓴다는 것은 거의 불가능한 것처럼 여겨졌으나 내가 처해 있는 상황이 어쩔 수 없었고, 임상을 포기할 수도 없었다. 늘 자투리 시간을 논문에 투자하면서 논문이 별로 진척이 되지 않자 마음이 조급해지기 시작했다. 그래서 결국 내담자들에게 양해를 구하고, 강의 일정을 조정하여 3주간의 시간을 확보하였다. 다른 일은 신경 안 쓰고 3주간 논문에만 집중하면 많은 것을 할 수 있을 거라 생각하고 내린 결단이었다. 그러나 논문 집필에 쓴 2년 반의 시간 중 가장 스트레스를 받았던 기간이 그 3주간이었다. 귀에서 이명이 들리기 시작한 것도 그 3주간에 일어났다. 오히려 상담이나 강의를 하는 동안에 논문에 대한 걱정을 잊어버리고, 잠깐 시간이 났을 때 그 시간을 금쪽같이 여기며 집중했던 편이 하루 종일 논문만 붙잡고 효율적이지 않은 작업을 하며 걱정에 눌리는 것보다 정신건강에 더 나았다는 것을 깨달았다. 그래서 후학들에게 권하고 싶다. 절대로 논문에만 집중해 보겠다고 다른 일들을 전폐하지 말고, 적절히 다른 일들을 하면서 걱정과 스트레스를 분산시키는 것이 좋다.

논문을 겨우 완성하여 제출하려는 시점에, 동기생 모두에게 예심이 한 학기 미루어지는 사태가 발생했다. 이유는 신학대학원에서 쓴 논문인데, 상담학 연구방법론만 사용되었지 목회신학적 연구방법론이 들어 있지 않다는 지적이었다. 논문 전체를 새로운 방법론의 틀에 맞추어 다시 보완해야 한다는 것이었다. 이제 끝난 줄 알았던 동기생들은 모두 좌절하여 어디서부터 작업을 시작해야 할지, 한 학기를 어떻게 다시 기다려야 할지 막막해 하였다. 그러나 결국 또 한 학기의 노력 끝에 드디어 예심을 치르게 되었다. 교수님들마다 수정해야 할 사항들을 지적하셨고 한 달 안에 다시 수정해서 본심을 통과해야 한다. 이제 고지가 바로 저기인데, 문제는 다시는 논문을 쳐다보기가 싫다는 것이었다. 며칠 손보면 되겠지 하며, 2주일간 시간을 허송해 버리고, 죽기보다 싫은 마지막 수정 작업을 시작했다. 그런데 수정 작업이 예상했던 것보다도 양이 많고, 나중에는 시간에 쫓기게 되었다. 원래 본심을 받으려면 지도교수님들께 일주일 전에 수정한 최종본을 보내드려야 하는데, 연구자는 그만 본심 전날에서야 교수님들께 드리는 말도 안 되는 결례를 범하고 말았다. 다행히 교수님들께서 수정표를 보고 양해를 해주셔서 본심에 무사히 통과되었다. 그러므로 본심에 통과하는 마지막 순간까지 긴장을 유지하며 자제력을 잃지 말아야 한다. 훌륭한 논문은 단기간에 쉽게 쓰여지지 않는다. 일정 기간 시간과 에너지를 잘 안배해 가면서 지속적으로 수행해 나가야 하는 고된 작업이다.

죽을 힘을 다해 써서 제출한 논문에 대해 예심에서 지적을 많이 받으면 매우 싫고 실망이 된다. 그러나 지도교수님들께서 예심에서 꼼꼼하게 지적해 주시는 것은 매우 감사한 일임을 알아야 한다. 그분들의 도움으로 부족한 논문이 한층 더 나아져서 세상에 내어놓기 부끄럽지 않은 논문이 되는 것이기 때문이다.

▶▶ 참고문헌

권수영 (2006). "Don S. Browning의 목회(실천)신학 방법론 연구". 신학논단.

매넌, 밴 (1994). 체험 연구-해석학적 현상학의 인간과학 연구방법론. 신경림, 안 규남 역. 서울: 동녘.   사 학위 논문

조용환 (1999). 질적연구: 방법과 사례. 서울 : 교육과학사.

커크, 제롬, 마크 밀러 (1992). 질적연구의 신뢰도와 타당도. 이용남 역. 서울: 교 육과학사.

패짓, 데보라 (1998). 사회복지 질적연구 방법론. 유태균 역. 서울: 나남.

Creswell, John W. 1998. *Qualitative Inquiry and Research Design: Choosing Among Five Traditions.* Thousand Oaks, CA: Sage Publications.

Denzin, Norman K. and Lincoln, Yvonna S., eds. 1994. *Handbook of Qualitative Research.* Thousand Oaks, CA: Sage Publications.

Marshall, Catherine and Gretchen B. Rossman, 1999. *Designing Qualitative Research.* Thousand Oaks, CA: Sage Publications.

▶▶ 연구자 소개

이명진

학력

한국외국어대학교 불어과 졸업(B.A.)

University of Cincinnati, Graduate School 정치학 석사(M.A.)

연세대학교 연합신학대학원 신학 석사(Th.M. 목회상담학 전공)

연세대학교 대학원 신학 박사(Ph.D. 목회상담학 전공)

경력

다움상담코칭센터 대표이사

연세대학교 상담코칭지원센터 임상실습책임교수 / 교육분석가

한국목회상담협회 임상감독 / 운영위원

한국기독상담심리학회 수련감독 / 임상교육위원장

한국코치협회 전문코치(KPC)/학습진로코치(KEPC)

저역서 및 논문
방어기제를 다루는 상담기법(공역, 2005, 김영애가족치료연구소)
기독교인의 혼외관계에 대한 목회상담학적 성찰(2006, 박사학위 논문)
기독교인의 혼외관계에 대한 목회상담학적 성찰(2008, 신학논단)
혼외관계에 대한 목회상담적 부부치료 모형(2010, 목회상담학회지)
종교적 방어기제에 대한 기독상담적 대응(2015, 기독상담학회지)

5

놀이치료에서의 부모 상담의 경험과 그 효과에 대한 연구

전혜리

1. 연구방법론

본 연구는 놀이치료 상황에서 진행되고 있는 부모 상담의 경험을 통해 일어난 자신의 변화에 대한 연구이다. 그리고 그 변화가 놀이치료를 받은 자녀에게 끼치는 영향과 치료 효과의 지속, 또한 부모 자신의 삶에 끼치는 영향에 대하여 알아보고자 하는 것이다. 부모 상담이란 아동 청소년 상담에서 아동 청소년의 치료 효과를 높이기 위해 필수적으로 중요한 요소이다.

아동 청소년의 상담 종결은 주호소의 해결과 더불어 일상생활이나 학교생활 등 사회적 상황 그리고 대인관계에서 적절한 적응능력이 형성됐을 때 진행된다. 그러나 그런 효과가 이후에도 지속되고 있는지에 대해 특별히 측정 가능한 도구가 없다. 그러므로 효과의 지속 여부에 대해서는 아동 청소년과 함께 생활하고 있는 부모와의 면담으로 가장 정확히 알 수 있다. 그런 이유로 아동 청소년의 치료 종결 이후 일정한 시간이 지난 후, 부모 면담을 통해 부모 상담의 경험이 자신의 삶을 변화시킨 내용과 그 변화의 내용이 자녀의 삶에 어떤 영향을 끼치고 있는지에 대해 구체적으로 나타나는 현상과 그 의미를 알아보고자 했다.

이 연구를 진행하기 위해 연구자는 크게 두 가지 방법론적 접근을 사용하였다. 먼저, 부모 상담의 구체적인 경험을 있는 그대로 드러내어 서술하기 위해서 질적 연구의 주요 전통의 하나인 **현상학적 접근**을 따랐다. 그리고 드러난 현상을 신학적으로 해석하고, 전통적인 부모-자녀관계의 양육관으로 묶여져 죄책감에 시달리는 어머니에게 이 시대에 걸맞은 기독교 상담적 가치관을 제시하고 효과적인 목회상담을 위한 실천적 지혜로 연결하기 위해서 Don S, Browning의 '수정된 비판적 상관관계 접근'에 의한 실천신학 방법론을 적용하였다. 본 장에서는 현상학적 방법론에 관해서만 언급하기로 한다.

1) 현상학적 연구

질적 연구방법론은 구체적인 관찰로부터 시작하여 일반적 패턴을 형성해 나가는 귀납적 연구방법론이다. 사회 현상이나 인간의 실체에 대한 연구는 자연과학이 주장하는 것처럼 실험으로 측정하고 증명되어 숫자로 표현되는 것이 가능하지 않다. 질적 연구는 내가 참여하게 된 현상에 대해 나와 교제한 타인의 경험을 나의 시각으로 포착하여 내가 이해한 대로 세상에 내어놓는 것이다. 질적 연구자는 자기가 겪은 모든 경험에 대해 자기 나름대로의 독자적 해석을 부여한다. 이 독자적 해석은 직관과 통찰을 통해 아직 구체적이지 않은 현상들을 조금씩 이해해 나가는 하나의 방식이다. 질적 연구는 연구 과정에서의 **자기 발견적 접근방식**을 사용해 왔다. 자기 발견적 방식은 '우리로 하여금 우리의 감각을 통해 얻은 풍부한 정보를 무의식적으로 범주화하고 편집할 수 있게 해주는 방식이다(Fortune, 유태균 외 역, 2000). 따라서 이러한 자기 발견적 방식은 연구자 자신의 배경적 지식과 경험에 매우 밀접하게 연관되어 있다. 자기 발견적 방식은 기존의 이론이나 실천 모형이라는 제한된 범위에서 벗어난 새로운 임상적 사정과 개입을 위한 대안을 제시할 수 있다(Sherman & Reid, 1994). 질적 연구의 도구가 연구자라고 하는 이유 중의 하나는 연구자의 경험이 그의 해석과 발견에 지대한 영향을 미치기 때문이다. 질적 연구자들은 자신의 개인적 경험을 부끄럽게 여기거나 숨길 필요가 없다. 질적 연구의 질문은 바로 내가 가진 관심사로부터 시작되며 연구자라는 도구를 통해 그 질문에 대한 답이 만들어진다(고미영, 2009). 한편 질적 연구는 자연주의 연구라고 불리는데, 이는 질적 연구가 우리의 생활 환경이 자리 잡고 있는 맥락 안에서 묻어나오는 해석과 의미를 추구하기 때문이다. 질적 연구자는 결과를 얻기 위해서 어떤 조작을 가하거나 인위적인 실험 환경을 만들지 않는다. 양적 연구의 통제적이며 환원적인 성격은 연구의 맥락 자체가 드러나지 않도록 하는 결과를 낳는다. 이에 반해 질적 연구자들은 맥락을 이해할 수 있을 때에만 그 맥락을 통해 얻어지는 의미를 알 수 있다고 본다(고미영, 2009).

Van Manon(1998)은 현상학적인 접근법으로 인간의 경험을 연구하는 목적은 실천적 지혜를 얻기 위한 것이며, 우리가 겪는 체험의 의미를 가장 잘 가르쳐 줄 수 있는 접근법이라고 하였다. 현상학적 연구는 일상의 세부적인 것 속에 있는 중요한 것, 당연시되는 것 속에 있는 특별한 것들에 관심을 가지고 사려 깊게 의식하도록 만든다. 또한 일상적인 삶의 현장에서 겪는 경험의 의미를 있는 그대로 이해하고자 하며, 우리로 하여금 인간의 본성을 충분히 발휘하며 살게 하는 것을 궁극의 목적으로 삼는다. 즉, 각 사람이 처해 있는 상황에서 출발하여 자신이 참여하고 있는 세상을 바로 알기 위해서는 불충분한 설명과 부정확한 근거에 입각한 모든 원칙과 개념, 독단적인 사고방식과 편견을 버리고 오로지 사물 그 자체에 의해서 인도되어야만 한다는 것이다(신경림, 2002). 또한 Colaizzi(1978)도 인간을 다루는 심리학은 자연과학의 방법과는 구별되어야 하고, 인간 과학에서는 생활 세계에서 일상의 경험을 통하여 인간을 총체적으로 이해하는 것이 가능하다고 하였다.

이 연구는 참여자들과의 면담을 통해 이루어졌다. Kvale(1998)은 내면을 보는 눈 : 인터뷰에서 면담을 구조와 목적을 가지고 있는 대화로 표현하며 "묘사된 현상의 의미를 해석하는 것과 관련하여 인터뷰 대상자의 일상 세계의 묘사를 획득하는 것을 목적"으로 하는 것으로 정의한다. 그는 질적 연구 인터뷰의 주제는 대상자의 생활 세계와 그들의 생활 세계와의 관계이며 인터뷰의 목적은 대상자가 경험하고 살아가는 중심주제들을 설명하고 이해하는 것이라고 한다. 또한 그는 면담자가 면담 상황을 정의하고, 제어하며, 질문에 대한 면담 대상의 대답을 비판적으로 따라가야 철저하게 검증된 지식의 획득이 가능하다고 주장한다. 이처럼 부모 상담을 통한 삶의 변화 과정을 가장 심도 깊게 경험할 수 있고 그 경험을 구체적으로 묘사할 수 있는 사람은 연구 참여자이므로 연구자는 현상학적 면담이라는 방법을 연구방법으로 채택하였다.

현상학적 접근의 특징은 괄호치기이다. 괄호치기는 연구자가 가지고 있는 선이해와 가정들을 보류하기, 제쳐두기, 가능한 한 그것들로부터 자유로워지기를 의미한다. 괄호치기를 통해서만 연구자는 연구 대상자의 경험에 온전히 초점을 맞출 수 있다. 그들이 자신의 경험을 자신의 언어로 설명하고 의미를 부여하도록 허용하여야 연구자는 온전히 그들의 세계로 들어갈 수 있다. 그렇게 자료들은 그 자체만의 모습을 드러내고 스스로의 힘으로 말 할 수 있도록 허용되어야 한다(신경림, 2001). 연구자는 참여자들과의 면담 시 선이해와 기대감을 모두 괄호치기하고 임하고자 했으며 그들의 솔직한 표현에 온전히 마음을 열고자 했다.

2.연구 진행 과정

1) 자료수집

(1) 연구 참여자 선정

본 연구는 부모 상담이 놀이치료 내담 아동에게 어떤 긍정적 영향을 미치는지, 그리고 그 요인은 무엇인지에 대해 파악하고자 하는 연구 목적에 따라 연구 대상을 선정하고자 하였다. 이에 따라 연구 참여자 선정방법은 질적 연구에서 사용되는 **목적적 대상자 선정방법**을 사용하였다. 즉, 연구의 목적을 위하여 가장 적절하고 많은 자료를 얻어낼 수 있는 대상을 의미한다. 특히 본 연구에서는 **동질적 대상자 선정방법**(homogeneous sampling)을 사용하였는데 놀이치료를 20회 이상 받고 주호소가 해결되어 종결한 사례 중 1년 이상 경과된 사례만 다루기로 하였다. 부모만 상담한 사례나 놀이치료가 20회 이전에 종결된 사례와 치료 종결 후 1년 미만의 사례는 제외되었다. 그 이유는 놀이치료를 받고 종결을 하게 되는 경우는 주호소가 거의 해결되어 집에서의 일상생활이나 학교 적응이 원만하여 학업도 잘되고 대인관계도 개선되어 또래관계 등이 적절하게 유지될 때이다. 그러나 항간에서는 놀이치료를 받고 시일이 지나면 다시 제자리로 돌아가 문제가 재발된다고 하는 이야기를 하는 경우가 있다. 특히 ADHD 문제를 가지고 있던 아동의 부모들은 ADHD 카페 활동을 하면서 그런 이야기들이 마치 기정사실처럼 오고 가는 것이 너무 안타깝다고 보고한다. 이에 연구자는 놀이치료를 종결하고 일정 기간이 지난 아동들을 대상으로 치료 효과의 지속에 대해 연구하고자 하였다. 이런 연유로 치료 종결 후 1년 이상이 된 아동들만 연구 참여자로 선정하였다. 우선 아동을 먼저 선정하였기에, 부모의 상담 여부와 형태는 선정된 아동에 따라 저절로 선택되었다. 즉, 부모 상담의 유형에 따라 참여자를 선정한 것이 아니라 아동의 조건에 따라 부모가 선정된 것이다.

참여 아동의 치료 종결 후 기간이 1~5년으로 차이가 많이 나는데 20회기 이상의 놀이치료를 받고 주호소가 해결되어 종결한 사례만으로, 그것도 1년 이상의 기간이 지난 사례만 선정하려는 기준에 적합한 사례들이 많지 않았다. 다른 치료자의 사례를 선정해 보려 했으나 이 기준을 만족하는 사례도 없었을 뿐 아니라 연구자와 같은 시각으로 아동을 보고, 부모 상담을 하는 치료자를 찾기가 어려웠다. 그런 이유로 참여자 선정이 이루어졌기에 기간의 차이가 많이 나지만, 크게 결과에 영향을 미치지는 않는다고 생각된다. 왜냐하면 5년의 기간이 흐른 참여 아동의 경우나 3년의 기간이 지난 아동의 경우에도 종결 후 1년 정도에 추수상담이 이루어졌는데 그때나 지금이나 결과는 동일하게 나왔기 때문이다.

연구자는 우선 전화로 연구 목적을 밝히고 연구에 참여해 줄 수 있는지를 타진하였고, 면담 시간을 의논해 정하고 만난 후 동의서를 작성하였다. 연구자가 접촉한 부모들은 모두 연구에 참여할 것을 동의하였고, 진지하고 솔직하고 열정적으로 면담에 응해 주었다. 이 과정에서 연구 참여자의 신앙은 제한하지 않는데 이유는 목회상담의 적용 범위를 기독교 신앙을 가진 이들에게만 적용 가능하다는 인식을 탈피하고자 하였기 때문이다 .

(2) 부모 상담의 유형을 분류한 이론적 근거

국제놀이치료학회지에 실린 논문 '놀이치료에서의 효과적인 부모 상담'(Jennifer Cates et al., 2006) 에 의하면 치료자는 자신의 이론적 배경에 따라 놀이치료와 부모 상담의 구조를 창조적으로 고안해 낼 수 있다고 주장한다. 즉, 어떤 접근은 오랫만에 통찰력 중심으로 만날 수도 있고, 어떤 접근은 가족체계에 초점을 맞추고 가족구성원의 참여를 중요시할 수도 있고, 또 어떤 접근은 가족이나 부모의 참여를 적게 요청할 수도 있다. 그러나 놀이치료나 부모 상담의 구조를 정할 때 가족들의 문화 요인의 고려는 중요하다고 한다. 그래서 부모 상담의 구조를 정할 때 어떤 이론적 접근을 하더라도 내담자의 가치

기준에 맞추어야 한다고 주장한다. 또한 Kottman(2003)은 아동의 학교 상황, 놀이치료 상황에서의 부모의 참여를 강조한다. Kottman은 아동을 돕기 위해서 부모가 상담의 참여를 통해 부모 자신의 변화, 즉, 대화법의 개선 등을 제안한다. 또한 Kottman은 아동의 회기 때마다 부모를 20~30분씩 만나는 것을 전형적이라고 말한다. 그러나 가족의 요구나 놀이치료의 상황에 따라 매우 다양하게 주어져야 한다고 주의를 준다.

Landreth(2002)와 Webb(1999)은 치료자에 따라 부모 상담의 방법이 다양한데 어떤 치료자는 한 달에 한 번 만나고, 다른 치료자는 필요에 따라 요청하고, 또는 전화로 정기적으로 만나기도 한다고 한다. 그러므로 각 치료자에 따라서 그리고 부모의 요구에 따라서 창조성과 유연성이 중요하다고 주장한다 (Jennifer Cates et al., 2006).

O'Connor(2000)는 대부분의 부모가 일주일에 두 번의 치료회기를 할 여유가 없으므로 놀이치료 회기의 전이나 후에 부모를 만나는 것이 중요하다고 보았다. 그러나 놀이치료 회기 전에 만나면 아동은 기본 동맹이 부모라고 여겨 치료자가 부모의 편을 들 것이라고 여길 우려가 있으며, 부모가 다음 회기까지의 기간 동안 아동에 대해 주의해 보거나, 해야 할 과제를 전달할 시간이 없고, 놀이치료 후에 만나면 아동이 비밀 보장에 대해 불안감을 가질 우려가 있다고 한다. 이런 제안에 대한 고려를 통하여 연구자의 경우에는 놀이치료 후 15분 정도의 부모 상담을 하던 형태를 변형하여 부모의 사정과 요구에 따라 한 달이나 두 달에 한 번 정도의 부모 상담을 하게 되었다.

Schaefer(2006)는 아동과의 3~4회기마다 '부모 상담'을 하는 것이 중요하다고 한다. 이 회기에 부모들에게 치료 과정을 설명하며 부모들로부터 피드백이나 질문을 할 기회가 된다. 그는 '부모 상담'이란 아동이 듣는 가운데서 아동에 관해 이야기하는 것을 피하고 따라서 아동에 대한 수용과 비밀 유지를 할 수 있음을 의미한다고 하였다. 부모 상담을 부모를 하나의 자원으로 활용하면서, 부모 지지, 부모 교육, 부모 역할, 아동과의 관계에서의 내적인 변화 등 부모를 위한 '낮은 수준'의 치료로 보았다. 그러나 이런 형태의 부모 상담은 시간이 부족하여 그간 아동의 가정 내 혹은 학교생활에 대한 정보나 놀이치료의 과정에 대한 설명만 하기에도 시간이 모자라 늘 부모나 치료자 서로가 아쉬워하기 일쑤였다. 이는 주선영, 김광웅(2005)의 연구 결과와도 일치한다.

또한 O'Connor(2000)는 부모로부터 치료사 자신에게 개별치료를 해달라는 요청을 받을 수 있다고 하면서, 처음부터 부모와 좋은 작업 동맹을 발전시켰고 유지했다면 이것은 꽤 자연스러운 결과라고 한다. 이 일을 할 것인지 말 것인지의 결정은 적절한 경계선을 유지하면서 내담자로서의 아동과 부모의 욕구를 충족시켜 줄 치료자 스스로의 능력에 대한 지각에 달려 있다고 한다. 연구자도 이런 요청을 받아 매주 부모 개별 회기 상담을 하는 유형의 부모 상담을 하게 되었다.

이런 이론적 배경에 따라 연구자는 12명의 부모의 형편과 요구에 따라, 그리고 아동 청소년의 상태에 따라 부모 상담의 유형을 정하게 되었다. 이번 연구에서는 부모 상담 형태에 따라 부모 상담을 전혀 받지 않은 경우 3명을 1유형으로 분류하였다. 그리고 초기에는 놀이치료를 마친 후 15분 정도 아동 청소년을 데리고 온 양육자(주로 모)와 만나는 형태였으나, 밖에서 기다리는 아동이나 청소년이 짜증을 내거나 불안해하여 문을 두드리거나 재촉을 하는 경우가 많아 이 방법을 중단하고, 4회기 정도를 한 번에 몰아 한 달에 한 번이나, 부모의 사정에 따라 두 달에 한 번씩 따로 시간을 내어 부모와 개별 상담을 하는 형태로 변화하여 50분의 개별 부모 상담을 받은 경우 4명을 2유형으로 분류하였다. 마지막으로 정기적으로 부모 개별 상담을 받은 경우 5명을 3유형으로 분류하였다.

(3) 연구 참여자의 일반적 특징

본 연구는 연구자에게 치료를 받고 종결한 아동 청소년 12명과 그 부모를 대상으로 하였고, 주요 특징은 다음과 같다. 참여 아동의 나이는 치료 시점에 6~14세였으며 참여 부모의 나이는 35~49세이다. 그중 여아가 5명, 남아가 7명이며 어머니들의 최종 학력은 대학원 졸업자가 1명, 대학 졸업자가 8명, 전문대학 졸업자가 2명, 고등학교 졸업자가 1명이었다. 이들은 모두 서울 및 수도권에 거주하며 사회경제적으로 중산층에 속한다고 볼 수 있다. 12명의 참여자 중 전업 주부는 2명이었고, 비정규직 1명, 자영업 3명, 승무원 2명, 아동 관련 직업 3명, 회사원 1명이었다.

놀이치료의 종결은 개인차가 있으나 대체적으로 30회기 정도에 진행된 이후, 치료 기간은 1년 내외에 이루어진다. 참여 아동의 경우도 대부분 1년 정도의 기간에 치료가 이루어졌는데 20회기에서 35회기 정도의 차이를 보이는 이유는 부모와 아동의 사정에 따라 치료에 데리고 오는 횟수가 차이가 나기 때문이다. 아동 1의 경우 45회기를 만났는데, 이는 종결을 한 이후에도 아동의 모가 바빠서 아동을 돌보기 어렵다고 2주에 한 번

씩이라도 보내고 싶다고 요청을 하여 거의 1년 반 동안 계속한 때문이다. 그러나 치료 기간 동안 아동의 모는 한 번도 오지 않았고, 치료자가 꼭 필요한 경우에 전화로만 면담을 하였다. 그것도 항상 급하고 시끄러운 상황에서 이루어졌다.

아동 8의 경우에도 41회로 다른 아동에 비해 긴 기간이었는데, 아동의 모가 그동안 이혼한 사실을 알리지 않았다가 재혼을 결심하고 빨리 결혼을 하고자 치료가 진행되는 중에 알려서 충격이 컸다. 게다가 아동이 아직 이혼을 받아들이지 못하고 혼란한 상태라서 천천히 알려주라는 치료자의 권유에도 불구하고 엎친 데 덮친 격으로 재혼 상대자를 만나게 하여 아동이 혼란과 충격에 적응이 어려워 치료에 긴 기간이 소요되었다.

아동 11의 경우 아동(61회)이나 모(38회)의 상담이 모두 상대적으로 길었는데, 상담 도중에 아동의 모는 남편의 의처증을 견디지 못하여 별거를 결심하게 되었고 이제까지와 전혀 환경이 다른 아주 어려운 곳으로 이사를 하는 등 변화가 심하였다. 아동은 그 과정을 겪고 적응해 갈 때까지 많은 시간이 필요하였다.

추수면담은 보통 아동의 놀이치료 종결 후 6개월~1년 사이에 이루어지는데 아동 1과 2의 경우는 종결 후에 1년에 추수면담이 이루어졌고, 이번 연구를 위해 3~4년이 지난 시점에 재면담이 이루어졌다. 아동 3~9는 종결 후 6개월에 추수면담을 하였고, 종결 1년에 다시 재면담을 하였다. 그리고 아동 10, 11, 12는 종결 후 6개월과 1년에 재면담을 하였는데, 이번 연구를 위해 2~3년이 지난 시점에 세 번째 면담을 다시 하게 되었다.

(4) 심층면담

심층면담은 질적 연구에서 대표적인 자료의 창출 방식이다. 일반적으로 면담은 '목적을 가진 대화'로 알려져 있다(Kvale, 1998). 질적 연구를 위한 면담은 보통 심층면담, 즉 깊이 있게 탐구하는 면담이라는 단서를 붙인다. 질적으로 행하는 면담이 설문지 조사와 다른 것은 사람들과의 상호작용을 통해 미리 전제하지 않았던 정보를 순간적으로 포착할 수 있다는 점이다. 설문 조사는 짧고 표준화된 질문으로 답변의 편차를 줄이는 것을 의도할 때 적절하다. 그러나 질적 연구자는 심층면담을 통해 피상적인 답이 아니라 자료의 복합성에 대한 탐구와 완숙도를 끌어내고자 하기에 대화 중에 나온 실마리를 붙잡고 더 깊이 있는 탐구를 위해 초점을 잘 맞추어 가야 한다. 질적 연구에서는 개방된 질문 형식을 주로 사용한다. 반구조화된 질문도 사용할 수 있으나 질적 연구는 기대하지 않은 새로운 정보를 탐구하는 데 주안점을 두기 때문에 개방된 양식이 좋다.

　본 연구의 자료수집은 2007년 10월부터 2010년 8월까지 이루어졌다. 12사례 모두 면담에 의해 이루어졌으며 연구 주제에 대한 반(半)구조화된 개방형 질문(open-ended question)으로 구성되었다. 이미 아동의 놀이치료와 부모 자신의 상담으로 인하여 깊은 라포가 형성된 상태라서 신상 질문이나 아동의 문제에 대한 질문을 하지 않고 넘어갈 수 있어서 짧은 시간 내에 깊은 내용을 다룰 수 있었다. 질문 내용은 준비된 질문지에 따라서 하되, 부모 상담의 경험 유무에 따라 면담 도중에 적절하게 조정되었다. 면담은 동의를 얻어 녹음되었고, 질문의 답을 간략히 기록하면서 동시에 참여자의 표정, 눈물, 한숨, 웃음, 긴 침묵, 주저함 등에 대한 관찰 기록과 연구자의 느낌, 인상, 의문점, 주관적인 해석도 간략하게 함께 기록하였다. 또한 다른 참여자와의 비교를 위해 대조질문이나 더 깊은 정보를 위하여 추적질문을 하기도 하였다. 참여자가 자신의 경험에 대하여 연구 질문 이외의 이야기나 질문을 하고자 할 때는 기꺼이 경청하고 질문에 답하였다. 그런 과정에서 참여자는 그간에 쌓인 어려움을 토로하며 지지와 격려를 받기도 하고 대처방법을 배우기도 하면서 면담시간이 마치 상담의 장처럼 활용되기도 하였다. 면담시간은 2~3시간에 걸쳐 진행되었고 면담은 1번은 직접 만나서 하고 추가면담의 경우, 참여자의 사정에 따라 직접 또는 전화로 이루어졌다. 면담 장소는 참여자와의 합의하에 편리한 시간과 장소로 선정하였는데 대부분의 경우, 상담실로 참여자가 찾아와 이전에 상담하던 익숙한 장소인 부모 상담실을 이용하였다. 그러나 참여자가 너무 바빠서 자신의 직장으로 와주기를 원할 경우 연구자가 찾아가 참여자의 직장과 직장의 분위기를 직접 관찰할 수 있는 기회도 되었는데, 참여자가 요청한 경우는 대부분이 학원이나 유치원 등 직접 경영을 하여 부모 상담이 이루어지지 못한 경우라서 참여자의 사정을 더 깊이 이해하는 기회가 되었다. 참여자 모두가 기꺼이 열의를 가지고 참여해 주었고, 솔직하고 진지하게 면담에 임해 주어 놀이치료에서의 부모 상담에 대한 관심과 성원이 지대함을 피부로 느낄 수 있었다.

2) 자료의 기록과 분석

면담을 한 자료는 모두 동의를 얻어 녹음을 하였으나 전화 면담의 경우는 녹음을 할 수 없어, 기록을 하며 면담을 하였다. 추가 면담의 내용은 1차 면담 후에 구체적으로 확인할 내용이나 그간의 변화 등에 관한 것이어서 구조적인 질문으로 구성하였다. 녹음의 내용은 연구자 자신과 놀이치료 인턴이 나누어 전사하여 축어록으로 정리하였다. 그리고 면담 당시에 기록했던 관찰 기록과 연구자 자신의 느낌을 적은 메모를 함께 활용하여 자료의 정확성을 높이려 하였다.

또한 놀이치료를 진행하는 동안의 치료 기록과 모래놀이치료, 미술치료 등의 사진과 자료, 심리검사 결과, 부모 상담의 녹음과 상담 기록 등을 모두 수집하여 정리하여 분석 자료로 사용하였다.

상담 진행 중 연구자가 놀이치료 전문가로부터 슈퍼비전을 받기 위해 정리한 내용과 슈퍼바이저로부터 받은 피드백들도 정리하였다. 총 12사례 중 슈퍼바이저로부터 지도 감독을 받은 사례는 사례 2, 4, 7, 8, 9, 10, 12번으로 총 7사례이다.

3) 연구자의 자기분석

연구자는 논문을 쓸 당시 장성한 1남 1녀를 둔 50대 여성으로 상담 경력은 9년이며 놀이치료 경력은 7년이다. 현재 기독교 상담사 1급 자격증(성인 상담 자격)과 놀이치료사 1급 자격증을 소지하고 있으며 놀이치료 전문가 과정을 마친 상태이다.

성인 상담만 하다가 놀이치료를 처음 시작할 당시에는 현재도 일반적으로 이루어지고 있는 것과 같이 아동놀이치료가 끝난 후 15분 내지 20분 정도 부모(주로 모)와 만나며 전 회기 이후의 아동의 생활에 대해 듣고 놀이치료에서 보여지는 아동의 심리적 상태에 대해 보고하고 대화법, 아동의 문제나 부정적 행동에 대한 적절한 반응 등의 간단한 교육을 실시해 왔다. 그러나 가정으로 돌아가 교육받은 대로 적용하려 할 때 아동과의 상호관계가 원만치 못하거나, 처음 얼마 간은 되는 듯하다가도 다시 제자리로 돌아가며 제대로 효과를 발휘하지 못하여 답답해하는 엄마들을 여러 명 대하게 되며 연구자도 안타깝고 안쓰러운 경험을 하게 되었다. 이에 엄마 자신의 내면적인 문제가 해결되지 못하면 아무리 애를 쓰고 교육을 받아도 별 효과가 없거나 지속되지 못함을 절감하게 되었다. 게다가 아동이 놀이치료를 받고 상당히 좋아져 종결을 한 경우에도 1~2년 정도가 지나면서 문제가 재발되어 다시 치료를 받겠다고 하는 사례가 발생하면서, 연구자는 엄마 자신의 문제를 함께 다루어야 할 필요성을 절감하게 되었다. 그래서 엄마 자신의 문제를 해결하고자 개인 상담을 원하는 부모들은 성인 상담을 전공으로 하는 상담사들에게 의뢰를 했다. 그러나 성인 상담사에게 의뢰를 한 대부분의 부모들은 고작 몇 회기 만에 상담을 중단하고는 했다. 연구자는 왜 이런 현상이 나타나는지에 대해 고민하다가 놀이치료에 온 부모들은 자신의 문제 해결보다는 자녀의 문제 해결과 자녀와의 상호작용의 증진에 관심을 가지고 있으며, 따라서 자녀의 문제에 대해 알지 못하고 그 해결책을 제시해 주지 못하는 성인 상담사와의 상담이 비효과적이라고 느껴져 중단을 하게 되는 것이라는 결론을 내리게 되었다.

그래서 연구자는 엄마 상담이 시간과 비용이 두 배가 든다는 어려움을 알고 있으면서도 다른 곳에서 1년 정도 치료를 받고 종결을 했으나 별 효과를 보지 못하여, 연구자에게 상담을 받은 경험이 있는 지인의 소개로 연구자를 찾은 몇 사례에서 엄마를 설득하여 아동놀이치료와 엄마의 개별 상담을 병행하는 모험을 하게 되었고, 기대했던 것 이상으로 높은 효과를 경험하게 되었다.

연구자는 엄마 개별 상담을 할 때 아동의 상태에 대한 이해를 돕는 것은 물론이고 아동과의 상호작용 증진을 위한 기술을 교육하는 것과 아울러, 다음 시간에 그 효과에 대한 피드백을 듣고 잘 안 되는 경우에 대해 슈퍼비전과 연습을 병행했다. 그리고 왜 엄마는 교육받은 대로 실행이 안 되는지에 대해 자신의 문제와 연결하여 과거 탐색을 통한 정신분석과 대상관계 그리고 인지 왜곡, 대인관계 패턴 분석 등 통합적 접근으로 상담을 진행하였다. 이 과정에서 부부 문제, 원가족 문제, 시댁 문제, 대인관계 문제, 삶의 의미에 관한 문제, 가치관의 문제 등 전반적인 주제들을 다루게 되었다.

이들의 사례를 통하여 그간 부모 교육과 상호작용 훈련에만 치중되어 있어 별로 효과를 보지 못하던 부모 교육의 문제점을 인식하게 되었다. 아울러 부모 상담 경험이 각 내담 아동의 부모들에게 가지는 의미를 파악하고 분석해 봄으로써 필요성과 중요성에 대한 인식만 있고 아직은 활성화되지 못하고 주저하고 있는 부모 상담의 구체적 모델을 찾아보고자 한다. 그리하여 엄마 자신의 근본적인 문제들을 해결하여 아동과 엄마, 나아가 부부관계, 시댁, 친정, 직장 등의 주변 인물들과의 관계 개선을 이루며, 삶에 대한 근본적인 인식의 변화로 세상을 보는 눈이 변화하여 행복한 삶을 살 수 있도록 돕고, 그 행복한 삶을 주변에 확산시켜 사회와 국가, 그리고 세상을 조용히 변화시키는 아름다운 혁명가의 삶을 살아가기를 원하는 마음으로 이 연구를 하게 되었다.

그러나 이 연구를 수행함에 있어 연구자의 자녀 양육의 경험이라든가 상담의 이론

(애착, 대상관계 등), 또는 이전의 놀이치료의 경험 등이 내담 아동이나 부모를 바라보는 시선이 왜곡되거나 편향되지 않도록 자신을 성찰하고 괄호치기를 해야 하는 것은 자료를 수집하고 분석하는 과정 내내 끊임없는 과제였다. 말하자면 부모 상담을 받은 사례에서 아동치료의 효과가 지속되지 않는다든지, 이혼가정보다 동거가정의 지속 효과가 낮을 때 등 연구자의 가정이 맞아 떨어지지 않을 때에 당황하거나 의아함을 느끼기도 하였다. 따라서 연구자 개인의 가치 판단이나 가정을 내려놓고 참여자의 삶의 경험의 자리에서 그들의 구체적 주관적 경험의 내용을 그들의 관점에서 이해하고 공감하도록 노력하였다. 그러기 위해서 연구자가 가지고 있던 선개념과 선경험이 무엇인지 자각하고 파악하고 이해하여, 가능한 한 판단 중지와 현상학적 환원의 원리에 충실하기 위해 자료분석을 하기 전에 연구자 자신의 분석을 하였다.

4) 자료분석 과정

본 연구에서 면담 자료를 분석하는 방법은 지오르기(Giorgi)식 분석 방법을 사용하였다(신경림, 2001). 그의 현상학적 심리학 연구의 방법은 네 단계를 필수적으로 설명하고 있다.

1단계는 전체에 대한 느낌 파악의 단계이다. 이를 위해서 녹음된 자료를 들어보고 전사된 자료를 최대한 자주 반복해서 읽는 것이 필수적이다. 먼저, 전사된 자료를 반복해서 읽으면서 전체적인 내용을 이해하고자 하였다. 이때 치료자로서가 아니라 연구자로서 엄정하게 현상학적 판단 중지의 태도를 가지고 읽으려 노력하였다.

2단계는 의미 단위의 구분 단계이다. 이제 전체 의미가 파악되었으면 연구 현상에 초점을 맞추고 심리학적 관점에서 의미 단위를 구별해 내고 현상학적으로 의미 있는 단위들을 파악해 참여자의 말 그대로 규정한다.

3단계는 연구 현상을 강조하면서 대상자의 일상적인 표현(의미 단위)을 심리학적 언어로 변형하기이다. 각각의 의미 단위들을 묶어 보다 추상적인 개념으로 재진술하는 것이다. 변형은 반성 과정과 상상력을 통해서 일어난다.

4단계는 변형된 의미 단위를 연구 현상에 대한 일반적 구조적 기술로 통합하기이다. 모든 텍스트 전체에 걸쳐서 각 의미 단위에 관해 직관적으로 성찰하고 핵심 주제를 파악하는 단계이다.

연구자는 우선, 녹음한 테이프를 여러 번 듣고 전사한 텍스트를 여러 번 읽으며 전체적인 맥락을 파악하였다. 그 과정에서 부모 상담의 유형을 나누어 각각의 유형에 따라 따로 파악하여 비교하는 것이 더 효과적이었고 연구 주제가 좁혀지게 되었다. 그런 전제하에서 각각의 유형별 텍스트에 대해 충분한 이해를 가지게 되면 전체 텍스트와 연결하고 종합하는 해석 과정을 반복하였다. 그 과정에서 아동의 효과와 부모의 효과를 또 나누어 분석하는 것이 좀 더 명료하게 부모와 아동의 치료 효과의 영향을 보여줄 수 있다고 생각하게 되었다.

다음 단계는 참여자의 표현 중에 의미 있는 문장을 그대로 의미 단위로 정하였다. 아동의 변화에 대한 이야기, 자신의 변화, 그리고 남편이나 친척 등 주변인물의 변화에 관한 이야기들을 하나하나 줄을 그으며 의미 단위를 찾아내었다. 그리고는 여러 사례를 다시 읽으며 비슷한 범주를 함께 묶어 심리학적 언어로 변형하였다. 즉, 텍스트에 있는 개별적 의미 단위와 관련된 진술들을 묶어 재진술하기를 거쳤다. 이런 심리학적 단위를 다시 치료 효과가 지속된 경우와 문제가 재발한 경우로 나누었고, 다시 아동과 부모의 상태를 분리해 진술하였다.

이런 과정에서 치료자가 아닌 연구자의 자세로 현상학적 판단 중지의 태도를 가지고 자료를 읽는 것은 쉬운 작업은 아니었다. 기대했던 만큼의 변화가 없거나 효과가 지속되지 않는다는 내용을 접할 때는 실망이 되기도 하고 부끄럽기도 하였다. 그리고 이런 결과를 타인에게 노출시켜야 하는 것에 대한 부담이나 두려움도 느꼈다. 그러나 연구자가 느끼기에 긍정적인 부분도 부정적인 부분도 있는 것이 부모 상담을 접한 참여자들의 솔직한 경험이므로 이런 생생한 경험 속에서 의미를 발견하여 부모 상담의 나아갈 길을 발견하는 것이 중요함을 재인식하고 마음속에 새기면서 극복해 나갔다. 이렇게 현상학적 연구방법은 발견 지향적이고, 아무런 전제 없이 시작하며, 사전에 계획된 확고한 연구 절차에 의해 지배되는 것이 아니라 연구가 진행되는 동안 새로운 차원으로의 진화와 확장 또는 축소와 초점화가 일어나기도 한다.

5) 질적 연구의 타당화 검증

Creswell(1998)은 질적 연구의 참여자 수에 관한 논의에서, "현상학적 연구에 있어 최소 2시간 이상의 심도 깊은 면담을 할 경우 10명의 연구 참여자는 타당한 수"라고 밝힌 바 있다. 또한 Patton(2002)은 질적 연구가 갖는 타당성, 유의미성, 통찰력은 연구 참여자의 수에 달려 있는 것이 아니라 선정된 연구 참여자가 얼마나 심도 깊은 정보를 제공하며 연구자가 이를 어떻게 분석하는가에 따라 결정된다고 주장하였다. 본 연구의 목적은 놀이치료를 받는 아동을 가진 부모의 개별 상담에 대해 연구 참여자들이 어떤 주관적 효과를 경험하고 있는지를 깊이 이해하는 데 있으므로 12명의 연구 참여자는 현상학적 연구를 위해 적은 숫자는 아니라고 판단된다.

또한 Creswell(2005)은 질적 연구가 신뢰성 있게 수행되었음을 검토하기 위해 연구과정의 타당화 검증을 제안했다. 질적 연구에서의 엄밀함은 연구자의 참석, 연구자와 참여자 간의 상호작용이라는 본성, 자료의 삼각측정법, 지각한 것들의 해석, 풍부하고 상세하고 양이 많은 서술로부터 나온다(Merriam, 1996; 재인용 고미영, 2009). 삼각측정은 다양한 방식의 자료 창출이 모두 같은 지점을 지적하리라는 믿음에서 출발되었다. 이것은 실증주의적 믿음에서 출발한 것으로 사실이 아닐 수 있다. 그보다는 연구 현상에 대한 다각도의 설명이나 부차적인 해석을 모으고 상황에 대한 연구자의 총체적 이해를 구축하는 데 도움이 되는 방식으로써의 삼각측정을 이해하는 것이 보다 현실적이다. 방법론에서의 삼각측정은 직접 관찰, 면담, 기록 검토 등의 다양한 방법을 통해 우리의 해석에 대한 신빙성을 높여가는 것이다. 면담과 관찰을 병행하는 경우에 서로의 정보를 확인해 주거나 부족한 점을 보충해 줄 수 있다. 연구자 자신이 보지 못했던 점을 면담을 통해 확인하는 것이나 면담에서 나온 것들을 관찰로 확인하는 경우들이다. 이와 같은 "삼각측정은 반드시 하나의 의미나 결과에 대한 확증을 얻는 것이라기보다는 여러 가지 부가적인 해석을 얻고 다양한 관점으로 사례를 다루고자 하는 의도로 보아야 할 것이다."(고미영, 2009)

본 연구에서는 Guba와 Lincoln(1985)이 제안한 참조자료의 사용과(녹음 자료, 현장 일지, 연구 참여자의 신상 자료, 상담 축어록 등 삼각검증법 사용) 반성적 일지쓰기를 실시하여 질적 연구의 신뢰도를 높이고자 했다. 물론 면담을 하는 동안 녹음과 동시에 관찰 일지를 함께 기록하였으며 면담 내용에 대한 연구자의 이해가 정확한지에 대해 그때그때 질문하며 확인하고 명료화하였다. 그리고 축어록을 풀고 관찰 기록을 검토하는 과정에서 명확하지 못한 부분들에 대해 재면담을 하거나 전화로 확인하여 명료화하는 작업을 하였다. 끝으로 연구 설계 단계에서 지녔던 시각이나 가설들이 실제 자료수집 및 분석

과정에서 어떻게 변화되고 형상화되며 발전되어 갔는지를 평가하는 과정을 상담학 박사과정을 수료한 다른 치료자들과 함께 논문을 준비하는 동안 자주 만나 서로의 논문에 대해 논의하는 과정을 가졌다. 그 자리에서 자료와 연구자의 생각에 대해 논의하고 의견을 수렴함으로써 그 타당성을 높이고자 하였다. 그 외에도 아동과 어머니의 심리검사지, 병원 기록지 등을 살피고 분석된 자료에 대한 삼각검증을 실시하였다.

또한 이 연구에서는 **부적사례분석**(negative case analysis)을 실시했다. 부적사례분석이란 잠정적 이론 모델이 성립된 후 그 이론모델에 부합되지 않거나 상치되는 사례를 발견하여 이론 모델의 일부를 수정하거나 새로운 연계를 보완하는 것이다(Miles & Huberman, 1994). 부정적 사례는 가설을 논박하기 위해 추구되기도 한다. 자료가 가설과 일치하지 않을 때마다 연구자는 원래의 위치로 되돌아가서 가설을 재형성하거나 현상을 재정의한다. 이 과정은 폭넓은 사례 범위에 걸쳐 지지할 때까지 계속한다(Thomas, J. R. & Nelson, J. K., 2004). 본 연구에서는 예외사례를 주목하고 이 사례가 갖는 의미를 분석하여 전체 이론 모델의 정교화를 시도하였다. 부적사례의 분석은 제4장 연구결과에 자세히 설명하였다.

6) 윤리적 고려

타당도와 신뢰도에 대한 논의는 연구 윤리의 논의와 따로 떼어 생각할 수 없다. 연구 과정 전반에 걸쳐서 연구자가 윤리적 문제를 다루는 방식은 연구의 신뢰도를 높이는 방법과 거의 맥을 같이한다고 보기 때문이다. 먼저 연구자는 분석이나 해석에 과장되거나 허위보고를 하지 않아야 하는 기본적인 윤리를 지켜야 한다. 그리고 연구 윤리에서 가장 중요한 고려는 연구 참여자들의 보호에 대한 문제이다. 예를 들면 면담 시 암암리에 올바른 답변에 대한 압박을 주거나 비밀보장을 지켜주지 않는 등의 문제가 발생할 수 있다.

본 연구를 수행하기 위해 연구 목적, 방법을 설명하고 연구 참여자들의 자발적인 협조를 요청하였다. 연구 참여자에게는 참여자의 익명성, 정보의 비밀 보장, 연구 참여자가 원하는 경우 언제든지 면담을 거부하거나 중단할 수 있음을 설명하고 동의서를 작성하였다. 심층면담을 위해 녹음을 할 수 있도록 허용받았으며 연구 이외에는 사용하지 않을 것을 약속하였다.

추수 상담 심층면담 질문지

1. 자녀의 나이, 성별, 놀이치료를 받은 이유, 가족사항

2. 자녀가 놀이치료를 받고 어떤 변화가 있었습니까?

3. 자녀의 변화가 가족에게 어떤 영향을 주었습니까?

　　3-1. 구체적으로 누구에게 어떤 영향을 주었습니까?

4. 영향을 주었다면 그 이유는 무엇이라고 생각하십니까?

5. 부모 중 한쪽 또는 양쪽이 함께 상담을 받으신 경험이 있습니까?/ 만약 있다면

　　5-1. 상담을 받은 후 어떤 변화가 있었습니까?

　　5-2. 그 변화는 구체적으로 어떤 것일까요?

　　　　5-2-1. 자신에게

　　　　5-2-2. 자녀에게

　　　　5-2-3. 배우자에게

　　　　5-2-4. 친정 식구들에게

　　　　5-2-5. 시댁 식구들에게

　　　　5-2-6. 가까운 지인, 또는 이웃들과의 관계에서

　　　　5-2-7. 직장이나 교회 등의 사회적 그룹 안에서의 관계에서

　　　　5-2-8. 상담에서 가장 좋았던 점은? 또는 가장 큰 변화를 가져온 점은?

　　　　5-2-9. 상담에서 더 다루어 주기를 원하는 점은?/없다면 함께 받지 않은 이유는?

　　5-3. 그 변화는 얼마간 지속되었나요?

(계속)

6. 부모 교육을 받으신 경험이 있습니까?/ 만일 있다면?

   6-1. 부모 교육을 받은 후의 효과와 개인 상담을 받은 후의 변화를 비교해 주십시오. 변화가 지속된 기간, 자신의 인식 변화, 자녀에 대한 인식(생각) 변화, 가족에 대한 인식 변화(가족은 어떤 것이라고 생각하십니까?)

   6-2. 자녀와의 대화법 적용의 용이성(대화법을 배운 것이 효과가 있었나요?/ 그 효과는 얼마나 갔나요?) 가치관의 변화, 사회적 인식 변화(사회나 주변에 대한 생각이 변하셨나요?) 그 외의 변화는?

7. 아동이 놀이치료를 받을 때 부모와 함께 받는 것이 더 효과적이라고 생각하십니까? 그렇다면 그 이유를 말씀해 주십시오./ 아니라면 그 이유를 말씀해 주십시오.

8. 하나님(신)은 자신에게 어떤 분이시며 삶에 어떤 영향을 미치나요?/ 상담을 받은 이후 하나님(신) 개념에 변화가 있었나요?

9. 아동의 문제는 자신의 삶에 어떤 영향을 끼쳤으며 무슨 의미가 있다고 생각하십니까?

3. 인터뷰 노트

1) 참여자 선정 과정

앞에서도 언급한 바대로, 본 연구는 부모 상담이 놀이치료 내담 아동에게 미치는 긍정적 영향을 알아보고, 그 요인을 파악하고자 하는 연구 목적에 따라 연구 대상을 선정하였다. 이에 따라 연구 참여자 선정방법은 목적적 대상자 선정 방법을 사용하였는 바, 연구의 목적을 위하여 가장 적절하고 많은 자료를 얻어낼 수 있는 대상을 선정하였으며, 특히 동질적 대상자 선정방법(homogeneous sampling)을 사용하였다. 즉, 놀이치료를 20회 이상 받고 주호소가 해결되어 종결한 사례 중 1년 이상 경과된 사례만 다루기로 하였다. 부모만 상담한 사례나 놀이치료가 20회 이전에 종결된 사례와 치료 종결 후 1년 미만의 사례는 제외되었다. 그 이유는 놀이치료를 받고 종결을 하게 되는 경우는 주호

소가 거의 해결되어 집에서의 일상생활이나 학교 적응이 원만하여 학업도 잘되고 대인
관계도 개선되어 또래관계 등이 적절하게 유지될 때이다. 그러나 항간에서는 놀이치료
를 받고 시일이 지나면 다시 제자리로 돌아가 문제가 재발된다고 하는 이야기를 하는
경우가 있다. 이에 연구자는 놀이치료를 종결하고 일정 기간이 지난 아동들을 대상으로
치료 효과의 지속에 대해 연구하고자 하였다. 이런 연유로 치료 종결 후 1년 이상이 된
아동들만 연구 참여자로 선정하였다. 우선 아동을 먼저 선정하였기에, 부모의 상담 여
부와 형태는 선정된 아동에 따라 저절로 선택되었다. 즉, 부모 상담의 유형에 따라 참여
자를 선정한 것이 아니라 아동의 조건에 따라 부모가 선정된 것이다.

　참여 아동의 치료 종결 후 기간이 1~5년으로 차이가 많이 나는데, 그 이유는 20회기
이상의 놀이치료를 받고 주호소가 해결되어 종결한 사례만으로, 그것도 1년 이상의 기
간이 지난 사례만 선정하려는 기준에 적합한 사례들이 많지 않았다. 다른 치료자의 사
례를 선정해 보려 했으나 이 기준을 만족하는 사례도 없었을 뿐 아니라 연구자와 같은
시각으로 아동을 보고, 부모 상담을 하는 치료자를 찾기가 어려웠다. 그런 이유로 참여
자 선정이 이루어졌기에 기간의 차이가 많이 나지만, 크게 결과에 영향을 미치지는 않
는다고 생각된다. 왜냐하면 5년의 기간이 흐른 참여 아동의 경우나 3년의 기간이 지난
아동의 경우에도 종결 후 1년 정도에 추수 상담이 이루어졌는데, 그때나 지금이나 결과
는 동일하게 나왔기 때문이다. 즉, 이번 연구를 통해 치료 효과가 5년이 경과한 이후에
도 지속되고 있었다는 것을 알게 되었다는 이야기다.

　연구자는 우선 전화로 연구의 목적을 밝히고 연구에 참여해 줄 수 있는지를 타진하였
고, 면담 시간을 의논해 정하고 만난 후 동의서를 작성하였다. 연구자가 접촉한 부모들
은 모두 연구에 참여할 것을 동의하였고, 진지하고 솔직하고 열정적으로 면담에 응해
주었다. 이 과정에서 연구 참여자의 신앙은 제한하지 않았는데, 이유는 목회상담의 적
용 범위가 기독교 신앙을 가진 이들에게만 적용 가능하다는 인식을 탈피하고자 하였기
때문이다.

2) 연구 참여자들의 반응

논문 작성과정에서 인터뷰를 위해 오랜만에 만난 연구 참여자들은 한 명도 빠짐없이 연
구자를 마치 오랫동안 헤어졌다 재회한 가족처럼 열렬히 반겼다. 반구조화된 개방형 질

문을 가지고 만날 때, 부모 상담에 응하지 않았던 참여자들은 그동안의 어려움을 하소연하며 울기도 하고 후회도 하며 여러 사정상 부모 상담을 하지 못했던 것을 무척 아쉬워했다. 이에 대해 연구자는 지금이라도 늦지 않았으니 다시 회복할 기회가 있다고 공감하고 격려하며, 여러 가지 가능한 방법을 알려주며 마치 상담 시간처럼 이어지고는 했다. 반대로 부모 상담에 응했던 참여자들은 아동과 가족들이 얼마나 잘 지내고 있으며─부모 상담을 받지 않았던 아빠나 다른 친인척의 관계까지─얼마나 멋지게 성장하고 좋아졌는지를 자랑하기에 바빴다. 이렇게 논문을 위해 인터뷰하려는 목적으로 만난 시간이 뜻밖에 서로의 성장과 변화를 확인하는 계기가 되었다. 이에 연구자는 그동안의 상담 과정들에 대한 보람과 의미를 확인하고 참여자들과 함께 서로 축하하고 기뻐하는 참으로 감사한 시간이 되었다.

3) 녹음을 푸는 과정

참여자들의 동의를 얻어 녹음한 테이프를 우선 연구자가 스스로 전사하였고, 다시 듣고, 여러 번 다시 읽으며 전체적인 맥락을 파악하였다. 그동안 슈퍼비전을 받으며 축어록을 풀던 실력으로 지루하고 어려운 작업이지만 스스로 하는 것이 낫다는 판단으로 혼자서 풀었으며, 그 과정에서 코딩을 위한 단서들이 잡히기 시작하였다. 그래서 너무 많은 자료가 아니라면 연구자가 스스로 녹음을 푸는 것이 도움이 된다는 생각을 하게 되었다.

4) 자료분석 과정

코딩 작업을 위해 선배들의 논문을 많이 읽고 참고로 했으며 각 논문이 갖는 주제와 특징에 따라 코딩 형태가 달라질 수 있다는 생각을 하게 되었다. 분석 방법은 지오르기식 분석 방법을 사용하였으며(신경림, 2001), 그의 현상학적 심리학 연구방법인 네 단계를 필수적으로 따랐다. 이런 과정에서 치료자가 아닌 연구자의 자세로 현상학적 판단 중지의 태도를 가지고 자료를 읽는 것은 쉬운 작업은 아니었다. 기대했던 만큼의 변화가 없거나 효과가 지속되지 않는다는 내용을 접할 때는 실망이 되기도 하고 부끄럽기도 하였다. 그리고 이런 결과를 타인에게 노출시켜야 하는 것에 대한 부담이나 두려움도 느꼈다. 그러나 연구자가 느끼기에 긍정적인 부분도 부정적인 부분도 있는 것이 부모 상담을 접한 참여자들의 솔직한 경험이므로 이런 생생한 경험 속에서 의미를 발견하여 부모 상담의 나아갈 길을 발견하는 것이 중요함을 재인식하고 마음속에 새기면서 극복해 나 갔다. 이렇게 현상학적 연구방법은 발견 지향적이고, 아무런 전제 없이 시작하며, 사전 에 계획된 확고한 연구 절차에 의해 지배되는 것이 아니라 연구가 진행되는 동안 새로 운 차원으로의 진화와 확장 또는 축소와 초점화가 일어나기도 한다.

5) 검증 작업

본 연구에서는 Guba와 Lincoln(1985)이 제안한 참조 자료의 사용과(녹음 자료, 현장 일 지, 연구 참여자의 신상 자료, 상담 축어록 등 삼각검증법 사용) 반성적 일지쓰기를 실시하 여 질적 연구의 신뢰도를 높이고자 했다. 물론 면담을 하는 동안 녹음과 동시에 관찰 일 지를 함께 기록하였으며 면담 내용에 대한 연구자의 이해가 정확한지에 대해 그때그때 질문하며 확인하고 명료화하였다. 그리고 축어록을 풀고 관찰 기록을 검토하는 과정에 서 명확하지 못한 부분들에 대해 재면담을 하거나 전화로 확인하여 명료화하는 작업을 하였다. 끝으로 연구 설계 단계에서 지녔던 시각이나 가설들이 실제 자료수집 및 분석 과정에서 어떻게 변화되고 형상화되며 발전되어 갔는지를 평가하는 과정을 상담학 박 사과정을 수료한 다른 치료자들과 함께 논문을 준비하는 동안 자주 만나 서로의 논문에 대해 논의하는 과정을 가졌다. 그 자리에서 자료와 연구자의 생각에 대해 논의하고 의 견을 수렴함으로써 그 타당성을 높이고자 하였다. 그 외에도 아동과 어머니의 심리검사 지, 병원 기록지 등을 살피고 분석된 자료에 대한 삼각검증을 실시하였다.

또한 이 연구에서는 부적사례분석을 실시했다. 부적사례분석이란 잠정적 이론 모델 이 성립된 후 그 이론 모델에 부합되지 않거나 상치되는 사례를 발견하여 이론 모델의 일부를 수정하거나 새로운 연계를 보완하는 것이다(Miles & Huberman, 1994). 부정적 사 례는 가설을 논박하기 위해 추구되기도 한다. 자료가 가설과 일치하지 않을 때마다 연 구자는 원래의 위치로 되돌아가서 가설을 재형성하거나 현상을 재정의한다. 이 과정은 폭넓은 사례 범위에 걸쳐 지지할 때까지 계속한다(Thomas, J. R. & Nelson, J. K., 2004). 본 연구에서는 예외사례를 주목하고 이 사례가 갖는 의미를 분석하여 전체 이론 모델의 정교화를 시도하였다.

▶▶ 참고문헌

고미영 (2009). 질적 사례연구. 서울: 청목 출판사.

김귀분 외 9인 공저 (2005). 질적 연구방법론. 서울: 현문사.

신경림, 조명옥, 양진향 외 저. (2004). 질적연구 방법론. 서울: 이화여자대학교출판부.

유태균, 이선혜, 서진환 역 (2003). 사회복지 질적 연구 방법의 이론과 활용. 서울: 나남.

전혜리 (2010). 놀이치료에서 부모상담의 효과 연구. 박사학위 논문, 연세대학교 대학원.

전혜리 (2010). 아동·청소년 상담에서의 부모상담의 유형과 효과에 대한 질적연구. 청소년시설환경, 8(4), 3-20.

전혜리 (2012). 놀이치료에서의 부모상담의 효과와 목회상담모델 연구. 한국기독교상담학회지, 23, 187-235.

정석환 (2002). 목회상담학 연구. 고양시: 한국학술정보(주).

Colaizzi, P. F. (1978). *Psychological research as the phenomenologist view it*. In R. Vail & M. King(Esd.), *Existential phenomenological alternatives for psychology*. New York: Oxford University Press.

Creswell J. W. (1998). 질적 연구방법론. 조흥식, 정선욱, 김진숙, 권지성(공역), 서울: 학지사.

Daly, K. J. (2007), *Qualitatlve Methods for Family Studies & Human Development*, Thousand Oaks, California: Sage Publication.

Jennifer Cates, Tina R. Paone, Jill Packman, Dave Margolis, (2006) Effective parent consultation in play therapy, *International Journal of Play Therapy*. 2006, Vol. 15, No. 1, p 87-100.

Kottman, T. (2003). *Partners in play: An Adlerian approach to play therapy* (2nd ed.). Alexandria, VA: ACA Press.

Kvale, S(1998). 내면을 보는 눈. 신경림 (역), 서울: 하나의학사.

Landreth, G. L. (2002). *Play therapy: The art of the relationship* (2nd ed.). New York, NY: Brunner-Routledge.

Lincoln, Y. S.,& Guba, E. G. (1985). *Naturalistic Inquity*. Beverly Hills, CA: Sage

Miles, M. B. & Hurberman, A. M. (1994). *Qualitative data analysis: An expanded sourcebook* (2nd ed.) Thousand Oak, CA: Sage.

O'Connor, K. J. (2000). 놀이치료입문. 송영혜 역, 서울: 시그마프레스.

Schaefer, Charles E. (2006). 놀이치료의 기초. 김은정 역, 서울: 시그마프레스.

Sherman, E. and Reid, W. J. (1994). *Qualitative research in social work.* New York: Columbia University Press.

S. Stainback, W. Stainback (1998), 질적 연구의 이해와 실천. 김병하 역, 파주시: 한국학술정보(주).

van Manen, M. (1998). *Researching Lived Experience.* Ontario: The Althouse Press.

▶▶ 연구자 소개

전혜리

학력

이화여자대학교 도서관학과 졸업

이화여자대학교 신학대학원 상담학 석사(Th. M, 목회상담학 전공)

연세대학교 대학원 신학 박사(Ph. D, 상담학 전공)

경력

다움상담코칭센터 원장

연세대학교 상담코칭지원센터 슈퍼바이저

한국기독교상담학회 수련감독

한국기독교상담학회 놀이아동상담 감독

한국가족문화상담협회 수련감독

연세대학교 신학대학원 겸임교수 역임

저역서 및 논문

놀이치료에서 부모 상담의 효과 연구(연세대학교 대학원 박사학위 논문)

아동·청소년 상담에서의 부모 상담의 유형과 효과에 대한 질적 연구(청소년시설환경, 8(4), 3-20)

놀이치료에서의 부모상담의 효과와 목회상담모델 연구(한국기독교상담학회지, 23, 187-235)

6

기독교인 자살생존자의 애도 과정에서
경험하는 심리적 갈등 연구

이명훈

1. 연구 개요

본 연구는 청소년 시기에 가까운 친구를 자살로 잃고 현재 대학생이 된 기독교인 자살 생존자[1]들이 애도 과정에서 경험하는 심리적 갈등을 있는 그대로 드러내고 "그들이 겪는 경험은 과연 어떠한 경험인가?"에 대한 현상학적 연구이다. 또한 이들 자살생존자들이 애도 과정 중에 겪는 심리적 갈등을 보다 효과적으로 규명하기 위해 연구 참여자들을 비기독교인 자살생존자 그룹과 기독교인 자살생존자 그룹으로 이분하였고, 이렇게 분류된 각각의 비기독교인 자살생존자 그룹 9명과 기독교인 자살생존자 그룹 9명이 애도 과정에서 겪었던 심리적 갈등의 양상을 비교 분석하였다.

---

1 자살생존자(suicide survivor)'라는 개념은 '자살유가족'보다 포괄적인 개념으로서 자살로 인한 사랑하는 사람과의 사별을 경험한 자살자의 가족, 친구 및 지인을 의미하며(American Association of Suicidology, 2004), 여기에서 '생존자'라는 말은 사랑하는 사람을 자살로 잃는 심리적 고통으로부터 살아남았다는 의미로 사용된 것이다(Jeffrey Jackson,2003).

2. 연구 진행 과정

본 연구의 참여 대상자인 자살생존자들과는 2012년 3월부터 꾸준히 교류를 지속하였다. 연구자는 연구 참여자 대상의 범위를 본 연구자가 재직했던 ○○대학교에서 ○○과목을 수강하는 대학생 총 1,980명 중 '청소년 시기에 가까운 친구의 자살에 대한 경험이 있는 학생' 68명을 모집하였고, 이들을 1차에 전화 면담 과정을 통해 연구 참여자들이 구술하는 자살자와의 친밀도를 기준으로 하여 자살자와의 친밀도가 중·상급 정도에 해당하며, 자살자와의 사별 기간이 2년 이상 지나면서도 본 연구 참여를 원하는 총 25명의 연구 참여자를 최종으로 모집하게 되었다.

이에 연구자는 1차 전화 면담을 통해 모집된 연구 참여자들을 2차 면담 과정을 거치면서 비기독교인 자살생존자 그룹과 기독교인 자살생존자 그룹으로 분류하였으며, 본 연구를 위한 3차 면담을 진행하는 과정 중에 그동안 가슴속에 깊이 묻어 두었던 자신의 아픔이 되살아나는 심리적 고통 문제로 연구의 참여를 포기한 연구 참여자들을 본 연구에서 제외하였고 이러한 여러 과정을 거쳐 본 연구의 최종 연구 참여자들은 기독교인 자살생존자 그룹 9명(자살자와의 사별 기간이 3년에서 9년)과 비기독교인 자살생존자 그룹 9명(자살자와의 사별 기간이 3년에서 6년), 총 18명으로 최종 확정하였다.

자료 수집은 2012년 3월부터 2013년 3월까지(총 1년간) 집중적으로 진행되었다. 1차 전화 면담을 통해 최종 확정된 연구 참여자를 대상으로 진행된 1회의 초기 면담을 통해 라포를 다지고 바로 2회기부터 자료가 충분히 포화될 때까지 2차에 걸쳐 면담이 지속되었는데 한 회기당 소요 시간은 2시간 30분에서 3시간 정도였다.

면담 장소는 연구 참여자의 사생활이 지켜지고 면담 내용의 비밀 보장이 가능한 연구자의 연구실로 하되, 참여자의 요청에 따라 조용한 카페에서 진행하기도 했다. 면담의 형식은 일대일로 진행했으며 면담 내용은 녹취된 후 필사되었다. 녹취 자료는 연구 종료와 함께 폐기할 것을 보장하였으며, 인터뷰상에서 드러나는 개인정보는 최대한으로 보호할 것을 약속하였다.

3. 심층면담 질문지

심층면담을 진행하는 과정에서 연구자가 던지는 질문이 본 연구의 의도에 맞는 면담 질문이 되게 하기 위해 반구조화된 면담을 시행하였다. 그러나 연구 참여자들이 자신들이 경험했던 친구를 자살로 잃은 사별의 경험을 이야기하는 과정에서 자연스럽게 자신의 느낌과 감정을 이야기하였기에 가능한 범위 안에서 그 이야기의 흐름을 존중하되 질문지 순서는 지나치게 의존하지 않았다. 질문 순서에 의존하지는 않았지만 도중에 질문지의 내용을 빠짐없이 확인하는 노력을 하였다.

　연구자가 연구 참여자와의 심층면담에 사용한 질문 내용은 정석환(1998)이 자신의 연구에서 사용한 Dan McAdams의 심리전기적 방법론 중 이야기적 자기정체성의 구성을 위한 첫 번째 구성 부분과 질적 연구의 다섯 가지 방법론 중 현상학적 전통과 전기적 전통의 종합적 방법론을 활용하여 구성한 질문 내용을 참고로 하여 본 연구의 취지에 알맞게 재구성하였다. 이렇게 구성한 질문 내용 중 가장 중요한 핵심 질문은 "자살로 인한 사랑하는 친구와의 사별 경험은 자신에게 어떠한 의식변화를 가져다주었는가?", "자살생존자로서 가장 견디기 힘이 들었던 것은 무엇이었는가?"에 대한 질문이었다.

　본 연구에서 활용한 반구조화된 핵심 질문 내용은 다음과 같다.

- 자살자와의 기억 중에 생각나는 것이 있나요?
- 자살자의 자살 이후에 귀하에게 어떤 변화가 있었나요?
- (기독교인의 경우) 신앙공동체가 자살자에 대한 애도 과정은 어떠셨나요?
  그것이 자신에게 어떤 영향을 끼쳤다고 생각이 되나요? 지금은 어떠세요?
- 친구의 자살이 제일 어렵고 힘들었던 것이 무엇인가요?
- (기독교인의 경우) 기독교인으로서 무엇이 제일 어렵고 힘들었나요?
- 당시 친구의 죽음에 대해 누군가와 나누었나요? (애도 과정을 가졌나요?)
- (기독교인의 경우) 기독교 신앙이 애도 과정에 도움이 되었다고 생각하나요?
  ('예'라면 그 이유는? / '아니요'라면 그 이유는?)

4. 녹음 도구 및 메모

참여자와 면담한 내용은 녹취된 후 축어록으로 필사되었으며, 비언어적 자료들은 연구자가 따로 기록하여 필사된 녹취록에 첨가하였다

5. 연구 동의서

연구자는 인터뷰 시작 전, 참여자에게 연구의 취지와 목적을 설명하고 비밀 보장을 약속했으며, 연구 절차와 연구 참여에 따르는 위험요소나 이점을 설명했다. 또한 참여자의 권리와 연구 참여 및 불참에 대한 자유로운 결정권에 대하여 공지하였다. 구두로 미리 설명하고 동의서를 통해 핵심 내용을 재차 확인함으로써 연구 참여자가 본 연구를 충분히 이해하고 자발적 의사를 밝히는 데 차질이 없도록 했다.

6. 분석 방법

본 연구의 분석 방법으로는 기존 논문들을 참고하였고 신경림, 조명옥, 양진향(2004)과 조성남, 이현주, 주영주, 김나영(2011), 김가득(2012), 김벼리(2012)의 저서들을 토대로 정리했다.

　　Husserl의 현상학의 원칙에 가장 잘 부합하는 Giorgi(1985)의 연구방법은 '현상 자체로 돌아가라'라는 것을 현상학의 핵심으로 본다. 현상학이란 '그것이 정말 어떠한 것인가?'라는 물음을 던지는 것이며 체험의 본질을 텍스트로 표현하는 것을 그 목적으로 한다. 현상학적 연구의 토대는 '현상학적 판단 중지 및 환원의 방법'과 '본질 직관의 방법'에 있다. 그러므로 연구자는 대상자의 심리적 의식적 현실을 하나의 이름으로 부를 수 있도록 해주는 보편적 · 일반적 요소로 묶어 주어야 하며 그 과정에서 기존에 가지고 있는 가치관과 경험적 신념을 괄호치기를 하여 그릇된 선입견을 배제해야 한다(Husserl 1948). 이러한 정의를 가지고 있는 현상학적 연구는 개인의 경험과 현상의 본질을 탐색

하기 때문에 심층면담을 하며, 기술된 자료를 가지고 변형과 반성 과정을 거쳐 탐구하고자 했던 현상을 정리하여 하나의 글쓰기를 완성해야 한다. 이에 본 연구에서 연구자는 자살생존자들의 보다 생생한 체험과 경험적 현상을 도출해 내기 위해 현상학을 정초시킨 Husserl의 현상학적 원칙에 가장 부합하는 Giorgi의 현상학적 연구방법으로 결과분석을 했고 그 분석된 결과를 한눈에 보기 쉽도록 '모형화'하였으며 그와 더불어 Van Manen의 해석학적 방법에 근거하여 해석학적 글쓰기를 했다.

7. 연구의 윤리적 고려

질적 연구에는 연구자의 완전성, 즉 성실성, 공정성, 지식 및 경험이 중요한 역할을 한다(신경림 외, 2008). 특히 본 연구처럼 민감한 연구 주제일 경우 더욱 그러하다. 연구가 진행되는 동안 연구 참여자에게 정서적 심리적 부담을 주고, 정서적 고통을 지속적으로 가하고 있다는 연구자의 윤리적 죄책감은 지속되었다. 이러한 죄책감에서 벗어나는 여러 방안 중에 하나는 연구 참여자들의 자발적인 동의에 의한 연구 참여와 연구자와 연구 참여자 간의 신뢰관계 형성이었다.

이를 위해 관계 형성 초기에 본 연구와 연구자에 관련된 자세한 정보를 연구 참여자들에게 제공하였다. 연구자의 신분과 연락처, 연구의 목적과 연구 절차에 대한 구체적이고 충분한 소개, 연구 참여자의 자발성과 아무런 제재 없이 연구 참여를 언제든 중단할 수 있는 권리의 보장, 비밀 보장, 연구 참여에 따른 위험이나 혜택 등을 설명했다. 이 과정에서 연구 참여자들이 고통스러운 기억을 되살리면서 격한 감정적 고통을 겪을 수도 있으므로 언제든지 면담을 중단할 수 있음도 고지하였다. 연구 참여와 관련하여 어떠한 불이익이나 강제성이 없으며 면담 과정의 정확성과 생생함을 위해 녹음을 할 것이며 녹음된 내용은 다시 축어록으로 옮겨질 것이고 필사 과정에서 연구 참여자의 신분이 노출될 수 있는 사항은 익명으로 처리할 것을 약속하였다. 또한 연구결과를 제시할 때 역시 면담 당시 대화 내용을 그대로 옮겨 놓을 수는 있으나, 신분에 대한 정보는 공개되지 않고 익명으로 할 것도 약속하였다.

연구자가 본 연구를 수행하면서 연구자 내면에서 가장 갈등을 야기했던 점은 연구 참여자들로 하여금 자신들은 감추고 싶은 고통스러웠던 지난 이야기를 할 수 있도록 계속 이끌어 내고 있는 연구자 자신의 모습이었다. 연구자 역시 자살생존자의 한 사람으로서 누이의 자살이 이미 25년이나 지났음에도 불구하고, 아직까지도 문득 가슴 가득 저미는 아픔의 기억에 고통스러워하고 펑펑 눈물을 흘려가며 가슴이 저미도록 아파하면서도 뼈까지 아픈 고통의 이야기를 토로하는 연구 참여자들에게 축어록 작성을 위한 녹음용 마이크를 들이대고 있는 연구자 자신의 모습을 보며 연구 수행의 과정 내내 "나는 이들에게 무엇을 주고 있는가?"라는 자문을 계속하였다.

　마치 이에 대한 참회라도 하듯, 연구자는 연구자와 연구 참여자라는 관계를 떠나 같은 자살생존자라는 동질감으로 연구 참여자와의 관계 형성을 하였다. 또한 연구 참여자가 그동안 그 누구에게도 드러낼 수 없었던 사랑하던 친구의 자살 이야기를 보다 편안하게 표현할 수 있도록 지지와 공감으로 연구 참여자들의 이야기 속에 담겨져 있는 감정들을 따라갔고, 이렇게 사랑하던 친구의 자살 이야기를 자신의 감정을 그 누구보다 더 이해하는 누군가에게 이야기하는 것만으로도 연구 참여자들의 내면이 정서적 지지와 공감을 받을 수 있기를 바랐다.

8. 연구자 소개 및 괄호치기

본 연구에서 진행되는 모든 면담과 축어록 작업 및 코딩 작업은 모두 본 연구자 혼자 진행하였다. 연구자는 연세대학교에서 상담코칭학으로 박사학위를 취득하였으며 현재 서울기독대학교 치유상담대학원 주임교수로 재직하고 있다. 관련 과목 연구 경험으로는 연세대학교 재학 당시 연합신학대학원에서 개설된 '질적 연구방법론' 수업을 1학기 수강한 바 있다.

　전술한 바와 같이 본 연구자 역시 고등학교 3학년 시절에 사랑하는 누이를 자살로 잃은 자살유가족으로서, 사랑하는 누이가 자살로 생을 마감한 지 이미 25년이나 지났음에도 불구하고 '기독교신앙에 의해 단죄되어 지옥에서 고통받고 있을 나의 누이'는 결국 본 연구를 시작하도록 이끈 가장 결정적인 동기가 되었다. "이제 집에 들어가고 있다."라고 연구자와 통화한 지 며칠 되지도 않아 싸늘한 주검이 되어 돌아온 누이로 인해 연구자 역시 초기 몇 년 동안은 비탄에 빠져서 이루 말할 수 없는 심리적 고통에 그만 죽은 누이를 따라가려 했던 적이 많았었다. 이제야 비로소 그때 받았던 고통이 복합 비애였다고 어느 정도 이해되었지만, 당시에는 자신이 지금 받고 있는 고통이 무엇인지 조차 모른 채, 그저 '마치 무엇인가에 피폭당한 사람'이 되어 살았다. 이와 같은 장구했던 그 세월들에 대한 느낌은 그 끔찍한 사건이 이미 25년이나 지났음에도 불구하고 본 연구를 진행하고 있는 매 순간들이 연구자를 괴롭히는 고통이었음을 절감하고 있었다.

이처럼 연구자의 자살생존자로서의 '선경험'과 '선이해'는 본 연구를 진행하는 과정에 있어서도 가장 중요한 원동력이 되었지만, 반면 연구자 본인이 그 연구의 당사자라는 사실은 반대로 본 연구를 방해하는 요소로도 작용하였음을 연구를 진행하는 과정 중에 수시로 체험하게 되었다. 연구 참여자들의 생생한 고통의 경험을 듣는 과정 중에 그동안 가슴 깊이 묻어 놓았던 연구자의 절절한 아픔이 연구자를 힘겹게 하였고, 관련 자료의 수집 과정과 자료를 해석하는 과정에서 더할 나위 없는 심리적 역동과 저항을 경험하게 되었다. 그러나 연구자는 이러한 연구자의 선경험과 선이해가 본 연구에 영향을 줄 수 있는 요인이 되지 않도록 최대한의 '괄호치기'의 내적 작업을 유지하기 위해 부단히 노력하였다.

즉, 본 연구자는 본 연구를 진행하기 전에 이미 해당 분야에 대한 선경험과 선이해를 가진 당사자로서, 연구자로서의 정체성, 즉 연구자가 경험한 경험과 이해를 토대로 현상의 본성을 해석할 수 있다는 것을 항상 의식하면서 경험의 본질에 대한 연구자의 신념을 보류시켜야 한다는 각오를 수시로 하였다. 반면 연구 참여자들과의 상호작용의 질에 따라 연구의 해석이 달리 나타날 수 있다는 점을 인식하여(권수영, 2007) 때로 연구자의 선경험에서 나오는 연구자로서의 정체성을 연구 참여자와의 상호작용의 질을 높이는 데 적절히 활용하였다. 연구 참여자의 경험의 본질을 청취할 때 연구 대상자들에 대한 연구자의 적극적 경청 및 깊은 공감과 지지를 지속적으로 수행하였는데 그 결과, 면담을 마친 후 연구 참여자들로 하여금 "내가 겪은 고통을 이야기 하는 데에 있어 너무 편해서 좋았다.", "내가 마치 상담을 받은 것 같았고, 이제야 좀 살 것 같은 느낌이다." 라는 등의 긍정적 피드백을 얻을 수 있었다. 본 연구자 개인에게 있어서도, 본 연구를 진행함에 있어서 매 순간 '누이가 자살을 한 죽음의 현장'을 재경험하게 되는 고통을 지속적으로 맛보았지만 그토록 몸부림쳐지는 심리적 고통 속에서도 연구자 자신의 지각

체계 안에 끊이지 않는 본질을 향한 추구적 물음을 계속하는 여정을 통해 연구자 내면 깊이 감춰진 고통의 절규와 대면할 수 있는 힘을 얻어냈다고 말할 수 있도록 하였다.

9. 연구방법의 평가

본 연구는 연구를 위한 인터뷰 도중에 연구자의 편견이 영향을 주지 않도록 현장 일지 및 필사본에 연구자의 주관적 생각들을 기록하고 과정 내내 반성하도록 노력했다. 녹취된 내용은 현장 노트와 함께 문서화되었고, 필사 과정에서 누락된 내용이 없도록 반복하여 녹음 자료와 원자료를 대조하였다. 자료분석 과정에서는 의미별로 단락을 나누어 주제를 도출한 것에 오류가 없는지 확인하기 위해 연구자가 반복 점검했으며, 이 내용을 2명의 상담학 전공자(석사과정 이상)와 원자료를 가지고 논의하였다. 또한 연구자는 본질적 주제들을 토대로 내부자적 관점을 활용한 통합적 글쓰기를 시도했다. 이를 본 연구 참여자들에게 들려주고 자신들의 경험으로 비춰 볼 때 어떻게 느껴지는지에 대한 재확인의 작업을 거쳐, 이 모든 내용이 이해 가능하게 서술되었는지를 파악하기 위해 3명의 전문가(교수)와 2명의 상담학 전공자(석사과정), 3명의 일반 성인(비전공자)에게 피드백을 받았다.

▶▶ 참고문헌

권수영 (2007). "체계적 사고(Systemic thinking)와 신학의 목회적 실천", 한국기독교신학논총 53집, 226-253.

김가득 (2012). "자살로 자녀를 잃은 부모의 경험: 참척(慘慽)고통과 화해." 전북대학교 박사학위논문.

김벼리 (2012). "남편을 자살로 잃은 중년 기독인 여성의 경험에 관한 현상학적 연구", 전남대학교 석사학위논문.

정석환 (1998). "이야기심리학과 목회상담", 신학논총, 203-240.

Bateson, Gregory & Bateson, M. Catherine. (1988). *Angels Fear: Towards an Epistemology of the Sacred.* New York: University Of Chicago Press.

Corrine, G. (2008). 질적 연구자 되기 (안혜준 역). 서울: 아카데미프레스.

Creswell, J. W. (2005). 질적 연구방법론 (조홍식 외 공역). 서울: 학지사.

Giorgi, Amedeo. (1985). *Phenomenological and Psychological Research.* Pittsburgh: Duquesne University Press.

Giorgi, Barbro. (2011). A Phenomenological Analysis of the Experience of Pivotal Moments in Therapy as Defined by Clients. *Journal of Phenomenological Psychology,* 42, 61-106.

Husserl E., Erfahrung & Urteil (1948). *Untersuchungen zur Genealogie der Logik,* Hamburg: Classen Verlag, 419.

Joiner, T. (2011). 자살에 대한 오해와 편견, 지여울 역, 베이직북스.

Joiner, T. (2012). 왜 사람들은 자살하는가?, 김재성 역, 황소자리.

McAdams, D. P. and Ochberg, R. L. Eds. (1988). *Psychobiography and Life Narratives,* Durham and London, Duke University.

McAdams D. P. (1994). The Person: An Introduction to Personality Psychology. New

Michael C. (2001). 현상학적 연구. 신경림·공병혜 역, 서울: 현문사.

Schneider, B., Grebner, K., Schnabel, A., Giorgi, K. (2011). Do Suicides' Characteristics Influence Survivors' Emotions?. *Suicide and Life-Threatening Behavior,* 41(2), 117-125.

▶▶ 연구자 소개

이명훈

학력

경희대학교 음악대학원 음악학 석사(M. M. 성악)

이탈리아 "La Scuola Musicale Di Milano" (Diploma. 성악)

감리교신학대학원 졸업(M.Div. 목회신학 전공)

연세대학교 연합신학대학원 신학 석사(Th. M. 상담학 전공)

연세대학교 상담코칭학 박사(Ph. D)

경력

서울기독대학교 치유상담대학원 주임교수

빅퍼즐 예술심리치료상담센터 대표

(사)한국가족문화상담협회 수련감독 가족상담전문가

(사)한국가족문화상담협회 기업상담전문가(EAP) 1급

저역서 및 논문

가출청소년을 위한 돌봄과 체계론적 기독교상담연구(2015, 대학과선교)

친구를 잃은 대학생 자살생존자의 경험에 대한 현상학적 연구(2014, 신학논단)

기독교인 자살생존자의 경험에 관한 현상학적 연구(2014, 한국기독교상담학회지)

상담심리의 이론과 실제(2014, 빅퍼즐북스)

아동을 위한 위기상담(2014, 빅퍼즐북스)

청소년을 위한 위기상담(2014, 빅퍼즐북스)

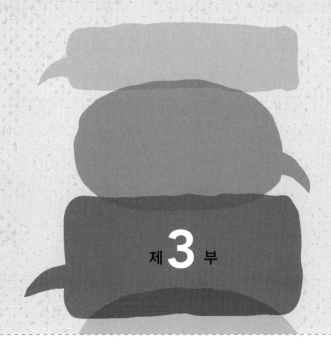

제**3**부

사례연구적 연구방법론과 연구사례

7

부부갈등에서의 비합리적 신념에
대한 내부 가족 체계적 접근

이정선

1. 사례연구방법론

질적 연구는 사회적 현상이나 인간과 삶의 문제를 기존의 관점에서 바라보고 탐색하고 해석하기보다는 선지식을 이해하며 새로운 해석적 관점으로 현상을 바라보고 연구하고자 하는 사람들에게 적절하다. 그뿐만 아니라 하나의 시각으로 세상을 바라보는 것이 아니라 다양한 시각으로 현상을 바라보고 탐색하려고 할 때 적절하다. 고미영(2009)에 의하면 실증주의는 우리가 사는 세계에 대한 객관적 관찰을 통해서 지식을 얻을 수 있다고 표명했지만, 질적 연구자는 객관적인 관찰이나 통제적인 특징과는 달리 세상을 연구자의 방식으로 색과 미를 갖추어 아름답고 인간미가 풍기는 연구를 한다. 여기에는 인간 경험의 의미를 이해하려는 해석학적인 시도나 직관을 통한 관찰과 경험의 추구와 같은 방식, 혹은 주관적인 이해와 통찰 등 다양한 시도들이 포함될 수 있다. Sherman(2003)은 질적 연구의 연구 과정에서 사용한 자기 발견적 방식은 우리로 하여금 우리의 감각을 통해 얻은 풍부한 정보를 무의식적으로 범주화하고 편집할 수 있게 해주는 방식이라고 한다. 이러한 자기 발견적 방식은 연구자 자신의 배경적 지식과 경험에 밀접하게 연관되어 있으며, 기존의 이론이나 실천 모형이라는 제한된 범위에서 벗어난 새로운 임상적 과정과 개입을 위한 대안을 제시할 수 있다고 한다(유태균 외 역, 2003).

질적 연구는 현장 중심으로 이루어지기에 정보의 자원으로서 자연적 상황을 강조한다. 연구자는 현장에 직접 참여하거나 관찰 또는 상담을 통하여 복합적이고 전체적인 그림을 구축하고, 언어를 분석하며, 정보제공자들의 구체적인 시각들을 보고하면서 자신의 해석적 관점을 의미 있게 구성해 간다. 사례의 맥락은 사례를 위한 물리적 상황이나 사회적·역사적·경제적 상황이 될 수 있다. 연구의 초점은 그 독특성 때문에 연구를 필요로 하는 사례에 두고 있다(Creswell, 2005). 질적 연구는 현장에서 많은 시간을 들이면서 폭넓은 자료를 수집하고 참여자인 '내부인'의 관점을 탐색한다.

질적 연구는 개념적이고 분석적인 접근이 주어진다. 사회정의 구조 내에서 전문가와 당사자의 견해를 통합하며 특히 전통적으로 저평가되었던 집단에게 더 많은 기회를 부여하기도 한다. 연구자는 자료수집의 일차적 도구이다. 질적 연구의 결과는 산물이라기보다는 과정으로 인식된다. 또한 귀납적인 논리를 사용하여 분석된다. 자료에 의해서 제공된 정보로부터 직접적으로 결론이 도출된다. Creswell(2005)은 질적 연구를 할 때 자료의 원천인 자연스러운 상황, 곧 현장에 초점을 두고 수행하며 참여자들의 의미, 참여자들의 관점에 초점을 두고 표현적인 언어로 과정을 기술한다고 한다. 참여자들이 사용하고 있는 언어를 분석하고 정보제공자들의 구체적인 시각들을 관찰한다. 연구 문제는 어떻게 또는 무엇으로 시작하며 무슨 일이 일어나고 있는지를 탐색하여 정하고 주제가 탐색될 필요가 있을 때 질적 연구를 선택한다.

본 연구는 부부가 비합리적인 신념에 의해서 서로를 비난하고 평가하며 자신의 생각이나 가치를 옳은 것으로 여기는 부부들의 이야기를 바탕으로 연구를 시작한다. 그들 속에 내재되어 있는 신념들을 찾아내어 그 신념이 부부 사이에서 작용하고 있는 역할과 기능이 무엇인지 알고 부부들이 신념에 의해서 갈등을 겪을 때에 상담적으로 도울 수 있는 길을 모색하기 위해서 참여적 관찰자 시각으로 탐구하는 질적 연구를 채택하였다. 이때 연구자의 주관성도 중요하지만 연구 참여자의 주관적인 경험과 맥락 또한 존중해야 한다. 연구 참여자의 가치관이나 신념, 주관적인 해석들에 관심을 가지면서 연구자는 외부자적 관점에서 내부적 관점으로 바뀌어 가게 된다. 연구자가 질적 연구의 도구가 되는 이유는 연구자의 경험이 그의 해석과 발견에 지대한 영향을 미치기 때문이다

(고미영, 2009).

　다양한 질적 연구방법론 중에서 사례연구는 일상생활에서 발생하는 여러 사건의 복잡한 사회적 현상에 대한 전체적이며 의미 있는 성격을 그대로 보존하면서 이해를 이끌어 낸다(Yin, 1994). 어떤 현상에 대해서 관심을 갖게 되면서 시작되어 그 사례가 무엇을 말하려는지 심층적으로 바라보며 그 사례가 주는 중요한 의미를 탐색한다. 사례연구는 단일사례의 독특성과 복잡성에 대한 연구이며 중요한 상황들 속에서 사례가 전개되는 방식에 대해 이해하고자 하는 것이다(Stake, 2000). 개인들의 상황에서 나타나는 상세한 독특함에 관심을 가지며 그 독특한 의미를 탐색하려는 것이 사례연구에서 추구하는 것이다. 독특함 속에 나타나는 연구결과물의 개방적인 발견을 가능하게 한다.

　사례연구는 복잡하게 얽혀 있는 다양한 맥락과 모호한 실제 생활 속에서 연구자들이 각자의 능력에 따라 개별적 상황을 탐색하는 것이며, 기본적으로 가설검증이나 새로운 이론의 생성에 관심을 두지 않고 현상에서의 통찰이나 발견, 혹은 해석에 관심을 가질 때 실시하는 연구 형태이다(고미영, 2009). 사례를 연구하는 데에는 그 사례의 독특성과 공통성 모두를 고려해야 한다. 연구할 만한 가치가 있는 사례는 그 사례에 어떤 일이 일어나고 있으며 왜 일어나고 있는지 알아야 할 필요가 있다. 주목받을 만하고 의문을 던지는 사례는 대개 사람들의 관심을 끌고 흥미를 불러일으키며 특정한 쟁점이나 관심에 집중하게 될 때 사례연구방법론을 사용한다. **사례연구방법론**은 하나 혹은 여러 사례를 시간을 두고 심층 분석한다. 사례연구에는 서류와 보고서 상담, 관찰과 같은 다양한 정보의 자원을 이용하는 철저한 수집이 요청된다. 그리고 자료는 사례의 자연스러운 상황에서 수집된다. 이런 과정을 통해서 단일사례 혹은 여러 사례에 대한 세부적인 기술이 전개된다(Nicolas Ladany & Loretta J. Bradely, 2010).

　사례연구를 서술적 사례연구, 해석적 사례연구, 평가적 사례연구로 구분하기도 한다(Merriam, 1990). **서술적 사례연구**는 연구되는 현상에 대해 설명하는 것을 목적으로 한다. 이 연구는 이론적이며 서술적인 것으로 연구 대상에 대한 기본적인 서술만을 한다. 이것은 어떤 현상의 개념을 도출해 내는 것으로 새로운 현상이나 기초 정보를 얻는 데 유용하다. **해석적 사례연구**는 풍부하고 상세한 양의 서술과 더불어 이론적 가정에 대한 설명, 지지 혹은 도전을 위해 수행한다. 서술적 사례연구보다 분석하는 단계를 더 거치게 된다. **평가적 사례연구**는 서술과 해석과 판단을 포함하는 최종 결과물을 도출한다.

본 연구는 사례연구를 통하여 부부들의 신념 갈등이 관계 갈등을 불러일으키는 과정을 탐색하면서 부부갈등에 나타난 신념을 서술하고 해석학적으로 분석하며 신념에 의한 부부갈등을 극복할 수 있는 대안을 찾아보고자 한다. 부부들은 누구든지 신념이나 가치관을 가지고 결혼생활을 하게 된다. 이러한 신념은 개인의 삶이나 어떤 체계 속에서 삶을 유지하게도 하고 풍성하게도 하며 다양성을 보여주기도 한다. 생산적인 기능을 하는 반면에 갈등을 유발하는 촉발 요인이 되기도 한다. 본 연구는 이렇게 다양한 기능과 역할을 하는 신념이 부부 간에 갈등을 유발하거나 심각한 갈등관계나 단절에 이르기까지 영향을 미치는 면에 관심을 갖고 시작한다. 많은 이들이 겪는 일이기도 하고 늘 볼 수 있는 현상이다. 연구자가 선택한 사례는 부부문제로 배우자 한쪽만 상담에 오는 경우로 비합리적 신념에 의해서 부부 간의 갈등을 보이는 면에 관심을 갖게 되었다. 상담 현장에서 보면 개인이나 부부로 찾아오는 내담자들을 보면 경직된 자기 신념 앞에서 자존감이 낮아지고 부부 간의 관계를 지속시키기 어려워한다. 부부들이 난관 앞에서 호소하고 있는 독특한 문제들은 다양하다. 부부들이 경험하는 갈등 상황을 들어 보면 호소하는 갈등이 패턴화되어 있는 것을 알 수 있다. 각자 자신의 시각과 의미 부여로 인하여 배우자를 이해할 수도 없고, 수용할 수도 없고, 용서할 수도 없다는 것이다. 부부 사이에 기대하고 희망하는 삶을 말하며 조율하기보다 배우자를 자신의 기준으로 판단하고 요구하며 배우자의 말을 벽이나 장애물로 여기며 갈등과 거리감과 단절을 향해 간다.

본 연구에서는 갈등의 실마리를 찾기 위해서 REBT에서 명명한 비합리적 신념에 대해 깊은 관심을 가지면서 부적응적인 신념은 제거하고 변화하는 것이 최선이라고 하기 이전에 내담자가 가지고 있는 비합리적 신념의 역사성과 기능성, 더 나아가서는 정체성에 대한 의문을 가지면서 사례연구를 선택하게 되었다. 연구자는 일단 비합리적 신념에 대해서 평가를 하기 이전에 연관된 체계적 배경에 대해서 이해하려고 한다. 해석학적 접근은 사람들의 주관적이고 경험적인 세계로 들어가는 것과 이것을 재구성하는 것을 강조한다(이효선, 2005). 그리고 어떠한 체계적 맥락 안에서 나타나는 현상에 대해 목회상담적 해석을 할 것이다.

연구 참여자들의 진술에 의하여 다양한 자료를 수집하고 귀납적으로 분석을 할 것이다. 귀납적인 방법을 사용하는 것은 어떠한 일정한 가설에 얽매이지 않고 현장조사와 자료수집이 이루어진 후에 그것을 근거로 새로운 현실을 찾아내기 위함이다. Zygmunt

Bauman(1978)에 의하면 해석학적 순환은 다소 불확실한 지식을 좇아 선형적으로 가는 것이 아니라 기억들에 대하여 반복하여 재확인하고 계속 반복함으로써 더욱 풍부하며 좀 더 선택적으로 지식을 추구하는 것이라고 한다. 연구자는 해석학적 순환에 의하여 기존의 이론적 배경을 바탕으로 임상 현장에서 실천을 함으로써 새로운 문제의식이 생겨나고 새로운 실천을 다시 적용하는 귀납적이면서도 나선형의 순환적인 실천을 하는 해석학적 방법론을 따른다. 연구 참여자의 구체적인 사례를 검토하면서 연구 참여자가 가지고 있는 맥락적 자료와 깊이 있는 자료를 얻어서 그들의 시각과 의미에 대해 연구할 것이다.

2. 연구 주제

본 연구의 주요 연구 주제는 "비합리적 신념에 의해서 갈등을 겪는 부부들에게 어떻게 목회상담적인 돌봄을 제공할 것인가?"이다. 비합리적 신념에 의해서 부부관계가 갈등과 악순환의 패턴을 반복하게 될 때에 창조적인 부부관계 경험을 하게 하고 목회상담적인 재해석과 실천적인 대안을 모색하는 것이 본 연구의 목적이고 특징이며 방향이다. 선행 연구와 연구자가 가지고 있는 선지식, 삶의 현장을 이야기하는 연구 참여자의 살아 있는 이야기, 연구자가 관찰하고 탐색하며 해석하는 관점들이 연구 문제를 진행하는 데 상호 연관적으로 작용할 것이다. 부부가 서로 다른 인식 구조와 정서, 삶의 습관, 경험, 가치관, 문화, 환경을 가지고 만나서 그 차이를 조절하며 돕는 배필로서 상호 존중하며 가정을 창조해 나가는 상호 협력자가 되고자 할 때에 여러 가지 차원의 차이로 인한 갈등을 겪지만 이것을 극복하며 연합하는 삶의 장을 갖도록 돕기 위해서 다음과 같은 연구 문제를 가지고 진행해 보고자 한다.

연구 문제 1. 부부갈등에 작용하고 있는 비합리적 신념의 특징은 무엇인가?

연구 문제 2. 비합리적 신념은 부부관계에서 어떤 기능을 하는가?

연구 문제 3. 부부가 갈등할 때 작용하는 비합리적 신념에 대한 목회상담적인 해석은 무엇이며, 목회상담적인 돌봄의 대안은 무엇인가?

본 논문은 부부갈등에 나타나는 비합리적 신념에 대한 연구로 판단을 유보하면서 사례에 접근하였다. 임상 현장에 오는 내담자들에게 나타난 비합리적 신념을 실용성에 근거하여 판단을 하면 교정에 들어가고자 하는 시도를 할 수 있기 때문이다. 전체적인 맥락 속에서 신념을 보고자 시도했다. 신념 속에 묻어나는 연구 참여자들의 삶을 공감하고 충분한 이야기를 듣고자 했다.

연구자가 경험한 임상 상황은 부부갈등이 있을 때 부부가 함께 오는 사례보다는 한 명의 배우자만 오는 경우가 더 많았다. 이러한 현실적인 특성을 고려하면서 부부갈등 문제로 방문하는 한쪽 배우자인 내담자를 위해서 목회상담적인 실천 방안을 모색하고자 하였다. 내담자들을 일대일로 마주해야 하는 현실이기에 일반화하기 위한 방안이라기보다는 심층상담을 통해 연구 참여자의 독특성을 살리고자 하였다. 사례의 독특성과 부부 간의 심층적인 내부를 탐색해야 하는 특징으로 인하여 질적 연구방법론을 선택하였다. 전체적인 연구 구성은 다음과 같다.

1장 서론에서는 비합리적 신념에 의해서 갈등을 겪는 부부들을 연구해야 할 필요성을 사회적 현상과 임상현장에 나타난 현상에 의거하여 서술했다. 부부 간에 창조적인 결혼생활을 하도록 돕는 일이 무엇인지 모색하고, 학습된 신학과 실제적인 부부의 삶을 연결하여 삶의 신학을 연구하려는 뜻을 밝혔다. 특히 성격 차이로 이혼하는 사례가 가장 많은 현대 사회에서 이를 위한 목회상담적인 대안을 모색하려는 연구 목적을 기술하였다. 선행연구에서는 부부치료에 대한 연구사적인 고찰과 부부갈등의 요인이나 영향력, 해결 방안에 대한 연구를 조사하였다. 비합리적 신념으로 인한 정서적·관계적·결혼에 대한 영향과 해결 방안을 연구한 선행연구들을 보고하였다. 그리고 본 연구와 선행연구의 공통점과 차이점을 밝히면서 연구의 방향을 설정하였다. 연구 문제도 제시하였다.

2장에서는 부부갈등에 대한 인지적인 이해를 위하여 REBT를 이론적 배경으로 하여 문헌을 고찰하였다. 단일 시각에 의해서 비합리적 신념을 연구하기보다는 체계적인 맥락 속에서 이해하기 위하여 체계적인 조망의 필요성을 서술하였다. 비합리적인 신념이 개인 내부체계의 구성물이며 사회적인 구성물이라는 입장을 뒷받침하기 위하여 체계적 관점의 이론을 소개하였다. 그중의 하나로 개인의 심리내적인 탐색과 치료를 하되 좀 더 체계적으로 심리 내부를 연구하는 IFS(Internal Family Systems Therapy)를 소개하였다.

3장에서는 연구 주제의 특성상 질적 연구방법론이 타당함을 밝히며 사례연구방법론에 의해 본 연구를 진행할 것을 밝혔다. 목회신학 방법론으로는 체계적 접근을 위하여 체계의 구성 원리로 10가지를 제시하였다. 10가지의 체계적 관점을 가지고 연구 참여자가 진술하는 현상을 관찰하며 해석할 것이고 목회적인 돌봄을 위한 실천 대안을 모색하는 데 활용할 것이다. 또한 본 연구가 진행된 과정을 밝힘으로써 본 연구의 특징을 나타냈다.

4장에서는 연구 참여자들의 동의하에 상담을 진행하면서 나타난 결과물을 수집하여 범주화하면서 연구 참여자의 유익에 반하지 않으면서도 윤리적인 보호를 하는 질적 분석을 시도하였다. 연구 사례를 맥락적으로 이해하기 위하여 있는 그대로의 진술을 기술하였고 연구 참여자들의 비합리적 신념에 대한 자료를 모았다. 비합리적 신념과 체계의 연관성을 기술하였고 비합리적 신념이 부부관계에서 기능하는 바를 분류하였다. 부부 갈등에 작용한 신념과 연관된 체계를 이해하기 위하여 내부 가족 체계를 탐색한 결과와 과정을 밝혔다. 질적 분석과정을 거치면서 재구성된 체계와 신념을 기술하였다.

5장에서는 연구분석 결과물에 근거하여 해석학적인 논의를 하였다. 부부갈등에서 나타난 비합리적 신념을 체계적 원리에 의해서 논의하며 비합리적 신념의 해석과 부부갈등의 극복에 대한 논의, 비합리적 신념과 부부갈등을 재정의하였다. 그리고 이론적인 고찰과 현장 경험을 통하여 기술한 연구 과정과 분석 결과 그리고 해석적 논의를 바탕으로 하여 목회상담적인 실천을 모색해 보았다.

6장에서는 앞의 결과물에 대해서 총체적으로 결론을 기술하였으며 본 연구가 가지고 있는 의의와 한계에 대해서 기술하였고 제언으로 마무리하였다.

3. 연구 진행 과정

1) 상황적 문제 제기

연구자는 임상 현장에서 부부갈등을 호소하는 내담자를 자주 만났고 그것이 이 연구의 계기가 되었다. 이때에 문제를 호소하는 배우자는 결혼생활의 어려움의 원인과 책임이 상대 배우자에게 있다고 믿는 경우가 많다. 자신에게도 문제가 있다고 여기는 내담자도 문제의 원인과 책임 영역에 초점을 두면서 감정적이며 잘잘못을 가리고 비난한다. 그러면서 현재의 갈등을 성격 차이에 의한 갈등이라고 규정한다. 이러한 사회적 현상과 임상적 현장에서 경험하는 현상들에 대해 Kaufman이 말하는 '삶으로의 적절한 방향성'의 필요성과 신학적 성찰의 필요성을 느끼게 되었다. 연구자는 부부관계의 어려움을 호소하는 이들을 위해 돌봄을 제공함에 있어서 실제로 무엇을 탐구하고 듣고 배워야 하는지를 고민하였다. 부부들이 공통적으로 느끼는 어려움의 요소들을 분류하여 본 결과 그중의 하나가 자기 정당화라는 주제인 것을 발견했다. 내담자들은 배우자가 이해되지 않는 것을 호소하면서 자기 판단의 정당한 근거로 자신의 신념이나 가치관을 말한다. 자신의 신념이나 가치관에서 정당성을 찾으면서 배우자를 비난한 결과 수용이나 이해보다는 갈등의 악순환으로 이어진다.

서로 다른 성장 배경과 경험을 가진 두 사람이 만나서 하나의 가정을 만들어 갈 때 갈등이 생기는 것은 자연스러운 현상이다. 특히나 부부관계처럼 서로에 대한 기대를 가지고 있으면서 생긴 갈등은 조절이 필요하며 갈등 조절의 과정이 가정의 창조 과정이며 성숙의 과정이라고 말할 수 있을 만큼 필수불가결한 생활 요소이다. 그래서 갈등은 서로를 구체적으로 알게 하며 자신을 알 수 있는 기회이며 창조적인 가정의 새 장이 열리기도 한다. 그러나 현실에서는 갈등을 고통스러워하고 조정과 협력보다는 실망과 좌절을 경험하면서 결혼의 어려움의 원인을 배우자에게 투사하며 해결의 열쇠를 배우자에게 넘긴다. 그러면서도 자신이 디자인한 대로 해결이 되기를 기대한다. 자신의 디자인이 어디에서 왔으며 어떻게 해서 형성된 것인지에 대한 인식이 없이 자신이 정당함을 밝히는 데 전력을 기울이기도 한다. 자신의 정당성을 나타내는 근거를 보면 비합리적 신념이 자리하고 있는 것을 볼 수 있다.

2) 신학적 문제 제기

상황적으로 문제의식을 가지면서 어떤 목회적 돌봄을 할 것인지 또 다른 문제의식이 들었다. 자신의 정당한 사고와 기대로 이해하거나 수용할 수 없는 배우자에 대한 실망과 분노에 휩싸여 해결의 벽에 부딪히고 고통스러워하는 이들에게 성서에서 말하는 '돕는 배필'이나 '연합'하여 산다는 것이 실제적으로 어떻게 해석될까? 혼란스럽지 않을 수 없다.

Gerkin은 목회적 돌봄의 위치를 기독교 공동체의 공동의 역사와 기독교 공동체와 관계가 있는 사람들의 인생 이야기 사이에 둔다. 이것은 목회적 돌봄의 가장 근본적인 돌봄의 목적이 인생 이야기를 기독교 이야기와 연관시키는 과정, 또는 반대로 기독교 이야기를 인생 이야기와 연관시키는 과정을 촉진시키는 것임을 보여주기 위함이라고 한다. 독특한 인생 이야기와 기독교 이야기 사이에는 긴장과 변증법이 포함되어 있다. 이 둘 사이에 열려 있는 대화가 일어나도록 촉진하고 독특한 인생 이야기들이 성장하고 창조적으로 발달하도록 돌봄을 제공해야 한다는 것이다(유영권 역, 1999). 신학은 인간학으로서 일상적인 삶을 반영하여 인간적인 삶과 경험을 신학의 출발점으로 삼는다(권수영, 2004). 연구자는 상담자의 역할을 가나의 혼인 잔칫집의 하인과 마리아와 같은 것이라고 생각한다. 이들은 문제 상황 가운데 있는 혼인 잔칫집에 포도주가 떨어진 문제 상황을 알고 문제의식을 갖고 상황 안으로 들어가는 사람들이다. 상황과 예수님의 사역의 매개자들이다. 예수님과 혼인 잔칫집 사이에 일어나는 일들의 증인이다. 상담사는 내담자들이 상담 안에서 변화하는 과정의 증인이다. 잔칫집에 초대되어 온 손님들은 맛있는 포도주가 어디에서 나는지 모르고 맛을 보지만 상담사들은 그 비밀을 가장 잘 아는 사람들이다.

부부갈등이 있을 때에 신념에 의한 자기 정당화는 상대방을 평가와 판단, 비난을 하므로 해결의 실마리를 찾기가 더 어렵게 됨을 보게 된다. 종교인이건 아니건 간에 신념에 의한 자기 정당화는 관계를 경직되게 만들어 가는 주제이다. 현재 부부갈등과 그로 인한 가정의 흔들림과 해체가 교회 내에 깊이 들어와 있는 시점에서 기독교인들이 안고 있는 이중적인 어려움이다. 삶과 신앙의 연관성이 혼미하여 삶과 신앙 안에서 더욱 부담을 갖고 있다. 성경에 의하면 여자는 남자의 돕는 배필로서 지음 받았고 남자는 부모를 떠나 아내와 연합하는 것이 결혼이다. 그러면 부부 간에 자기 정당화의 주제로 갈등이 있을 때에 돕는 배필로서 연합하여 산다는 것은 어떤 의미가 있으며 구체적으로 어떻게 살아내야 하는 것인가에 의문이 들 수밖에 없다. 이렇게 삶과 신앙 안에서 한계 상황에 부딪혀 있는 부부들에게 어떤 목회적 돌봄을 제공할 것인가? 고민해 보아야 한다.

3) 연구 참여자 선정

본 연구의 주제가 부부갈등이라서 연구 참여자를 선정하는 데 고민을 하였다. 우선, 부부를 함께할 것인지 부부갈등의 어려움을 호소하는 한쪽 배우자를 대상으로 할 것인지의 선택에 대한 고민이 있었다. 임상 현장에서는 부부갈등의 문제를 가지고 배우자 한 명이 찾아오는 경우가 훨씬 많았기에 현장 경험에 의해서 한쪽 배우자로 정하였다. 그 이유는 다음과 같다. 혼자 상담실에 오는 내담자들의 경우를 보면 일상생활의 형편에 의해서 혼자 오기도 하고, 배우자가 부부갈등에 대한 심각성이나 필요성을 느끼지 못하여 혼자 오게 된다. 배우자가 상담에 동의하지 않는 경우에도 혼자서 상담실을 찾기도 하고, 부부갈등으로 인한 심리적 · 행동적 · 신체적 고통을 더 느끼는 배우자가 방문한다. 또한 회복에 대한 의지와 소망이 더 많은 배우자가 오기도 한다. 부부가 함께 돌봄을 받으면 더 효과적일 수 있지만 한쪽 배우자만 도움을 받아도 시스템의 원리(배우자 중 한쪽이 변하면 부부관계의 상호작용이 변함으로 상대 배우자도 대응하는 방식이 변하게 됨)에 의해서 부부관계나 전체적인 가족체계가 달라지는 효과가 있다. 보웬은 부부관계 향상을 위한 상담 동기 수준이 높은 한 사람이 배우자로부터 분화가 되면 부부체계는 물론 가족체계가 변화할 수 있는 지렛대가 될 수 있다고 하였다(Anonymous, 1972). 부부가 함께 오는 경우보다는 그만큼 시간이 더 걸릴 수 있지만 갈등의 정도나 내담자의 상태에 따라서 다르기도 하다.

두 번째는 본 연구의 주제와 연관된 연구 참여자를 선정하는 문제에 대해 고민하였다. 매체나 현장 경험, 연구자의 결혼 경험 등에서 파악한 것처럼 부부 간의 폭력이나 부정, 경제적인 상황 등 상황적으로 불가항력적인 주제나 생명의 위험과 연관된 주제가 아니라면 대상 선정에 무리가 없을 것이라고 판단하였다. 신념에 의해 갈등은 일상생활에서 흔히 볼 수 있는 부부갈등 주제이기에 대상 선정에 큰 무리가 없다고 판단하였다,

본 연구를 위하여 연구 참여자를 모집한 방법은 다음과 같다. 연구자의 전화번호 중에서 타인에 대해서 관심이 많다고 여겨지는 10명의 지인에게 문자 메시지를 보내어 연구에 참여할 수 있는 사람을 추천해 달라고 부탁하였다. 주제는 부부갈등이라고 했는데 문자를 보내고 나서 하루 만에 5명의 사람이 소개되었다. 이후로도 추천이 들어왔다. 부부갈등으로 고통을 겪는 사람들이 많이 있는 현실을 나타내 준다. 전화로 연구자의 간략한 정보와 연구 목적, 진행 과정, 시간과 장소 등에 대해서 설명하였다. 5명 중에 먼저 신청한 3명과 합의하여 상담이 진행되었다. 연구 목적으로만 사용할 것과 녹음된다는 것과 비밀 보장에 대한 약속을 하고 연구 동의서를 받았다. 연구 참여자의 유익

에 반하는 연구가 되지 않고자 노력하였다. 나머지 2명도 부부 간에 겪는 관점의 차이에 의한 갈등이라서 상담이 지속되었다. 3명 중 1명은 초기에는 부부갈등이 신념 차이에 의한 것이었는데 상담이 진행되면서 현실적으로 더 시급한 성 정체성과 관련된 부부갈등이라서 연구 목적과 달랐기에 문제 해결에 초점을 두고 상담하면서 다른 연구 참여자를 2차 모집하여 1명을 더 만났다. 전사를 위하여 녹음한 것을 확인하는 중에 1차 모집한 연구 참여자들의 상담 진행 과정이 절반 이상 녹음되지 않은 것을 발견하였다. 다시 2명을 모집하여 진행하였다.

연구 참여자와 관련된 정보는 〈표 7-1〉과 같다.

표 7-1 연구 참여자의 개인 정보

	신희영(가명)	김주영(가명)	배소영(가명)
결혼생활	3년	21년	13년
원가족	부모님 생존 3녀 1남 중 첫째	부모님 사망 1녀 5남 중 여섯째	부모님 생존 4녀 2남 중 다섯째
현재 가족	남편, 1남	남편, 1남	남편, 2녀 1남
나이	35세	47세	42세
종교	기독교	기독교	기독교
직업	피부 마사지	피아노 학원 운영	보험설계사
교육	대졸	대졸	대졸
상담 횟수	22회기	32회기	30회기
임상적 특징	어머니는 초혼, 아버지는 재혼한 가정이다. 이복자매가 두 명이 있고 바로 아래로 2명의 자매는 입양되었다. 아버지는 질병으로 조기 은퇴하셨고 어머니는 가정도우미를 하셨다. 남편은 2살 아래의 연하 남편이다.	고명딸로서 어린 시절부터 어머니를 늘 도왔고 하교 후엔 어머니를 도와드려야 하기에 기억나는 친구관계가 없고 오빠에 의한 얼굴 상처가 있다.	어머니는 미약한 정신지체이시다. 이로 인하여 부모 간에 다툼이 많았고 배소영의 위로 4명의 언니와 오빠는 중·고교 시절에 도시로 나갔지만 배소영은 동생을 돌봐야 하기에 집에 남아 네 가족이 살았다.

4) 상담 과정에 대한 질적 분석

연구자는 본 연구의 자료를 얻기 위한 방안을 강구하였다. 연구자들이 어떤 상황에서 어떻게 해야 행위와 경험에 대한 설명에 가장 용이하게 접근할 수 있으며 현실에 대한 다양한 설명에 관해 신중히 검토하고 그것을 잘 해석할 수 있는지를 답해 줄 수 있는 자료를 찾는다고 한다(신경림 외, 2008). 본 연구에서 최종적으로 자원하는 3명의 연구 참여자들에게 연구 참여 동의서를 받았다. 3명의 연구 참여자에게 그들이 제공하는 연구 자료는 본 연구를 위해서만 사용할 것을 허락받았다. 그뿐만 아니라 사례들은 본 연구와 더불어 연구 참여자들의 유익을 위한 연구가 되고자 고민하였다. 연구 참여자들이 연구 과정에서 해결하고 싶은 목표를 합의하여 상담 방향을 정하였다. 또한, 연구 참여자의 자연적이고도 일상적인 맥락이 드러나는 질문을 제시하였다. 과정과 결과를 알지 못하고 찾아가는 탐구 과정에서 연구 문제에 대한 자료를 얻기 위하여 '상담 과정에 대한 질적 분석'을 하기로 했다.

상담 과정에서의 질적 분석은 연구자와 연구 참여자가 상담의 회기에서 다루어진 이야기에서 연구 주제를 발견하기 위한 연구방법이다. 이 과정에서 연구 주제와 관련이 없어 보이는 것으로 판단되는 이야기일지라도 연구 참여자들의 진술을 멈추지 않았고 그들의 진술에 대하여 판단을 멈추거나 보류하는 '판단 중지(epochē)'를 하였다. 본 연구를 위하여 연구 참여자들의 유익에 반하는 전문 윤리를 해치지 않고자 노력하였다. 연구 참여자들의 실생활에서 일어나는 상황은 물론, 상담 과정에서 연구 참여자들이 경험하는 것이 무엇인지를 전반적으로 이해하려고 하였다. 연구 참여자들의 자연적 환경이나 조건, 욕구, 체계, 그리고 연구자 개입의 과정이나 그에 따른 참여자들의 수행이나 변화 등을 탐색하였다. 맥락 속에서 정보를 수집하기 위하여 상담 회기를 20회기 이상 진행하게 되었다.

질적 분석을 하는 과정에서 연구 목적에 대한 동의서를 받았고 주제의 방향을 이야기하였지만 의도적으로 방향을 연구에만 맞추려고 하지는 않았다. 연구 참여자들이 선입견이나 편견을 갖지 않고 자유롭게 자신의 경험을 표출하도록 하고자 했다. 또한 상담을 진행하면서 경험하게 되는 과정에서 개방적이고도 귀납적인 결과물이 나오도록 하기 위하여 자연스러운 이야기로 진행하였다. 연구자는 상담 과정을 통제하기보다는 연구 참여자의 현실을 있는 그대로 경험하고자 하였다. 그러다 보니 연구 참여자의 요구에 의하여 자녀 문제가 다루어질 때도 있었고 다른 주제들이 다루어질 때도 있었다.

5) 자료수집 및 분석

상담 과정에서 얻어진 내용들, 즉 이야기 속에 담지하고 있는 개인과 그가 속한 가정, 사회와 문화의 내외적 역사와 신학, 환경들을 실생활의 맥락 속에서 수집하였다. 연구 참여자와 상담 과정을 녹음하여 연구 참여자와의 비밀 보장에 대한 약속을 하였고 전사함으로써 원자료를 모았다. 전사하면서 연구 참여자가 진술한 내용의 맥락을 다시 확인하고 범주화할 수 있는 기초 작업을 하였다. 연구 참여자의 진술에 의한 원자료와 연구자의 선지식, 이론적 배경과 연구방법론들을 넘나들며 복합적인 상호작용에 의하여 자료들을 의미 있게 수집하였다. 수집한 자료에 대해 분석하는 작업에 대하여 Mason은 자료는 수집된 상태로 자연스러운 상태로 존재하는 것이 아니라 해석자의 눈으로부터 자유로울 수 없다고 한다(김두섭 역, 2002). Stake는 현대의 질적 연구자들은 지식은 발견되는 것이 아니라 구성된다는 믿음을 가지고 있다. 우리가 알고 있는 세계는 특히 인간의 구성물이다(홍용희 외 역, 2000). 자료에 대한 수집과 분석은 상담의 출발부터 이루어졌다. 상담 과정을 거치고 전사하는 단계와 반복되는 자료 확인의 과정을 거치면서 자료는 연구자의 시각에 의해 새롭게 구성되어 왔다. Patton(2002)에 의하면 프로그램에 참여한 사람들과의 직접적인 상호작용을 통해서 수집된 개방적이고 정밀하며 기술적인 자료에 대해서 귀납적인 분석을 통해 의미 있는 이해를 얻을 수 있다고 한다. 자료를 의미를 담아 범주화하고 분류하는 과정을 통해 포괄적인 주제를 찾고 패턴을 찾는 과정을 거쳐서 하부 주제로 분류하였다. 분석은 사례 전체에 대한 총체적인 분석과 사례의 구체적인 측면에 대한 분석, 연구자에 의한 주제나 이슈들에 대한 분석과 사례들의 의미에 대한 해석이나 주장들로 이루어졌다.

해석은 연구 참여자들이 상담을 통해 드러내는 맥락에서 체계적이며 상황에 근거한 해석을 하고자 했다. 사례를 이해하는 데 중요한 요소를 찾아내어 그에 대한 해석을 하고 논의를 통하여 본 연구의 의미 있는 가치를 나타내고자 하였다.

6) 연구결과 분석 및 논의 · 대안 제시

연구 자료에 대한 질적 분석을 위하여 먼저 연구 참여자들의 부부갈등과 연관된 맥락적 사실을 범주화하여 서술하였다. 부부갈등에 나타난 비합리적 신념을 개인의 심리체계부터 연구 참여자가 속한 주요 체계와 관련하여 상호 연관성을 탐색하고 부부갈등에 미치는 영향을 분석하였다. 비합리적 신념이 부부갈등에서의 기능을 분류하였으며 연구 참여자가 상담 경험을 하면서 비합리적 신념인 것을 인식하고 통찰하여 신념이 재구성되는 과정과 결과물을 제시하였다. 연구결과를 범주화하고 해석하는 과정에서 나타난 비합리적 신념을 재구성하는 과정을 재해석하는 것은 Richard C. Schwartz(1995)에 의해 개발된 **내부 가족 체계**(Internal Family System) 이론에 근거하였다. 연구 참여자들이 자신의 내부체계를 재구성하고 외부체계를 재창조해 나가며 현실을 인식하고 수용하는 과정을 분석하고 재구성 과정에서 보여준 목회상담적인 대안을 제시하였다.

7) 연구의 타당성

본 연구는 연구자의 선지식과 문제의식, 상담을 통하여 얻은 많은 자료들과 이론적 배경, 연구방법론에 의한 해석적 틀이 통합적으로 작용하여 창출된 것이다. Firstone(1987)은 질적 연구는 연구자가 내린 결론이 타당하다는 것을 설득하기 위해서 세부적인 서술을 해야 한다고 하였다. 현상을 재해석하고 이해하려는 데 있어서 연구자의 주관적인 이해와 통찰, 해석학적 시도는 해석의 타당성을 검증받아야 한다. 연구자와 연구 참여자, 그리고 미래의 독자가 참여하여 상호작용함으로써 연구의 실천을 평가하는 과정이 필요하다. 이런 상호작용을 통하여 연구는 물론 연구자의 시각이 더욱 다원화될 수 있고 복잡한 상호작용을 통하여 연구를 더욱 풍요롭게 할 수 있다. 이들의 의견과 통찰력은 현실적으로 실천 가능한 요소들을 반영하는 데 기여한다. 이 과정은 본 연구의 맥락에 있어서 타당성과 적절성을 인정해 주는 기반이 된다.

본 연구의 신뢰도를 높이기 위해서 연구 과정에 대한 확인 과정과 반성, 진행 과정에 대한 노출의 과정을 거쳤다. 우선은 논문을 진행하는 팀을 구성하여 비교적 정규적인 만남의 장에서 공개하고 피드백을 받고 조언을 구하기도 했다. 특히 연구 참여자들의 인식을 상담 과정과 연구 과정에서 주요하게 고려하였다. 상담 과정을 진행하면서 부부갈등에 대한 연구 참여자들의 관점과 이해를 확인하였다. 연구 참여자가 전화를 하기도 하고 연구자가 전화로 확인하였으며 사후 만남의 기회를 통하여 연구논문의 관점이 연구 참여자의 관점과 연관성이 있는지에 대해서 확인하였다. 자료를 분석하는 과정에서도 여러 차례에 걸쳐서 박사과정 동기 연구자들에게 개방하고 조언을 들으며 신뢰도를 높이고자 했다. 최종 결과물에 대해서 설득력을 갖기 위해서 독자가 되고자 하는 상담사와 함께 논문을 진행했던 동료들의 피드백을 계속하여 받았다. 본 연구가 진행된 과정을 보면 [그림 7-1]와 같다.

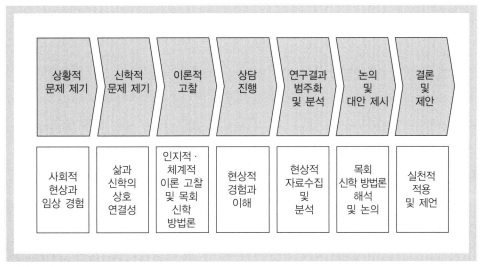

그림 7-1 연구 진행 과정

4. 상담 과정에서 다룬 주제 및 질문

연구자는 비구조화된 질문으로 상담하였다. 정해진 질문에 따라 연구 참여자들에게 동일하게 질문하기보다는 내담자 이야기의 맥락을 따라서 질문하였다. 그 이유는 첫째는 연구 참여자의 살아 있는 이야기를 그대로 담아내기 위해서이다. 정석환(2003)은 누군가의 이야기 안에는 그의 삶이 담겨 있다고 말한다. 나의 과거와 미래가 담겨 있다. 내가 살아온 삶의 자리들이 담겨 있고 내가 속한 나의 이야기에 영향을 준 우리 문화, 사회·경제적 위치가 담겨져 있다. 나의 이야기 안에는 내가 살아온 삶의 궤적이 담겨 있고 우리의 역사가 담겨져 있다. 나는 이 이야기와 더불어 살고 내 이야기는 나의 일부가 되었다고 한다. Gerkin(1994)이 말하듯이 인간은 살아 있는 인간문서로서 존재하기에 살아 있는 연구 참여자의 이야기를 듣고자 비구조화된 질문으로 진행하였다. 둘째는 연구 참여자에게 공감적 환경을 제공하기 위해서이다. 내담자의 이야기에 상담사가 경청을 하고 있다는 적절한 반응을 보이기 위하여 구조화된 질문보다는 비구조화된 질문을 선택하였다. 특히 공감적 반응은 내담자에게 자존감을 높여주는 방법이며 치료 효과도 있다. 이러한 이유로 연구자는 내담자의 말에 대해서 공감적인 언어로 반응을 하고 질문을 하였다. 이러한 공감적 반응에 대하여 연구자는 '시루떡 공감'이라고 명명하였다. 한 단은 쌀을 놓고 한 단은 고물을 얹듯이 내담자와 상담자의 상호작용에서 내담자의 표현에 대해 공감적인 반응을 지속적으로 표현한다는 의미이다. 공감을 한 번 해주듯이 하는 것이 아니라 한 단 한 단 시루떡처럼 쌓아가듯이 반응하는 것이다. 그럼으로써 내담자의 이야기가 존중받고 자기를 드러내기에 자연스러우며 충분히 드러내어 자신의 삶을 인식하고 통찰할 기회를 제공하기 위함이다. 상담 과정에서 사용된 질문은 연구 참여자의 상황과 기대, 진행 과정 등에 따라서 다양했다. Kvale(1996)은 상담 과정 질문의 유형을 9가지로 소개하고 있다(신경림, 1998).연구자가 상담 과정에서 사용한 질문 내용을 Kvale이 분류한 바에 의해서 정리하면 〈표 7-2〉와 같다.

표 7-2 상담 과정에 사용한 질문

질문의 분류	내용	상담 과정에 사용한 질문
도입 질문	연구 참여자와 라포 형성, 자발적이고 풍부한 이야기 표현, 연구 참여자로 결정하게 된 동기와 기대, 현재의 마음 상태	• 연구 참여자가 되기를 결정하고 이곳에 오면서, 그리고 현재 이 자리에 있으면서 느낌이 어떠신지요? • 부부관계에서 가장 힘들 때가 언제인지요? • 부부갈등에서 가장 도움 받고 싶은 것이 무엇인지요? • 남편하고 무엇이 좋아지길 원하세요?
후속 질문	연구 참여자가 한 말에 대하여 반응하고 그 이야기를 계속 진행시키는 질문	• 옛날에는 보기 싫었는데 지금은 뭐가 불쌍하세요? • 신랑이 어떻게 바뀌신 건가요? • 오빠의 실수로 얼굴을 다친 이야기를 좀 더 해주실 수 있나요?
엄밀한 조사 질문	연구 참여자의 이야기를 계속 따라가기 위한 세밀한 실문	• 어떤 마음이 들어서 남편하고 같이 자기로 마음을 먹었나요? • 지금은 마음이 옛날 같지 않다는 것이 무슨 말인가요? • 어떤 희망이 보이길 원하세요? • 무엇이 제일 답답하세요? • 동산에 앉아서 석양을 바라보는 아이는 어떤 마음인가요?

(계속)

질문의 분류	내용	상담 과정에 사용한 질문
상술하는 질문	좀 더 자세한 이야기를 하도록 시도하는 질문	• 처음으로 남편과 아이들하고 스키 타러 가서 좋았다는 말을 좀 더 자세히 해주실 수 있나요? • 남편이 막 한다는 게 무슨 말이에요?
직접적 질문	상담 주제와 관련한 직접적인 질문	• 남편이 여러 사람 앞에서 춤추는 행동을 보일 때 무슨 생각이 들었나요? • 남편이 가만히 있을 때 화가 난다고 하셨는데 무슨 느낌이 들어서 화가 나시나요? • 결혼할 때 내가 없고 저쪽만 배려했다는 말이 무엇인가요? • 두 분 사이에 무엇이 좋아졌어요? • 남편이 고맙다고 할 때 마음에 와 닿지 않고 어땠어요? • 남편을 만날 때보다 잘해 주는 그분을 만날 때 불편했다는 것은 무엇이 불편했다는 말인가요?
간접적 질문	내담자의 태도에 대한 다른 사람들의 반응을 묻는 간접적인 질문	• 회사를 그만두고 왔는데 얼마나 힘드냐고 했을 때 남편의 반응은 어땠나요? • 남편에게 드라마 줄거리를 이야기해 달라고 하니까 뭐라고 하던가요? • 남편에게 챙겨주지 않던 영양제를 챙겨주니까 반응이 어땠나요?
구조적 질문	연구 주제와 관련 없는 이야기를 하거나 연관성이 없는 다른 이야기로 넘어갈 때에 중단시키면서 구조화하는 질문	• 자녀와의 관계도 답답하시군요. 지금 우리가 남편과의 이야기를 하는 중인데 그 이야기를 하시고 싶은가요, 아니면 다음에 해주시겠어요? • 이 이야기를 하고 싶은 이유가 있으신가요?
침묵	연구 참여자의 침묵에 대해서 충분히 수용	• (함께 침묵을 하다가) 남편이 하신 이야기를 하다가 침묵하셨는데 어떤 마음이셨는지요? • 지금 흘리는 눈물이 말해 주고 있는 것이 무엇인가요?
해석적 질문	연구 참여자가 한 말에 대하여 직접적인 해석이나 명료화하는 질문	• 요즈음엔 남편이 소중한 느낌이 드시는 것 같은데 어떠신가요? • 배소영 씨가 방황하고 낭비한 시간이라는 것이 제가 느끼기에는 자신을 찾기 위한 시간이었던 것 같은데 어떠세요? • 마음은 원하시는데 말을 다르게 하셨나 봐요? • 힘들어서 이해해 달라고 하소연한 건데 안 통했군요? • 신희영 씨는 누군가를 돌봐주고 나를 필요로 하는 사람과 있을 때 더 편안하다는 말인가요?

5. 인터뷰 노트

사례연구방법에 의한 본 연구를 마치고 나니 만감이 교차한다. 일단은 일정의 과정을 마치는 것이 시원했고 짐이 덜어지는 가벼움과 자유가 몰려왔다. 충분히 고민하지 못한 것 같고 시간을 들이지 못한 것 같아 아쉬움과 후회감도 들었다. 학위논문을 준비하면서 가장 최근에 마친 선배들이 부럽기도 하고 존경스럽기도 했다. 학위논문을 준비하고 있는 후배들을 만나면 이전에 내가 생각했듯이 가장 최근에 논문을 마친 선배가 가장 부럽다고 한다. 큰 산처럼 느껴지는 논문을 쓰는 과정에서 기억에 남는 몇 가지를 적어 보면 다음과 같다.

첫째, 주제를 정하는 일이다. 석·박사과정을 거치는 동안 논문의 주제를 다양하게 생각해 보았고, 임상 상황 또는 일상, 세상의 핫이슈 등을 통하여 주제를 떠올려 보았다. 떠오른 주제가 학문적으로 의의가 있는지 동기들이나 교수님들, 선·후배들에게 설명을 하면서 가치가 있는지 확인도 하고 스스로 통찰도 하게 되었다. 결국은 임상 상황에서 실마리를 얻었고 현실 상황에서 많은 사람들이 겪고 있는 주제라는 확신을 가지면서 주제를 정하였다. 논문을 시작하기 전에는 주제를 정하는 것보다 전개하여 나가는 것이 힘들 것이라고 생각되었지만, 주제를 정하니 반 이상은 진행된 것으로 느껴진다. 그만큼 논문의 주제를 정하는 것은 연구의 방향을 정하는 것으로 많은 시간과 시행착오가 필요하며 세상과 상황에 대한 관심과 문제의식을 가지고 바라보는 안목이 필요했다.

둘째, 논문을 전개하는 수행 과정에 대한 연구 방식을 돌아보게 된다. 본 연구자는 전체적인 윤곽을 먼저 기획하고 내용을 채워 가는 작업 습관이 있다. 논문의 전체적인 윤곽을 그리는 과정은 이성을 전심으로 집중하며 한편으론 묵상을 하는 고통스러운 과정이었다. 서술하는 과정에서 주제와 관련된 단어나 문장으로 실마리가 잡히면 내용을 집중적으로 기술해 나가는데 그렇지 않을 때는 쉬거나 명상을 하거나 책상 주변에서 배회하면서 소화시키는 여유를 가져야 자신만의 창조적인 구성과 전개를 해나갈 수 있었다. 책상 앞에 앉았다고 논문이 전개되는 것이 아니라 자료와 연구자의 상상력을 동원하여 연결시키는 과정이 산고를 느끼게 한다. 논문에만 집중하는 것이 아니라 다른 역할들을 수행하면서 논문을 기술하는 과정은 집중과 상상과 서술의 흐름을 단절시키기도 했다. 상담이 자기를 잘 인식하여 자기답게 살도록 돕는 과정이듯이 논문을 전개하는 연구 방식도 자신의 방식을 잘 알아야 자신의 독특성이 반영된 결과물이 나올 수 있다고 본다.

셋째, 녹음 과정에서의 실수이다. 연구자의 논문은 사례연구방법이라서 상담 기간이 6개월 이상이 소요되었다. 비교적 긴 시간을 녹음하다 보니 중간 점검을 하지 않고 진행하였다. 초기엔 확인을 하고 중간엔 확인이 없이 진행한 후에 녹음을 풀다 보니 초기 상담은 녹음이 되었으나 중간 이후는 녹음이 되지 않은 것을 발견하고 어이가 없었다. 다시 연구 참여자를 선정하여 6개월 이상을 다시 상담해야 하는 일이 발생했다. 긴 시간을 요하는 사례연구방법으로 접근할 때 매번 점검할 필요가 있다.

넷째, 녹음한 것을 전사하는 작업을 연구자가 하게 되면 범주화가 수월해진다. 20시간에서 30여 시간까지 녹음을 전사하는 과정은 3개월 이상이 걸렸지만 범주화하고 해석하는 과정이 수월하다. 전사시간이 많이 걸리기는 하지만 연구 참여자가 사용하는 독특한 용어와 삶의 방식을 찾아내기가 수월하며 전사하면서 탐색하는 과정은 깊은 통찰을 가능하게 한다. 연구자가 전사하는 방식은 많은 주제를 발견하게 하며 연구 참여자의 독특성을 발견하기가 수월해지는 과정이다.

▶▶ 참고문헌

고미영 (2009). 질적사례연구. 서울: 청목출판사.

권수영 (2004). "임상현장에서의 작용적 신학", 한국기독교상담학회지 7권

김재은 (1995). 연구방법. 서울: 교육과학사.

신경림 외 (2008). 질적 연구방법론. 서울: 이화여자대학교 출판부.

이효선 (2005). 사회복지실천을 위한 질적 연구. 파주: 학현사.

정석환 (2002). 목회상담학 연구. 서울: 한국학술정보(주).

조용환 (2003). 질적연구방법과 사례. 서울: 교육과학사.

Anonymous. (1972). *Differentiation of self in one's family. In Familyinteraction*. J. framo (ed.). New York: Springer.

Bauman, Z. (1978). *Hermeneutics and Social Science*. New York: Columbia-University Press.

Creswell, J. W. (1998). *Qualitative Inquiry and research Design: Choosingamong Five Traditions*. Thousand Oaks, CA : Sage Publications.

Creswell, J. W. (2005). 조흥식 외 역. 질적 연구방법론. 서울: 학지사.

Firstone, W. A. (1987). Meaning in method: The rhetoric of quantitativeand qualitative research. *Educational Research*. 16(7).

Gerkin, C. V. (1998). 살아있는 인간문서: 해석학적 목회상담학(안석모 역). 서울: 한국심리치료연구소.

Gerkin, C. V. (1999). 목회적 돌봄의 개론(유영권 역) 서울: 은성.

Jordan, M. R. (1986). *Taking on the gods*. OR: Wipf and StockPublishers.

Kvale, S. (1998). 내면을 보는 눈. 상담(신경림 역). 서울: 하나의학사.

Mason, J. (2002). 질적 연구방법론(김두섭 역). 서울: 나남출판.

Merriam, S. B. (1990). *Case study research in education: A qualitative approach*. Higher Education, 20(2).

Patton, M. Q. (2002). *Qualitative Research and Evaluation Methods*. Thousand Oaks: Sage Publication.

Richards, L. & Morse, J. M. (2007). 질적 연구방법. 신경림 · 고경희 · 조명옥 · 이영희 · 정승은 공역. 서울: 현문사.

Schwartz, R. C.(1995). *Internal Family Systems Therapy*. New York: The Guilford Press.

Sherman, E. A. (2003). 사회복지 질적 연구방법의 이론과 활용.(유태균 외 역).서

울: 나남.

Stake, R. E . (2000). 질적 사례연구(홍용희 외 역). 서울: 창지사.

Strauss, A., & Corbin, J. (2001) 질적 연구 근거이론의 단계(신경림 역). 서울: 현문사.

Yin. R. K. (1994). *Case Study research : Designs and methods* (2nd ed.). Thousand Oaks, CA: *Sage*.

▶▶ 연구자 소개

이정선

학력

연세대학교 연합신학대학원 상담학 석사

연세대학교 대학원 상담학 박사

경력

연세대학교 상담코칭지원센터 전임상담사 겸 슈퍼바이저

새중앙 상담센터 전임상담사 겸 슈퍼바이저 외 강의 다수

연세대학교 겸임교수, 충청대학교 외래교수 역임

저역서 및 논문

상담 수퍼비전(공역, 2013, 학지사)

8

외국인 유학생 상담을 위한 사례연구

장석연

1. 사례연구

질적 연구 접근법 중에서도 사례연구는 연구자가 하나의 체계를 가진 사례 혹은 여러 가지 경계를 가지고 있는 여러 체계를 다중적인 각도에서 탐색하는 방법이다. 사례연구에 사용되는 자료는 관찰, 면담, 시청각 자료, 문서와 보고서 등 다양한 정보들을 포함하여 상세하고 심층적인 자료를 수집하며, 사례 기술과 사례에 기반을 둔 주제들을 보고한다.

　사례연구의 유형은 해당 사례가 한 개인이나 여러 사람, 집단, 전체 프로그램, 활동 등을 포함하는가와 같이 경계를 가진 체계의 규모에 따라 구분된다. 질적 사례연구는 사례분석의 목적에 따라 도구적 단일사례 연구, 집합적 또는 다중사례 연구, 본질적 사례연구로 나누어 생각해 볼 수 있다. **도구적 단일사례 연구**는(Stake, 1995), 하나의 이슈나 관심에 초점을 맞추고 나서 연구자는 이 이슈를 예증하기 위한 하나의 경계를 가진 체계를 선택한다. **다중사례 연구** 혹은 **집합적 사례연구**에서도 하나의 이슈나 관심이 다시 선택되지만, 그 이슈를 예증하기 위해 연구자는 여러 개의 연구 현장에서 여러 개의 프로그램을 선택하거나 단일 현장 내에서 여러 개의 프로그램을 선택할 수도 있다. 때로는 이슈에 대한 서로 다른 관점을 보여주기 위해 여러 사례를 의도적으로 선택하기도 한다. 질적 연구자는 사례의 맥락이 다르다는 이유로 한 사례에서 나온 결과를 다른 사례들로 일반화하는 것을 꺼리게 되지만 일반화를 가장 잘하기 위해서 연구자는 해당 질적 연구에 대표적인 사례들을 선택하여 포함시킬 필요가 있다(Creswell, 2010).

2. 임상적 사례연구

일반적인 사회과학에서 사용하는 사례연구방법과는 구별되게 심리 상담적 사례연구와 같이 임상적인 사례를 가지고 하는 경우에는 주로 정신분석적인 사례연구와 같은 연구방법론을 사용한다. 유학생 상담에서 발견되는 다문화 상담적 주제들을 살펴보기 위해서 저자는 비록 이 연구의 사례들이 정신역동의 원칙에 충실한 상담은 아니지만 임상적 사례연구의 모델로서 McWilliams(1999)의 정신분석적 사례연구방법론을 차용하였다.

　McWillams는 내담자의 사례를 이해하기 위하여 여덟 가지 평가항목을 제시했는데 다음과 같다.

1. **변화 불가능한 요인에 대한 평가** : 이 항목에서 그녀가 중요하게 다루는 것은 내담자의 기질이나 직접적으로 심리적인 영향을 미치는 유전적 · 선천적 · 의학적 요인이나 신체적 · 외부적 상황 · 성장 과정 등을 평가하는 것이다.
2. **발달적 문제의 평가** : 내담자의 문제가 무의식적 갈등과 발달적 정체 중 어느 것을 나타내는지 그리고 성격적 조직에서의 발달적 주제들은 무엇인지, 애착 유형은 어떠한지를 평가한다. 특별히 다문화 상황에서 내담자의 문화적인 정체성의 발달단계를 평가하는 항목이 포함될 것이다.
3. **방어의 평가** : 내담자의 성격과 상황에 근거한 방어 반응은 매우 다양한데 억압, 부인, 위축, 이상화, 취소, 주지화, 그리고 합리화와 같은 자기 보호적인 방어에서부터 분리와 해리와 같은 적극적으로 자기와 타인과 관련된 모순들을 밀쳐내는 방어, 원시적 이상화, 투사적 동일시, 부인, 전능감, 원시적 평가절하와 같은 방어들을 평가하는 것이다.

4. **감정의 평가** : 각 사람은 각기 다른 다양한 정서적 경험을 하는데, 이러한 감정들은 상담 현장에서 전이의 형태로 나타나고 상담자들 또한 다양한 역전이를 경험할 수 있다. 고로 내담자가 경험하는 정서적 문제와 전이 역전이를 평가하는 것은 중요한 진단적 도구이다.

5. **동일시의 평가** : 사례 이해에서 내담자의 동일시 과정이 얼마나 원시적인가 혹은 성숙한가를 평가하는 것이다. 동일시 과정에는 함입, 내사 및 상호 주관적 영향을 들 수 있다. 특히 다문화상담에서 내면화에 대한 정보는 환자가 처음에 어떤 방식으로 관계를 맺으면 좋을지에 대한 단서를 제공해 줄뿐더러 내담자가 내면화한 사람들이 어떠한지, 그들이 내담자에게 어떤 의미를 갖는지에 대한 이해를 도움으로써 좀 더 효과적인 치료 전략을 세울 수 있도록 한다. 더 나아가서 민족, 종교, 인종, 문화 및 하위문화와 관련된 동일시를 이해하는 것은 다문화상담에서 매우 중요한 과제이다.

6. **관계 양상의 평가** : 주된 애정 대상과의 관계가 어떻게 나타나는지를 평가하는 것이다. 반복되는 대인관계의 문제는 치료 장면에서 반복될 수 있고 이러한 관계 양상에 대한 정보는 내담자의 삶에서 어떤 종류의 관계 경험이 결여되었는지를 살펴볼 수 있다.

7. **자존감의 평가** : "내담자의 자존감이 얼마나 안정적인가? 무엇에 기반을 두고 있는가? 무엇 때문에 자존감이 상처를 받고 어떻게 회복이 되는가?"와 같은 내담자의 자존감을 평가함으로써 상담자는 내담자가 치료를 계속할 수 있도록 내담자의 자기 가치감을 보호하고 내담자의 자기평가 방식을 변화시키며, 내담자의 합리적인 자존감을 고양시킬 수 있도록 도와주어야 한다.

8. **병리 유발적 신념의 평가** : 내담자가 정신분석과 인지행동이론을 통합하려는 시도의 중심에는 내담자가 가지고 있는 비합리적인 신념들에 대한 관심이다. 병리 유발적인 신념들은 의식을 벗어나 무의식으로 내려가지만, 신념과 연합된 감정과 행동은 내담자의 삶 가운데 계속된다. 고로 이러한 부적응적인 신념을 정확하게 포착하여 인지를 수정하는 것이 치료의 핵심적인 일이다.

McWilliams는 치료의 목표를 정신병리적 증상의 제거나 완화, 자기 이해나 통찰의 증진, 자기 정체성의 형성 및 강화, 감정의 자각 및 조절 능력의 향상, 자아강도 및 자기 통합성 향상 및 사랑, 일 그리고 성숙한 의존성 등을 들고 있는데, 그중에서 자기 정체감을 추구하기 위한 노력이 지니는 치료적 의미를 설명하였다. 사람들은 자신의 주관적인 경험이 이해, 반영, 수용, 확인되기를 원하지만 자신이 속한 문화를 통해 의미할 수 있는, 그리고 미리 정해진 평생의 역할을 얻지 못한 개인은 내적인 통합감과 확실성, 자신의 가치에 따라 살고, 감정, 태도 및 동기에 진실할 수 있는 능력을 통해 자신이 누구인지에 대한 인식을 얻어야 한다고 주장한다. 그렇기 때문에 다문화상담의 치료 목적 중에서 자기 정체감의 형성 및 발달은 가장 중요한 치료 목표 중의 하나이다. 다른 문화권을 옮겨 다니며 살고 있는 내담자들에게 문화적 맥락 안에서의 자기 정체감뿐 아니라 문화적 맥락을 넘어서는 자기 정체감에 대한 이해가 필요하다. 정체성의 문제를 비롯한 사례에 대한 정신역동적 이해는 인지행동치료나 가족체계치료, 이 밖의 다른 치료를 위한 유익한 토대가 될 수 있다.

3. 목회신학 방법론

연구자는 본 연구의 사례들에서 발견되는 목회상담적 주제들을 살펴보기 위한 목회신학적 성찰의 준거틀로서 체계적 사고를 사용하였다. Bateson(1993)에 의하면, 폐쇄적 회로를 가진 인과론적 태도는 인간의 마음과 행동이라는 텍스트의 행간을 제대로 읽어내지 못하므로 체계적 사고에서는 선형적이며 인과론적인 사고를 거부한다. 그러나 모든 인과관계는 시간의 흐름과 더불어 흘러야 하고, 미래가 현재와 과거에 영향을 줄 수는 없다. 설명되어야 할 우주 안에서는 신, 목적론, 정신의 가설을 세울 수 없다. "물질 없는 정신은 존재할 수 없고, 정신 없는 물질은 존재하지만 접근할 수 없다."(Bateson, 1993) 따라서 인간의 문제는 정신적인 것에서 우주적인 것에 이르기까지 매우 체계적이다.

Smith와 Riedel-Pfaefflin(2004)은 목회적 돌봄과 상담에서 가르침과 실천을 위한 성(gender) 상호 간의 그리고 민족 상호 간의 시각이 발전되기 위해 형제자매 관계의 메타포를 선택했다. 이러한 시각은 차이점을 존중하고, 낯선 사람을 적대하고 차이점을 물리치는 세상에서 관계를 만들어 나가고자 노력하는 것이다. '확대된 형제자매'라는 새로운 시각은 우리의 관심이 하나님의 뜻을 행하는 모든 사람에게로 확장해야 한다는 초대이다. 영혼을 돌보는 자들은 고통받는 소외된 모든 사람과 관계함으로써 그들과의 새로운 형제자매 관계를 회복하게 한다. 고통 중에 있는 그들의 이야기를 듣고 그들과 함께함으로써 그들을 억압하는 문제와 구조와 상황을 체계적으로 보는 것이다. 그들의 중요한 이론적 전제는 다음의 세 가지 점이다.

첫째, **담론의 기능**(Narrative Agency)이다. 사회, 문화, 의미를 부여하는 체계가 각기 다른 사람들과 만날 때 그들의 이야기, 신념, 인식하고 보고 의미를 만들어 내는 방식에 무슨 일이 발생하게 될까? 담론의 기능의 목적은 자기 성찰을 위한 능력을 개발하는 것을 고양시켜서 담론의 기능의 결정을 도와준 주제들을 규명할 수 있게 하는 것이다. 즉, 문제들은 규명되고 관계들은 재고된다.

① **문제 정의** : 목표는 상황과 자원의 정의 사이에서의 관계를 주목하는 것과 문제를 규정하는 방법을 이해하고 평가하는 것이다. 또한 중요한 것은 목회상담의 상황에서 상호 관계적인 유형의 평가의 획득이다. 그리고 어떻게 문화, 인종, 성적 성향, 사회적성, 계급, 권력과 같은 일련의 관계들이 서로 충돌하는가이다.
② **관계 개념화하기** : 여기에서의 목표는 개인들 사이의 관계, 가족, 집단, 회중 안의 패턴들 사이의 관계를 개념화할 수 있는 것과 그리고 교회 집단이나 회중에 의해 드러나는 문제를 개념화하는 것이다.

둘째, **체계적 사고**(Systemic Thinking)이다. 체계적 사고의 목표는 사람들 자신의 틀 사이의 연관성, 그리고 그들의 신념, 감정, 행동들 사이의 연관성을 규명하는 것이다. 또한 그러한 것들을 다르게 행할 수 있는 방법을 찾는 것이다.

① **관찰의 힘 평가하기** : 여기에서의 목표는 관찰, 묘사, 직시의 힘에 대한 우리의 평가를 증가시키고 목회적 돌봄에서 보이는 새로운 방식들을 발전시켜 나가는 질문의 역할을 평가하는 것이다. 우리는 이 사례와 연관된 사람들을 중심으로 이 사람들이 상호 간에 관계 맺는 방법을 살펴보고 넓은 패턴을 인식해 보고자 한다.

② **개입 개념화하기** : 여기에서의 목표는 개인들, 가족, 집단, 회중, 또는 사회적 체계와 일할 때 가능한 개입을 개념화하고 그 사용을 점차로 늘려 나가는 것이다. 이 사례에서 가능한 개입에 대해 살펴보는 과정이다.

셋째, **상호 문화적 실재**(Intercultural Realities)이다. 여기에서의 목표는 다른 문화적 배경을 갖는 개인들 사이의 차이를 보여주는 간문화적 현실을 규명하는 것이다. 그리고 동일한 인종, 혹은 문화 집단 안에 있는 개인들 사이에 문화내적인(intracultural) 현실의 영향을 평가해 보는 것이다.

① **문화적 자원 규명하기** : 우리와는 다른 생소하게, 혹은 이상하게 심지어 나쁘게 느껴지는 '아웃사이더', '외국인'과 같은 편견에 대해 비판적 질문을 야기하기 위해서 그동안 드러나지 않았던 문화적 자원들을 규명하고 그런 자원들이 어떻게 변화의 중요한 지침이 되는지, 더 나아가서 새로운 자원들을 배우는 상호작용적 과정의 부분이 되는지를 평가하는 것을 배운다.
② **상호적인 과정의 인식 증가시키기** : 여기에서의 목표는 개인, 가족, 회중, 상황 그리고 전문적인 목회적 돌봄의 제공자 자신에게 미치는 문화의 영향에 대한 인식을 개발하는 것이다. 그리고 개인, 가족, 회중, 또는 상황에 미치는 자기 자신(사회적 지위)의 영향을 인식하는 것이다. 그리고 그러한 지식을 건설적으로 사용하는 것이다.

이 논문에서는 상호 문화적이고 체계적인 방법론을 사용하여 사례에서 나타난 담론을 통해 목회상담적 문제들을 제기하고 이러한 문제들을 개념화하며, 체계적 사고를 통해 간문화적 배경을 갖는 개인들과 동일 문화 집단 안에 있는 개인들의 문화적인 현실이 주는 영향력을 평가하고 서로의 자원을 활용하여 개인과 가족, 교회 공동체에 건설적으로 사용할 수 있는 새로운 다문화 목회상담 모델을 제시하였다.

4. 연구 주제 및 학위논문명

본 연구자는 '외국인 유학생 상담을 통해 본 다문화상담의 목회신학적 연구 : 체계적 상호 문화 접근'이라는 박사학위 논문을 통해서 다른 피부색과 언어, 문화를 가지고 있는 우리 사회의 다문화 구성원들을 돕기 위해 기존의 동화 위주의 접근이 아닌 상호 문화적이고 체계적인 접근으로 다문화상담의 새로운 목회상담적 돌봄을 제공하려는 목적을 가지고 사례연구를 진행하였다. 저자는 3명의 외국인 유학생 내담자와의 상담 과정을 Nancy McWilliams의 정신분석적 사례 이해를 질적 연구방법론으로, Smith와 Riedel-Pfaefflin의 체계적 방법론을 목회신학적 분석틀로 차용하였다. 연구결과에 의하면 3명의 유학생 모두 심각한 불안 문제로 고통받고 있으며, 이러한 불안은 내담자들이 성공적인 유학생활을 하면서 주변 사람들과 좋은 관계를 유지하며 살아가는 데 어려움을 주고 있다. 유학생들의 심리적인 문제들은 문화적인 자기 이해와 정체성 발달 과정과 상호 연관되어 있으며 더 나아가 이들의 영적인 문제와도 관련이 있다. 또한 상담자의 문화적 자기 인식은 문화적 전이와 역전이의 형태로 상담 과정에 영향을 미치고 있었다. 이러한 연구결과를 토대로 다문화상담 현장에서 사용할 수 있는 목회상담 모델로서 체계적 상호 문화 접근을 시도하였다. 유학생들을 위한 체계적이고 상호 문화적인 상담과 돌봄을 제공하기 위해서 상담자는 자신의 다중적인 문화적 정체성을 이해하는 자기 평가의 과정이 우선되어야 하며 내담자의 심리적·문화적·신학적 차원의 사례 이해와 개입이 필요하다. 더 나아가서 상호 문화적인 성찰을 통해 발견된 상담자와 내담자의 문화적 자원들을 교회와 지역 공동체로 확장하고 공동체 전체가 가지고 있는 편견과 차별을 인식하고 개선시키는 목회상담 모델을 제시하였다

5. 연구 진행 과정

1) 연구 대상자 선정

본 연구는 연세대학교 국제상담센터에 상담을 의뢰한 내담자 중에서 최소한 10회기 이상의 상담을 진행한 사례 중에서 집단과 개인 슈퍼비전을 최소한 한 번 이상 받고, 비교

적 뚜렷한 임상적 증상을 가지고 있는 3명의 사례를 선별하였다. 이 3명의 내담자 모두 임상적으로 다양한 심리갈등을 경험하고 있을 뿐 아니라, 다문화상담에서 구조적으로 드러나는 문화적 정체성의 문제가 그들의 심리역동에 영향을 미치고 있음이 관찰되었고, 상담의 진행 과정에서 다문화상담에서 나타나는 상호 문화적인 역동들과 앞으로 한국의 목회상담가들이 다루어야 할 다문화적 과제들에 대한 논의점들을 잘 보여준다.

연구에 사용된 자료는 각 회기마다 상담 내용을 정리한 상담 기록과 상담 축어록, 내담자가 제시한 꿈들을 기록한 이메일과 일기, 개인 슈퍼비전과 집단 슈퍼비전을 통해 제시된 슈퍼바이저와 동료들의 피드백을 종합하여 사용하였다. 연구에 사용된 사례들은 본 연구 목적을 위해 사용할 수 있도록 내담자의 서면동의를 얻었고 사례를 분석하는 과정에서 내담자의 개인정보를 보호하기 위해 내담자의 이름은 약자로 표기되었다. 또한 영어로 진행된 상담은 상담자가 한국어로 번역하여 옮긴 것이다.

표 8-1 연구 대상자 정보

내담자	K	D	M
성별/나이	여성/24	남성/28	여성/23
국적과 인종	파키스탄 (엄마는 프랑스인)	미국(한국계)	중국(한족)
소속	국제대학	국제대학원	일반대학
종교	회교도	천주교	무교
상담회기	15회기	20회기	10회기
상담기간	2011. 4. 27.~2011. 12. 7.	2012. 6. 7.~2013. 12. 1.	2012. 10. 6.~2013. 1. 6.
한국 체류기간	3년	2년	2년
주호소 문제	낙태 후 애도, 이성관계	가족갈등, 이성관계, 전공 선택	이성관계, 가족갈등, 진로 문제
가족관계	아버지, 양어머니 2남 1녀의 장녀	2남 중 장남	무남독녀
임상진단	조울증	불안장애	자기애성
경제적 상황	매우 어려움	중산층	중산층

2) 사례분석

사례분석은 McWilliams의 임상적 사례연구에서 보여주는 8가지의 사례평가 요인을 중심으로 진행하되 심리적인 문제와 문화적 정체성의 문제, 그리고 신학적인 문제들로 구별하여 사례를 분석하였다. 사례를 분석하는 데 있어서 연구자가 주의를 기울인 것은 진단과 치료 과정에서 나타나는 상담자의 내면적 숙고, 추론, 태도, 감정, 질문, 염려 등과 같은 부분이다. 전통적인 역전이의 문제에서 더 나아가 문화적 역전이의 문제, 이뿐만 아니라 임상적 상황과 상담자 자신의 문화적 심리가 진단과 치료에 미치는 영향과 상호작용의 역동에 최대한 드러내고자 노력했다. 이러한 중요한 현상들을 사례 안에서 살펴보는 과정에서 발견된 한국의 다문화상담에서 목회상담자가 앞으로 관심을 갖고 고민해야 될 문제들을 Smith & Reidel Pfaefflin의 체계적 목회신학 방법론으로 성찰해 보았다.

3) 연구방법론에 대한 평가

통계적 절차나 여러 가지 계량화의 수단에 의존하여 연구를 진행하는 양적 연구와 달리 질적 연구는 연구자의 주관적인 연구 대상에 대한 깊이 있는 성찰과 이해 그리고 해석이 강조되면서 주로 기호화될 수 있는 언어적인 자료들을 다양하고 반복적인 코딩 과정을 거쳐 이론적으로 설명 가능한 형식으로 조직화하는 과정이다(조용환, 1999). 이러한 과정에서 문제를 심층적으로 들여다보고 이해할 수 있기 때문에 양적 연구에 비해서 높은 **타당도**(validity)를 지닐 수 있다. 하지만 연구자의 주관적인 판단이 개입될 소지가 많기 때문에 **신뢰도**(reliability)가 낮아질 수 있고 사례연구의 경우 다루려고 하는 주제가 특별한 주제이거나 흔치 않은 사례일 때 사례에서 발견한 논의를 **일반화**(generalization)하기 어려운 문제가 있다.

본 연구자는 외국인 유학생 상담이라는 특수한 주제를 연구함에 있어서 연구의 신뢰도를 높이기 위해서 설문지나 인터뷰를 사용하는 일반적인 방식보다는 상담이라는 보다 장기간의 깊이 있는 연구 대상과의 상호작용을 통해서 좀 더 연구 자료가 신뢰할 수 있는 과정이 되도록 노력하였으며, 연구자의 주관적인 판단의 개입을 최소화하기 위해 상담 과정을 집단과 개인 슈퍼비전을 통해 슈퍼바이저와 동료들의 피드백을 통해 객관화하도록 노력했으며 내담자에 대한 다양한 정보(일기, 이메일, 축어록, 상담 기록 등)들을 사례연구의 자료로 활용했다. 또한 상담회기가 10회기 정도로 짧은 것은 연구의 신뢰도를 제한할 수 있겠지만 현재 한국의 다문화기관에서 행해지는 대부분의 다문화 상담이 5회기 정도의 단기상담인 것을 고려한다면 한국의 다문화상담의 현실을 반영한 어쩔 수 없는 선택이었다. 연구자는 상담 과정을 성찰함에 있어서 단기상담적 모델을 사용하여 사례 구조화를 시도하였으나 여전히 짧은 회기로 인한 사례의 심층적인 분석이 이루어지지 못한 것이 한계로 나타난다.

6. 인터뷰 노트

이 논문을 준비하면서 어려웠던 점은 상담사례를 분석한 것이기 때문에 3명의 내담자와의 상담 과정을 녹음한 것을 축어록으로 풀어야 하는 긴 과정이 요구되었을 뿐만 아니라 영어로 상담한 내용들을 한국말로 다시 번역하는 작업도 요구되어서 몇 달 동안 녹음을 축어록으로 풀고 번역하는 과정들을 거쳐야 했다. 그뿐만 아니라 사례에 대한 더 깊은 통찰을 위해 세 사례 모두 두세 번의 개인 슈퍼비전을 받아야 했기 때문에 상당한 시간과 비용을 지불해야 했다. 또한 내담자와의 상담이 영어로 이루어졌기 때문에 번역 과정에서 미세한 감정적 표현이나 문화적 표현들을 적절하게 표현하는 것이 쉽지 않았던 아쉬움이 있다.

사례연구 대상자는 10회기 이상의 상담을 하였고 병리적인 증상이 심각한 유학생 내담자들을 나름의 기준을 가지고 선정하였다. 내담자 K는 상담 중간에 증상이 심각해져서 상담을 중단하고 연락이 끊어졌다가 다시 상담을 시작하였다. 다시 상담을 재개한 계기는 내담자가 위기 상황에 봉착해서 저녁 늦게 상담자에게 도움을 구하는 전화를 하였고 상담자가 내담자 집 근처에 있는 커피숍에서 울고 있는 내담자를 만나 위로하는 것이 계기가 되었다. 또한 이슬람교도인 내담자가 영적 지도자에게 자신의 죄를 고백하고 싶은데, 이슬람사제인 이맘에게 가기는 두렵다고 하면서 교회에 가서 목사님에게 자신의 죄를 고백하고 하나님의 용서의 메시지를 듣고 싶다는 말을 하였다. 상담자는 내담자와 내담자의 룸메이트를 데리고 상담자의 출석 교회에서 마침 고난주간에 행해지는 성금요일 예배를 같이 참석하고 목사님과 고백의 면담시간을 갖도록 도와주었다. 회

교도인 K가 루터란 목사의 입을 통하여 죄 사함 메시지를 듣게 되는 매우 놀라운 일이 일어난 것이다. 일반적인 상담이론에 의거하면 전문가의 경계를 무너뜨리는 일처럼 보이는 일들이지만 다문화상담의 현장에서는 내담자의 지원 체계가 미미하고 언어 소통이 원활하지 않기 때문에 상담자가 어쩔 수 없이 위기 개입을 하지 않을 수 없는 경우가 종종 일어난다.

내담자 D의 경우에는 첫 번째 종결을 하였으나 6개월 정도 지나서 논문을 쓰고 있는 과정에 다시 상담을 재개하여서 상담회기를 어디에서 어디까지 포함하여야 하는지에 대한 혼란이 생기기도 하였다. D는 다시 재개한 상담을 통해 자신에 대한 통찰이 깊어지고 관계에 대한 태도도 성숙해져서 두 번째 종결 즈음하여 결혼을 하게 되었고 상담자를 결혼식에 초대하기도 하였다. 내담자 M은 무료상담이 10회기로 제한되어 있어서 상담이 끝난 후 매우 아쉬워하면서 상담센터에서 중국어 자원봉사로 일할 수 있게 해달라고 요청을 하기도 하였다. 다문화상담에서는 다양한 문화 배경에서 온 내담자들을 만나게 된다. 그래서 '비차별적이면서도 차별화'된 상담적 접근이 요구되기 때문에 상담자를 당혹시키는 상황들이 종종 발생하기도 한다. 결과적으로는 논문을 완성하는 과정에서 이러한 혼란들은 내담자들의 심리적인 역동들을 좀 더 깊은 차원에서 들여다볼 수 있는 좋은 자료들이 되었다.

축어록을 풀어 나가면서 상담 과정에서 미처 깨닫지 못했던 내담자의 심리적 역동들을 다시 발견하게 되었는데 K는 처음에는 우울증을 호소하였으나 상담을 재개한 이후 K의 조울증상이 분명하게 드러나게 되었고 상담자는 적극적으로 약물치료를 권유할 수 있게 되었다. 중국인 내담자인 M의 경우에는 축어록을 풀고 내담자의 내적인 역동을 좀 더 다면적으로 분석하는 과정에서 자기애적 성격장애에 대한 좀 더 장기적인 상담이 필요한 내담자라는 것이 분명해졌으나 무료상담의 성격상 단기상담으로 끝나게 된 것이 많은 아쉬움을 남게 한다. 만약 M이 보여주는 증상들을 좀 더 장기적으로 분석할 기회를 가졌다면 현재 한국에서 유학하고 있는 많은 중국인 내담자들에게 좀 더 실질적인 도움을 줄 수 있을 것 같다.

축어록을 코딩하는 과정에서 비록 서로 다른 문화권에서 온 내담자들이지만 유학생이라는 동일한 상황에 있었기에 공통적인 심리적 특징을 보여주는 코딩 작업이 가능하였다. 본 연구자가 코딩 작업을 통해 발견한 외국인 유학생들이 겪고 있는 공통적인 심리적 문제들은 다른 논문이나 유학생 연구에서 발견한 문제들의 연장선상에 있어서 연구자의 연구결과를 검증할 수 있었다. 하지만 좀 더 구체적으로 각 내담자의 상담기록에서 독특하게 보이는 문제들을 따로 코딩해서 분석했더라면 좀 더 깊이 있고 차별화된 연구결과를 도출해 낼 수 있었을 것 같은 아쉬움이 크다. 그뿐만 아니라 3명의 내담자와의 단기상담을 통해 도출된 결과이기 때문에 훨씬 다양하고 복잡한 문화적 배경을 가진 내담자들에게 적용하기에는 충분한 자료가 부족하다고 본다.

비록 여러 가지 아쉬움이 남는 논문이지만 이 논문을 쓰면서 코딩한 결과를 가지고 심리적·문화적·신학적인 다중분석을 하는 과정은 내담자의 문제를 입체적으로 분석하고 유학생 돌봄에 대한 좀 더 통합적인 대안을 모색하는 것을 가능하게 하였다.

▶▶ 참고문헌

조용환 (1999) 질적 연구: 방법과 사례, 서울: 교육과학사.

Bateson, Paul Patrick Gordon, & Martin, Paul (1993) *Measuring Behaviour: An Introductory Guide*, London: Cambridge Press

Creswell, John W. (2010). 질적 연구방법론: 다섯 가지 접근 (2판). 조흥식, 정선욱, 김진성, 권지성 공역, 서울: 학지사.

McWilliams, Nancy (2005). 정신분석적 사례이해, 권석만, 김윤희, 한수정, 김향숙, 김지영 공역, 서울: 학지사.

Smith, Archie, Jr. & Riedel-Pfaefflin, Ushala (2004). *Sibling by Choices : Race, Gender and Violence*, St. Louis : Chalice Press

Stake, E, Robert. (1995). *The Art of Case Study Research*, USA : SAGE Publications, Inc.

▶▶ 연구자 소개

장석연

학력
이화여자대학교 약학대학 졸업
미국 Pacific Lutheran Theological Seminary 석사(M.Div.)
미국 Graduation Theological Union 석사(MA. 종교심리학 전공)
연세대학교 연합신학대학원 박사(DCC, 상담코칭학 전공)

경력
글로벌디아스포라 다문화 네트워크 상임이사
서울기독대학교, 국제신학대학원대학교 겸임교수
한국기독교상담치료학회 수련감독
연세대학교 연합신학대학원 겸임교수 역임

저역서 및 논문
외국인 유학생 상담을 통해 본 다문화상담의 목회신학적 연구: 체계적 상호문화접근(한국기독교상담회지)
자기애적 중국 유학생 사례를 통해 본 다문화상담: 다문화상담연구
Pastoral Care with Korean Goose Moms, Women Out of Order: Risking Change and Creating Care in a Multicultural World: (2010, Fortress Press)

9

가족 사별의 상실감 극복을 위한 미술치료 사례연구

장성금

1. 연구방법론

그동안의 연구 논문들을 고찰한 결과 사별 경험을 하는 대상으로 한 연구들에서 주로 사용하는 연구방법론은 질적 연구방법으로써 현상학적 접근법이나 근거이론 방법을 많이 사용하고 있다. 이 연구방법을 통해 사별 가족이 겪는 심리적 고통의 중심 현상이 무엇인지, 어떤 과정을 거쳐 안정적으로 삶을 재구조화하는지를 알게 되었다. 그러나 이들의 연구방법론이 연구 참여자에 대한 반구조화 또는 구조화된 인터뷰를 통한 자료 채집 방식이어서 좀 더 근접하여 사별을 경험하는 유가족들의 내면을 파악하고 그 과정에서 사별의 상실감을 극복하는 데 있어 걸림돌이 무엇인지, 또 어떤 것들을 다루어 줄 때 사별의 충격에서 잘 극복할 수 있는지 등을 좀 더 구체적이고 생생한 과정을 관찰하는 연구가 필요하다고 생각되었다. 애도자들이 겪고 있는 세부적인 감정은 질문에 대답하는 형식으로는 파악하기 쉽지 않은 내면의 과정이다. 사례연구는 일반적으로 현실세계의 실생활 사건들을 그 범위로 하고 있으며 '어떻게' 또는 '왜'에 대한 질문이 제기되었을 때 또는 연구자가 사건을 거의 통제할 수 없을 때, 그리고 실생활에서 동시대에 일어나는 현상을 주로 다룰 때 선호되는 연구 전략으로써 현실세계의 사건들에 대해 전체적이고 의미 있는 특징을 담아내는 것이 가능한 연구방법이다. 특히 현상과 상황 사이의 경계가 명확하게 구분되지 않을 때 사용할 수 있다. 내면의 탐색은 기존의 양적 연구로 통계를 사용해서는 명확히 설명하기 어렵기 때문이다. 따라서 본 연구에서는 그러한 구체적인 주제를 탐색하기 위한 상징적인 의사소통이 가능한 창조적인 예술 활동을 통하여 그들 내면에서 움직이고 변화되는 과정을 살피기에 적합한 사례연구방법을 택하게 되었다.

2. 사례연구

사례연구는 질적 연구의 다섯 전통 안에 있는 연구방법론이다. 따라서 기본적인 **질적 연구방법론**의 정의와 그 기저의 공통적인 요소들에 대해 살펴보기로 한다. Creswell(2005)은 질적 연구에 대한 정의를 다음과 같이 하고 있다.

> "질적 연구는 사회적 또는 인간의 문제를 탐색하는 독특한 방법론적 연구 전통들에 기반을 두어 이해하는 연구과정이다. 연구자는 복합적이고 전체적인 그림을 구축하고, 언어를 분석하며, 정보 제공자들의 구체적인 시각들을 보고하고, 자연스러운 상황에서 연구를 수행한다."

본 연구 역시 오랜 시간 미술치료 과정에 시간을 소요해 왔으며 이미지와 상징물에서 얻은 자료분석에 많은 시간을 할애하면서 계속 진행되는 과정 속에서 변화를 읽어나가며 상실감 극복의 과정을 이끌어 가게 된다.

이러한 질적 연구방법론에는 연구기법 선정에 있어서 공통된 참여관찰은 미술치료사로서 그들의 미술활동에 함께 참여하고, 이미지와 상징을 중간 매개체로 하여 대화를 나누며 활동 결과물과 문서 기록과 함께 음성 기록을 함으로써 수집을 계속하였다. 또한 연구의 타당성을 높이기 위해 연구 참여자에게 연구 과정이나 깨달음을 일지처럼 써보도록 권하였다. 그리고 이에 대해 필요시 볼 수 있도록 연구 참여 동의서와 함께 사전 동의를 받았다. 그리고 연구를 마친 후 피드백으로 사용하였다. 또 하나의 객관적 타당도를 위해 연구 참여자가 직접 애도 과정의 변화를 체크하는 검사지를 통해 변화를 추적하였다. 이러한 다중적 방법은 자료를 수집함으로써 연구의 타당성을 높이고 연구를 가능한 한 최대로 신뢰할 수 있게 만드는 다른 방법들을 계획하도록 연구 설계를 하고자 하기 때문이다(Glesne, 2006, p. 56).

또한 질적 연구방법론의 다섯 전통에서 무엇보다 중요한 공통점이 되는 것은 글쓰기이다. 글쓰기를 위해 전념할 수 있는 외로운 과정을 거쳐야 하며 자료수집만큼은 아니라 하더라도 자료분석과 글쓰기에 많은 시간이 소요된다. 기본적으로 질적 연구방법론에 공통적인 기반이 있을지라도 자신의 연구에서 사용하는 질적 연구 접근이 무엇이며, 왜 그것을 사용하는지를 알고 사용해야 연구자는 보다 엄격하고 정교한 연구를 설계할 수 있을 것이다.

이러한 질적 연구방법론 중에서 **사례연구방법론**은 평가연구에서 독특한 위치를 차지하고 있으며 매우 다양한 동기에 의해 사용될 수 있다. 실제 사례방법을 주로 사용하는 분야는 정치학, 사회학, 평가, 도시연구, 기타 사회과학 분야이지만 사회과학 연구 분야에서 가장 어려운 연구방법 중의 한 가지로 그동안 다른 연구에 사용하기 위한 탐색 단계에서 사용하는 하나의 전략으로 여기는 오류가 빈번하여 사례연구에 대한 평가는 제대로 이루어지지 않았었다. 사례연구에 대한 정의를 Schramm은 다음과 같이 말하고 있다(Yin, 2003).

> "사례연구의 모든 유형을 망라한 하나의 중심적인 경향, 즉 사례연구의 본질은 일연의 의사결정을 조명하고자 시도하는 데에 있다. 왜 그러한 의사결정이 행해겼으며, 어떻게 실행되었는지, 그리고 결과가 어떠했는지에 대한 것을 밝히고자 하는 것이다(1971)."

본 연구에서 역시 연구 참여자들이 겪는 우울감이나 분노, 고인에 대한 왜곡된 신념과 가족 간의 긴장 등으로 나타나는 현상이 사별이라는 상황과 부합되어 일어나는 것인지 혹은 다른 이유가 있는지에 대해 또한 미술활동이 의례의 공간이 될 수 있는지, 창조적인 에너지를 불러일으킬 수 있는지 등의 명확하지 않은 가설을 증명하기 위해 사용되었다. 본 연구에서는 개별적인 사례에 적용하지만 개별적인 사례의 치료 요인들을 확장시켜 일반화된 프로그램으로 구성시킬 수 있는 연구방법이라고 할 수 있다.

사례연구는 과거의 사건을 대상으로 하는 역사연구나 제한된 응답자들의 범위 내에서 설계하는 설문지를 이용한 서베이와는 달리 연구 설계에서부터 조사하고자 하는 현장과 상황 조건이 결코 분리될 수 없다. 상황과 연구 문제가 서로 부합될 때 수행할 수 있는 연구 전략이다. 자료수집원 역시 문서나 문서 기록, 면담, 관찰, 시청각 자료 등 다양하며 자료를 분석하는 데 있어서는 기술과 주제, 주장이 사용된다. 그래서 현상에 대한 다수의 변수들을 다룰 수 있으며 다양한 자료원으로부터 증거를 수집하고 이런 증거들을 모아 새로운 결과를 도출하기 때문에 자료수집과 분석의 기반이 될 수 있는 이론적 명제를 개발하는 것이 바람직하다(Yin, 2003, pp. 35~39).

Creswell(1998)은 Merriam의 말을 인용하여 "사례연구는 한마디로 어떤 표준이 될 만한 보고 형식은 없다."고 말하고 있다. 그러나 사례연구는 전반적으로 내러티브에 대한 더 큰 구조를 형성한다. 따라서 본 사례연구를 위해서는 연구의 세부적인 진행에서는 연구 참여자들이 주최가 되도록 하였다. 그리고 매 회기 미술치료 과정에서 나온 대화를 녹음하였다. 또한 녹음 내용은 전체 축어록으로 풀어졌다. 또한 미술치료 결과물들을 사진으로 제시함으로써 구체적인 과정을 생생히 보고하였다. 그와 더불어 연구자의 해석학적인 관점이 상세히 기술된다.

이러한 연구방법은 마치 독자들이 미술치료의 매 회기를 함께 진행하는 듯한 느낌을 가지고 연구에 참여하는 대리경험을 하도록 할 수 있으며 연구자는 연구의 목적이나 방법뿐 아니라 진행의 어려움까지 자세히 기술함으로써, 이 연구가 어떻게 진행되는지 사례를 둘러싼 다양한 변인들을 알 수 있도록 도울 것이다.

사례연구는 사례의 쟁점들을 통해 복잡성을 이해하게 하고 연구자는 그 쟁점에 대한 증거를 확증하거나 반증하게 된다. 저자의 주장이 제시되며 사례에 대해 저자가 이해한 것이나 결론이 개념적으로 변화되어 왔는지 또는 도전받아 왔는지에 대한 요약을 제시하고 마지막으로 이 보고서가 한 사람과 복잡한 사례와의 만남이라는 사실을 상기시키면서 종결 삽화와 경험적 기록으로 끝맺는다(Creswell, 1998, pp. 225~226).

Stake(1995)는 사례연구에 있어서 그 아이디어의 흐름을 위한 완전한 개요를 제공한다. 비록 사례연구 보고서가 일반적으로 통용되는 형식이 존재하지 않기 때문에 연구결과를 어떻게 발표할 것인지, 논문 작성의 형태는 어떻게 할 것인지를 실행하기가 쉽지는 않지만 한편으로는 자료수집을 하면서 연구 계획을 얼마든지 변경할 수 있는 유연성도 있다. 사례연구의 프로토콜을 사용한다면 사례연구 최대한의 장점을 살릴 수 있다고 보고된 바 있으나 본 연구를 수행하면서 볼 때 연구 대상이 인간이기 때문에 프로토콜

대로 구조화된 계획을 그대로 실시할 수는 없다. 인간의 삶의 과정 중 가장 어려운 시기를 겪는 순간에 그들의 상황에 따라 감정 상태도 달라지기 때문에 구조화된 계획을 실시한다는 것은 무리이다. 사별의 행태나 대상에 따라 또 매 회기 상황의 변화에 맞게 연구자는 즉시성과 유연성을 가지고 연구를 진행해 가야 한다.

사례연구를 위하여 자료수집의 마지막 단계에서 예비 사례연구를 수행하도록 한다. **예비사례**는 서베이의 사전검증과는 다르며 좀 더 공식적인 성격을 가지고 좀 더 광범위하고 덜 체계적이며 개념적이고 논리적인 연구과정이다. 연구 설계와는 별도로 연구 사례에 관한 실상을 구체적으로 파악하게 해주고 본격적인 연구에서 사용하게 될 질문들을 좀 더 현실성 있게 만들어 주는 데 그 중요성이 있다. 예비사례 연구는 연구 문제의 본질적 내용과 방법론적 이슈를 포괄적으로 다룰 수 있다는 점에서 의의가 있다(Yin, 2003, pp. 131~135). 이 점에 있어서 연구자 역시 예비사례 연구를 통해 연구 주제에 대한 연구의 필요성과 확신을 가지고 시작하게 해주었다.

예비사례 연구를 통해 어린 시절에 경험한 가족 사별로 인한 상실감이 생존 가족들의 일생의 삶에 미친 영향을 파악하게 되었다. 그래서 모친 사별로 인한 상실감이 오히려 과거의 해결되지 못한 감정들을 자극하여 자신의 삶에 과거 자신의 모녀관계를 그대로 답습하게 만드는 결과를 인식하는 데 도움을 주었다. 과거의 미해결 과제 또는 인식되지 못하였거나 억압된 감정들이 비록 고인은 떠났어도 남은 삶 동안에 가족의 삶에서 악순환으로 대물림하는 영향력과 상실감 극복에 걸림돌이 된 것을 알 수 있었다. 따라서 방법론적인 관점에서 예비사례 연구는 연구자가 본 연구에서 좀 더 현실적인 질문을 할 수 있게 하였다. 미술치료 과정에서 과거가 현재의 가족관계에 영향을 미치는 문제에 대해 포기하지 않고 그대로 밀고 나갈 수 있도록 상담의 진행 방향을 잡아가는 데 유용한 정보를 제공받았다.

이와 같이 사례연구가 상담 분야에서 개인의 현재 심층 내면을 파악하는 데 있어서 상당히 유용한 연구방법이라고 본다. 이때 연구자의 역할이 매우 중요할 것이다. 연구자가 어떤 역할로 참여할 것인지, 어떻게 연구 참여자와 공감대를 형성할 것인지, 연구자가 어떤 시각을 가지고 자신의 연구를 성찰할 것인지는 매우 중요하다. 아무리 연구자가 중립 지역에서 어떤 편견을 배제하고 또는 괄호치기를 하려고 해도 그 자신이 지닌 가치관을 다 배제하거나 완전하게 중립에 머무를 수는 없을 것이다. 오히려 자신이 얼마큼의 편견을 가지고 있는지를 알고 자신에 대한 성찰을 할수록 자신의 연구에 대한 자신만의 관점에서 벗어나 균형 잡힌 해석과 평가를 할 수 있을 것이다.

또한 윤리적으로 볼 때 연구자가 자신의 연구에만 치우쳐 연구 참여자를 배려하지 않고 이용하는 것이 아니라 그들의 목소리를 대변해 주는 것은 중요하다. 또한 사례연구를 위해 장시간 연구 참여자와 관계를 맺으면서 라포를 형성해야 하는데 자칫 연구자와 연구 참여자 사이에 친밀감이 형성되어 친구 사이로 우정이 발전해 가게 되면 연구 참여자의 익명성을 어떻게 보호하고 그들의 사생활에 대한 침해가 일어나지 않도록 해야하는 것에 딜레마가 생길 수도 있어 주의해야 한다. 한편 다른 관점에서는 우정이 연구자와 연구 참여자 사이에 상호 배려와 대화를 통해 새로운 이해에 도달하도록 도울 수도 있다. 그래서 이러한 윤리적 딜레마의 해결책에 대해 Plummer는 절대적인 지침에 의해 처방될 수는 없고 "닥친 구체적인 상황에서 창의적으로 생성되어야 한다."고 말하고 있다(Glesne, 2006, p. 219).

그렇기 때문에 질적 연구에서 연구의 신뢰성 또는 타당성을 더욱 높이기 위해 다음과 같이 확인절차를 하게 된다. (1) 장기적 참여 및 집중적 관찰을 할 수 있도록 현장에서의 충분한 시간, (2) 다중의 자료수집 방법, 다중의 자료원, 다중의 연구자, 다중의 이론적 시각을 사용하는 삼각기법, (3) 동료 연구자에 의한 조언과 지적, (4) 부정적 사례분석, (5) 연구자 자신의 주관성을 심사해 보고 어떻게 연구에 이용하고 모니터링할 것인지 성찰하기, (6) 연구 참여자로 하여금 최종 보고서의 초안을 공유함으로써 참여자의 생각을 정확히 묘사했는지 확인하기, (7) 풍부하고 심층적인 기술, (8) 외부 감사로서 외부인이 연구 과정이나 결과물을 심사함으로써 연구의 타당성을 고려해 보아야 한다. 질적 연구방법론에서 이와 같이 연구절차를 확인함으로써 연구의 타당성을 높이기 위해 노력하고 있다.

그중에서도 사례연구의 경우에는 통계적 일반화보다는 분석적 일반화를 꾀하기 때문에 연구의 신뢰성과 타당성을 확보하기가 더 어렵다는 비판이 있어 Yin은 연구 절차를 조작화하고 꼼꼼하게 문서로 기록하고 다른 사람에게 감사받을 것처럼 연구를 수행하며 연구결과에서 도출된 관찰결과를 더 넓은 이론에 일반화할 수 있도록 시도해야 함을 강조하고 있다.

본 연구 역시 예비사례와 본 연구사례를 통하여 사별가족들의 상실감 극복에 적용할 수 있도록 보다 일반화된 프로그램과 매뉴얼을 구축하기 위한 기초조사 연구로서 선택하게 되었다. 미술이라는 활동 매개체는 애도자가 말로 다 할 수 없는 비통함이나 힘겨움을 미술언어로 표현할 수 있도록 한다. 그럼으로써 어떤 과정을 거치며 애도자가 애도 과정을 잘 마치고 자신의 삶을 재구축하도록 하는지를 아는 데 분명 도움이 될 것이라 생각한다. 그렇기 때문에 이런 과정에서 얻어지는 결과들은 앞으로 사별가족들을 위한 돌봄에 어떻게 개입하는 것이 효과적인 애도이며, 또 변화된 삶을 성장과 치유로 이끌 수 있을지를 위한 기초연구가 될 수 있을 것이다.

사례연구방법은 문화인류학의 영향을 받으며 사회사업의 실천적 목적을 위해 1920년대부터 시작되었다. 이후 문화인류학자들이 미개민족을 연구하는 데 사용하여 연구자의 주관, 참여 관찰과 여러 기록들을 이용하면서 사례연구가 현지 연구의 유용한 기술로 인정받게 되었다. 이후 사회문제에 관한 연구에서 특별한 관심이 되는 사항에는 주로 사례연구가 적용되었다. 오늘날 사례연구방법은 사회적 현상 중에 학문적으로 정립이 되지 않은 분야에 통찰력을 자극하기 위해서나 개인이나 집단의 상황이나 사회에 대한 특징을 밝힐 충분한 정보를 얻기 위해서 또는 조사연구의 가설을 찾기 위해 소소의 한정된 사례를 집중 연구할 때나 유사사례들과의 공통성을 규명하고 보편화를 시도하기 위해 주로 사용되고 있다(신경림, 조명옥, 양진향 외, 2004, pp. 448~450).

Higgins(1993)는 '사례'라는 용어가 사람과 상황에 이중으로 적용된다는 사실은 사례연구를 구분 짓는 계기가 되었다고 말하고 있다. 즉, 상황에 대한 연구를 하다 보면 그 상황의 등장인물이기도 하고 영향력을 미치고 있는 사람의 권리나 독창성을 가진 한 인간으로서의 개개인이 무시할 수 없는 존재임을 의식하게 되면서 사례연구에 변화가 일어나게 된 것이다. 이 변화는 프로이트의 초기 정신분석 사례에서 시작되었다. 프로이트는 '도라'의 사례와 꼬마 한스의 사례를 통해 히스테리나 신경증의 근원이나 한 개인의 내면의 역동 등을 이해할 수 있도록 도움을 주었다. 또한 '쥐인간'과 '늑대인간'은 강박 상태를 설명하기 위해, '슈레버 박사'는 강박 상태 뒤에 숨어 있는 편집성 정신병을 설명하기 위해 제시되었다(Higgggins, 1993, p. 35). 이들 사례는 한 개인을 집중적으로 또는 일시적으로 다룬 단일사례 연구에 속한다.

사례연구는 그 설계에 있어서 **단일사례**(single-case)와 **다중사례**(multiple-case) 두 가지 유형이 있다. 단일사례 연구는 보편적인 사례연구 설계방식이며 다중사례 연구는 동일한 연구 내에 2개 이상의 사례를 포함하는 것을 말한다. 최근에는 다중사례의 연구 설계가 증가하고 있는 추세이다. 인류학과 정치학에서는 다중사례 연구가 단일사례 연구와 완전히 다른 '연구방법론'으로 간주하기도 한다. 그러나 같은 연구방법론 틀 안에 있는 일종의 변형으로 간주하여 전통적 사례연구방법이라 할 수 있는 단일사례와 다중사례 연구 사이를 구분하지 않는다. 한편, 다중사례의 경우에도 전체가 하나의 분석 단위로 이루어진 연구 설계의 형태와 그 외 하위 분석 단위가 포함된 설계로 나뉜다.

일반적으로 단일사례 연구보다는 다중사례가 더 설득력 있으며 우수한 것으로 여겨 비록 2개의 사례라도 다중사례 연구가 더 높은 객관적 가치를 지닌다. 그러나 단일사례가 꼭 필요한 경우도 있다. 즉, 사례가 매우 특이하거나 중요하거나, 또는 새로운 정보를 제공할 때에는 단일사례가 적합하다. 사례연구는 반복 연구의 논리를 따른다. 반복 연구를 통해 연구 결과를 더욱 공고히 하며 추가적인 조사나 해석의 가치가 인정하면서 이론적 틀을 개발하는 것이다(Yin, pp. 86~87; p. 147).

3. 사례연구와 미술치료

사례라는 단어는 인간의 문제를 다루는 분야에서 일하는 치료사와 같은 전문직 종사자들이 주로 관심을 가지고 사용하는 아주 익숙한 용어이다. 개인을 대상으로 하거나 집단을 대상으로 하기도 한다. 의학, 또는 사회복지 분야와 법조계, 산업계 및 공공기관에서의 사례의 의미가 유사하다. 여기서 말하는 사례는 곤경에 처한 사람(환자/내담자)이 전문가로 불리는 사람에게 도움을 청할 때 생겨난다. 이들 사례연구의 구조에는 처음부터 환자/내담자(이하 내담자)와 치료사, 그리고 그들의 관계가 포함된다. 따라서 내담자와 치료사 사이의 역동성은 내담자가 무엇을 요구하고 공급하는가, 그리고 치료사가 무엇을 공급하고 요구하는가에 따라 달라진다. 일반적으로 치료사는 내담자의 고통에 얼마나 깊이 개입하는지 얼마나 감정이입을 할 수 있는지 또는 그 고통에 저항하는지 등의 치료관계 이슈를 가지고 내담자와 고통을 함께 나누면서 이해하려고 노력할 때 치료가 발전해 가게 된다(Higgins, 1993, pp. 21~22).

미술치료 사례에 있어서 내담자와 미술치료사 자신의 역할이 무엇인지 내담자는 미술치료사에게 어떤 기대와 요구를 하는지를 탐색해야 한다. 내담자이건 치료사이건 회기 안에서 개인 안에 있는 다양한 목소리와 숨은 개성들이 서로 유리한 위치를 차지하고 나올 기회를 노리고 있다. 사례연구의 경우 표면상으로는 두 사람만이 무대에 등장하는 것 같지만 실제로는 훨씬 많은 사람들이 서로 얽혀 있다. 예술치료의 사례에서는 예술이라는 창의적인 매체가 각자의 이야기와 신화를 밝혀 보여주기 때문에 더욱 다양하고 풍성한 연구가 될 수 있다. 같은 사례라도 연구자에 따라 접근방법이 다르고 연구 참여자에 따라 결과물이 다 달리 나와 어느 것도 같은 결과가 없을 것이다. 창의력이 풍부한 매개체를 사용하는 예술치료사들은 개인의 개성을 인정하는 질적 연구방법의 사례연구를 충분히 이용할 수 있을 것이다.

Higgins는 예술매체가 내담자와 미술치료사 사이의 직접적인 상호작용의 매개체로도 작용하고, 발전되어 가는 치료적 관계성의 표현이 되기도 한다고 말하였다. 음악, 무용, 연극 등의 예술치료 중에서 미술치료는 그 매체가 명확하고 구체적인 형태를 띠고 있어 일반 상담이나 심리치료 상황보다 내담자와 치료사 사이에 일어나는 전이나 역전이 등의 다양한 형태의 교류가 이미지와 상징을 그리거나 만드는 활동을 통하여 상징적인 의사소통을 할 수 있기 때문에 방어나 저항을 줄일 수 있어 더욱 효과적이다.

그리고 이 결과물들은 Winnicott이 말하는 **중간대상**[1]으로의 역할을 톡톡히 해낸다. 물론 역할과 관계성의 상호작용에서 음악치료는 음악으로 또는 무용치료는 동작으로 또는 연극치료는 연극의 형태로 전환될 수 있기 때문에 매체가 구체적이지 않다 해도 굳이 문제될 것은 없겠지만 미술치료에서는 즉석에서 내담자가 직접 그리고 만든 구체적인 활동의 결과물이자 자신들의 중간대상인 작품이 남기 때문에 언제라도 볼 수 있고 확인하며 재구성할 수 있는 장점이 있다. 또한 연구자가 가장 큰 장점이라 보는 것으로는 다른 무엇보다 작품을 잘 보관하여 전시해 주는 것은 내담자 자신의 중간대상으로서 내담자를 존중해 주는 것과 같은 효과를 가져와 자존감과 자긍심을 높이는 데 큰 유익이 된다.

그러나 아무리 미술치료에서 구체적인 매체를 사용한다 해도 단순히 매체를 가지고

---

1 중간대상(Transitional Object) : Winnicott이 말하는 개념으로 주관적 대상과 진정한 의미의 대상 사이에 존재하는 중간단계의 경험을 의미한다. 즉, 곰인형이나 이불 등과 같이 아이가 한 수준의 정서발달로부터 또 다른 수준의 정서발달 단계로 이행해 가는 과정에서 위로와 안정감을 느끼기 위해 사용하는 사물이다. 미술치료에 있어서 미술 매체나 결과물은 충분히 중간대상으로의 역할을 해줄 수 있다(Michal St. Clair, 2009, p. 123).

변화와 치유가 일어나는 것은 아니다. 미술치료사 Rubin[2]은 미술치료의 근본 목적이 치료에 있음을 강조하며 미술치료가 치료로서 기능하려면 미술과 치료, 두 가지 요소가 동시에 다 제대로 기능해야 한다고 말하고 있다(Rubin, 1999, p. 96). 미술매체에 대한 이해뿐 아니라 인간 이해에 있어서도 심리학적으로 충분히 준비되어 양쪽에 대한 지식을 통합하는 임상 훈련이 필수적으로 수행되어야 한다. 또한 치료 상황에서 미술치료사로서 치료사 자신은 내담자를 깊이 있게 이해하기 위해 꼭 필요한 존재이다. 치료사로서 미술치료를 구조화시키려면 민감성과 창조성을 가지고 있어야 하며 미술치료를 제대로 실시하기 위해서는 자신만의 통합된 이론을 구축하는 것이 필요하다(Hrriet Wadeson[3], 1987, p. 23). 어떤 사례를 다루더라도 한편으로는 객관적 관점을 유지하면서 한편으로는 미술치료자의 입장에 서서 내담자에게서 전달되어 오는 감정에도 충실해야 한다. 치료 상황에 전혀 영향을 미치지 않는 객관적 관찰자란 있을 수 없기 때문이다. 미술치료사는 질적 연구에서 '관찰자'인 동시에 자신이 관찰하고 있는 상황의 '참여자'이기도 하다. 그리고 미술이라는 매체가 그 사이에 있다. 예술은 주관적인 나와 너의 관계가 외면화될 수 있는 공간을 제공한다(Higgins, 1993, p. 49). 미술치료사와 내담자와 예술매체 그리고 그 사이의 상호작용을 이해하는 것과 미술치료사로서 영향을 미치는 치료 상황은 객관성과 주관성의 사이클이 돌고 돌아 내담자와 매체와 미술치료사 사이의 상호작용과 관계를 발전시키고 안정시킨다.

미술치료에서는 내담자가 자신이 표현하고 싶은 것에 대해 정확하게 그려 내거나 만들어 낼 수 있도록 치료사가 미술재료에 대한 충분한 지식을 가지고 적절한 매체를 잘 선택할 수 있어야 한다. 또한 내담자의 요구에 민감하게 반응하며 치료 과정을 잘 이끌어 줄 수 있는 미술활동을 구성하는 창조성과 치료 상황에 대한 민감성을 결합시키는 것은 미술치료 활동의 구조화를 결정 짓는 중요 요인으로서 각 환자에게 가장 효과적인 미술치료가 되도록 도와야 한다. 치료사는 내담자가 표현한 상징성에 대한 이해를 할 수 있어서 미술치료의 상징적 의사소통에서 내담자에 대한 드러난 의식 상황과 드러나

---

2 미국 공인 미술치료사로서 피츠버그 의과대학 정신과 부교수와 동 대학의 부설기관인 Western Psychiatric Institute and Clinic 의 표현예술치료 연구소 공동소장을 역임했으며 *Child Art Therapy, Approaches to Art Therapies, Art Therapy* 등의 저서와 다수의 논문이 있으며 최근에는 미술치료 비디오 교재를 만들어 공급하고 있다.

3 철학박사이자 공인 미술치료사인 Wadeson은 시카고 일리노이대학교의 미술치료 대학원 책임교수이자 부교수이며 동 대학원 미술치료 하계 연구소 소장이다. 저서로는 *Art Psychotherapy, Advances in Art Therapy* 등이 있다.

지 않은 무의식의 상황에 대해서도 통합시켜 나갈 수 있어야 한다.

그러나 연구를 하는 과정에서 연구결과에 대한 성급함이나 혹은 연구 참여자를 더 잘 이해하기 위해서 미술치료 상황에서 만들어진 결과물에 대해 지나치게 해석하고 분석하려 한다면 때때로 연구 참여자는 그 상황에서 피하기 위해 더 이상의 의미 있는 표현이 나타나지 않도록 교묘하게 회피할지도 모른다. 그래서 자연스러운 상황을 따라가면서 연구 참여자가 직접 전달하는 감정을 함께 깊이 공감하고 시간을 가지고 무르익어 나오기를 기다려야 하기 때문에 비록 미술이라는 매개체를 통해 내면의 상태가 드러났다 하더라도 내담자가 편안하게 내어놓을 때까지 그 의미와 해석에서 기다리면서 연구해 나가야 한다. 이 과정에서 연구자가 연구 참여자 자신을 잘 이해하고 있고 연구 참여자가 표현한 의미를 바로 이해한다는 신뢰감은 미술치료의 효과에서뿐만 아니라 Higgins는 사례연구에서도 필수조건이 된다고 말하고 있다. 상담에서 중요시하는 공감과 신뢰는 상담자와 내담자의 합일된 주관적 경험에서 나오는 것이다. 그러면서 동시에 과학적인 검증으로 객관화시킬 수 있는 자료가 되기도 한다. 그래서 미술치료에서 사례연구를 수행하는 것은 과학과 예술 양 분야에 동시에 발을 들여놓는 것과 같다. 창의적 예술매체에 내담자가 담아내는 표현은 지능, 사고 과정, 적응의 정도, 정서, 심신의 조화 등을 진단 평가할 때 매우 중요한 역할을 한다. 창조와 동시에 변화와 그 변화에 대한 과정을 반복할 수 있는 일반화된 과학으로 나타낼 수 있어야 하기 때문이다(1993, p. 56).

사례연구가 진행되면서 그 과정에서 연구자의 마음속에서 구체적으로 정리되지 않아 추상적이었던 정보들은 연구 참여자와의 지속적이며 일관된 관계를 통해 또한 참여자가 제작한 미술 활동의 결과물을 해석하고 통합시키면서 마침내 연구 가설과 연구결과 사이에 연결고리를 만들어 하나의 완성품으로 통합된 연구결과를 내어놓게 될 것이다. 훌륭한 사례연구는 훌륭한 예술 작품같이 피어나는 아이디어에서 출발한다고 한다.

4. 신학적 성찰을 위한 해석적 틀

실천신학으로의 목회상담학은 전문적인 돌봄의 영역에서 활발히 활용하며 발전하고 있다. 초기의 무비판적으로 심리학을 수용하던 시기를 지나 경험과 실천을 오가며 목회상담은 거듭나고 있다. 오늘날 목회신학에서 중요한 요소는 각 개인이 가지고 있는 정황(contextuality)이다. 다양한 영역에서 정황에 맞는 해석과 함께 적절한 돌봄을 제공하기 위해 지속적인 관심으로 실천하고 있다(Woodward & Pattison, 2000, p. 95)

삶과 죽음이란 무엇보다도 기독교 신앙에서 살펴보아야 할 근원적인 문제이다. 삶의 이면에 있는 죽음을 잘 수용할 수 있다면 성화 과정의 반은 해결되었다고 봐도 과언이 아닐 것이다. 그만큼 죽음은 인간 내면의 심원을 건드리는 문제일 것이다. 그러나 오늘날 현대인의 장례문화는 죽음을 삶의 과정에서 재조명하며 살아 있는 자들에게 더 나은 삶을 위한 창조적인 죽음이 되는 의례로서의 기회를 제공하지 않는다. 이러한 의례의 상실은 삶과 죽음 사이의 연결을 인식하기 위한 수고로서 제사가 지닌 상징적인 과정과 의미가 많이 상실되게 하였다. 유영권은 지극히 개인화된 현대 사회는 과거 장례의식이 가지고 있었던 치유의 능력조차 개인적 영역에 속하도록 함으로써 목회적 돌봄에도 많은 영향을 끼치고 있다고 하였다. 서구인과 다르게 한국인의 공동체에서 치러졌던 장례의식은 '슬픔의 축제'의 좋은 예가 된다(유영권, 1998). 심리학자 융은 "인간의 죽음이 개성화의 마지막 단계이며 삶의 과정의 본질적인 부분"이라고 본다. 그의 동역자인 Von Franz는 "개성화 과정은 실제로 죽음을 위한 준비"라고까지 말하고 있다. 이와 같이 죽음은 삶의 완성을 의미하기도 한다. 신학자 김균진(2002)은 인간의 삶이 한 폭의 그림이라면 죽음은 한 존재가 완결되고 확정된 한 폭의 그림으로 완성되는 순간이라고 말하고 있다.

본 연구의 신학적 성찰을 위한 틀로서 목회신학자 Anderson과 Mitchell(1983)의 상실과 슬픔의 치유를 위한 연구를 통해 애도 과정에 어떻게 개입하여 도움을 주었는지를 그들의 신학적 틀을 먼저 살펴보고 본 연구를 재성찰하고자 한다.

Anderson과 Mitchell은 슬픔이 사람의 인생에서 가장 먼저 경험하게 되는 애착과 분리라는 필연적 연관성에서부터 시작된다고 말한다. 즉, 안전하고 편안한 태내에서 어머니의 자궁을 떠나면서 첫 분리 경험을 하고 또다시 발달단계에서 반복 경험하면서 애착과 분리를 통해 성숙을 향해 가게 된다. 이들은 애착이 모든 만물에 대한 하나님의 의도이기 때문에 애착에서 분리됨의 상실을 경험할 때 인간이 애통해 하지 않는 것은 오히려 불신앙의 표시라고 말한다. 상실에 대한 냉담과 무관심은 모든 생명의 신성함을 경시하는 현대 사회의 가장 강력한 적그리스도 입장 가운데 하나일 수 있고 경고하고 있다. 애착을 통해 거룩한 신탁으로 주신 모든 만물과 연결되어 있다는 것을 알게 되며 상실에 대해 애통하는 자가 될 수 있는 것이다(1983, pp. 52~53). 종교개혁자 루터는 자신의 제자들에게 슬픔을 절제하도록 했다. 지나친 슬픔은 위로받을 만한 여유가 없게 만들며 예수님의 십자가를 볼 수 없게 한다는 이유에서 슬픔은 절제해야 하는 기독교 전통이 되어 왔다. 그러나 오히려 깅렬한 슬픔의 고통이 격렬할 때 하나님의 사람을 재확신하는 여유를 갖게 되며 절제를 요구한 것이지 공개적인 슬픔을 거부하는 것이 아니라는 것을 강조하고 있다. 공개적이고 적극적인 슬픔을 거부하는 것은 하나님과 우리의 관계를 부인하는 무신론적 자세라고 말하고 있다.

Anderson과 Mitchell은 슬퍼하기의 네 가지 돌봄의 양식을 제안하고 있다.

첫 번째는 **개입**이다. 상실 초기에는 가장 효과적인 도움으로써 아주 단순하지만 필요한 것들을 채워주는 행위를 말하고 있다. 예를 들면 고인의 부고를 누구에게 연락하여야 하는지 어떻게 장례식을 거행할 것인지 작은 일들이지만 슬픔에 있는 유가족들을 도움으로 그들이 상실의 고통에 머물도록 시간과 감정을 갖도록 함으로써 오히려 강렬한 슬픔의 기간을 단축시키는 효과를 갖게 된다.

두 번째는 그의 감정을 인식하고 반복하는 **지지**이다. 슬퍼하는 사람의 곁에서 함께 애도하기는 슬퍼하는 사람의 외로움이나 고립을 제거하고 자유롭게 슬퍼할 수 있도록 할 수 있다. 또한 누군가 주의 깊게 들어주는 사람이 있음으로 인해 자신의 존재가 확인되기 때문이다. 그러나 너무 빠른 위로는 성급하게 의미를 부여하므로 애도 과정을 막는 일이 되지 않도록 조심해야 한다.

세 번째는 소중한 기억을 창조하기 위해 돌봄에서 **끈질긴 격려**이다. 고인을 기억하는 것은 그것을 적극적으로 추억 속에 저장함으로써 정서적으로 풀려날 수 있도록 한다. 그러나 이 작업은 실상 애도자들이 고통스러울 수 있다. 회상하는 작업은 내적인 감정의 스크랩북을 만드는 것과 같아서 상실의 사실을 솔직하게 인정하도록 하기 때문에 고통스럽다. 그럴지라도 애도 과정의 돌봄 제공자는 상실을 당한 사람들에게 기억하기를 위해 끈질긴 격려를 함으로써 상실을 직면하도록 해주어야 한다. 그래서 과거를 통해 감사하게 된다면 유한성을 인식하고 불완전함을 책망하지 않으시는 하나님을 확신하게 된다.

네 번째로는 자신의 원위치로 재통합시킴으로써 관계의 재확립과 의미 있는 공동체로 복귀할 수 있도록 돌봄을 제공하기를 제안한다. 감사하는 마음은 기억하기를 가능케 하고 기억하기는 소망을 가능케 한다. 이 둘은 함께 단단히 묶여 있다. 애도의 최종 목표는 상실로 인해 고갈된 자아를 회복하고 의미 있었던 이전의 관계와 활동으로 돌아가며 이미 일어난 상실을 고려한 새로운 생활양식을 확립하는 것이다. 고통을 표현하고 이해받을 수 있는 지지적 공동체가 있을 때 이전의 분노가 이제 의미를 재구성하고 관계를 재확립하는 시도가 될 수 있다. 가장 적절히 돕는 행동은 의미 있는 주제에 관해 서로 대화할 뿐 아니라 때로는 부드러운 직면도 해야 함을 권한다. 그러나 개입에 있어서 의존감을 키워주거나 지속시키지 않도록 후반부에는 조심해야 한다.

Anderson(2009)은 애도의 네 가지 과제에 대해 강조하였다. 첫째는 이미 일어난 죽음이나 상실의 실체를 인식하도록 하는 것이다. 둘째는 가족이 모두 함께 상실의 고통을 나눠 공동의 기억을 지닐 수 있도록 해야 한다. 그러나 고인의 죽음에 대한 감정을 받아들일 수 없는 상처의 사건이 존재한다면 가족이 하나의 공동체가 될 수 없다. 이럴 때는 화해가 먼저 일어나고 애도 작업이 시작될 수 있다. 셋째는 상실에 대해 현실적으로 수용하지 못하고 과거의 역할에 고정되어 있다면 삶을 재조직하는 것을 거부하게 된다. 따라서 각자의 변화된 상황과 역할이 주어져야 한다. 넷째는 과거에 머물지 않고 희망을 가질 때 미래를 상상하며 상실의 의미나 신앙의 회복이 시작된다.

이들이 제시한 돌봄의 양식이나 애도 과정에서의 과업을 일부러 구조화시키지 않고 참여자들의 마음의 고통과 과정에 '함께 파도타기'를 함으로써 지지하며 지켜본 본 연구에서도 거의 비슷하게 나타났다. 단지 돌봄의 첫 단계인 개입에서는 본 연구가 교회 공동체로서의 돌봄이 아닌 개인의 내적 심리 상태를 따라가는 연구였으며 연구 참여자들과의 만남의 시기가 달라 크게 필요치 않은 상황이었다. 또한 끈질긴 격려의 양식은 연구자가 함께 파도타기로 비유한 바와 같이 마지막 과정인 변화된 새로운 역할과 자신의 삶을 받아들이고 세상으로 향해 나가는 재통합의 과정까지 전체 과정에 요구되는 바이다. 출렁이는 파도와 같이 감정적으로 요동하지만 나아갈수록 파도의 크기는 잦아지며 초점은 자신의 삶으로 전향되는 것을 지켜보게 된다. 이때 연구자가 새로운 삶으로 향하도록 과거에 매인 감정이나 누구의 예속된 자기가 아닌 진정한 자기 자신으로의 정체성을 확립하도록 돕고 과거를 통합시키며 세상으로 나가 관계를 맺고 자신의 삶을 살수 있도록 끝까지 격려해야 한다. 이렇게 돌봄에 관한 신학적 틀이 본 연구를 통해서도 함께함을 확인하였다.

5. 연구 주제

본 연구의 주제는 '사별 상실감 극복'이다. 애도자의 상실감 극복 과정과 내면을 생생하게 탐색하기 위해 그림이라는 상징과 이미지를 활용하기로 큰 틀을 정하였다. 그리고 그 과정을 진행하면서 어떤 결과물이 나오든지 그대로 수용하기로 결정하고 진행하였다. 그 자체가 마치 망망대해에서 해를 따라 또 밤하늘의 별을 따라 그저 방향을 잡고 가는 것 같았다. 참여자들의 마음의 흐름을 따라 그대로 간다는 것은 연구가 과연 언제 끝나게 될지 짐작하지 못하게 하였고 온전히 참여자들의 과정을 좇았다. 그 과정에서 차이점에 대한 원인을 알기 위해 성인애착면담이 실시되었다. 그리고 연구를 완전히 마친 후 전사하고 결과를 기술하면서 애도의 과정과 단계의 공통점을 발견하기도 하였다. 이리하여 탄생된 논문이 '가족 사별의 상실감 극복을 위한 미술치료 사례연구'이다.

6. 연구 진행 과정

연구 초기와 중기까지는 참여자들의 내적 상태와 변화를 따라 매 회기 연구 대상자의 상황에 따라 회기의 목표와 내용을 구성하였다면, 후기에 이루어진 자신들의 새로운 정체성 탐색이나 세상으로 나가는 단계가 필요하다고 여긴 시기에는 참여자의 필요에 따라 연구자가 이들에게 필요한 회기 내용들을 구성하였다.

1) 예비연구

본 연구로 들어가기 전에 선행연구로서 상담 전문가들로 구성된 동료 5인에게 자신들이 경험한 사별 또는 상실감에 대한 탐색을 위해 미술치료를 실시하였다. 각 사람들이 가진 사별 상실감의 경험이 전문가로 살아가는 데 그리 큰 문제가 되진 않더라도 어떤 부분에서 변화와 영향을 미치고 있다는 것을 알게 되었다. 또한 미술치료를 적용하여 그림으로 시각화시켜 봄으로써 훨씬 용이하게 그런 상실감과 연결된 문제들이 드러나며 초점이 맞추어짐을 전문가로서 인식하는 계기가 되기도 하였다.

2) 연구 참여자 선정

연구를 위해 만난 첫 사례의 시작은 자녀를 사별한 유가족이었다. 이들의 사별 상실감 극복을 위해 8개월간 연구가 진행되던 어느 날 갑자기 연구 대상자의 손실로 인하여 연구가 중단되는 사태가 벌어졌다. 이렇게 첫 사례를 위해 공을 들였던 7개월간의 시간이 허사가 되었다. 이후 참여자 선정에서 사별 후 1년이 넘지 않은 자들을 대상으로 결정하였다. 그 이유는 오랜 시간이 경과한 경우에는 단순히 사별 상황 때문보다 그 외 다양한 변수가 영향을 미칠 수 있을 것이라 판단되었기 때문이다. 그리고 중도 유실된 첫 사례를 생각할 때 사랑하는 가족과의 사별 후 2~3개월 정도는 격정적인 감정에 놓일 수 있는 시기로서 이성과 감정을 통합시키기에는 이르다고 본 까닭이다. Parkes(1965)의 연구를 참고해 볼 때 정상적인 애도 과정에서도 사별 후 1년 동안에 변화된 자신의 삶에 잘 적응하는 사람들은 22명 중 단 4명뿐이었다고 보고하고 있다. 그리고 만나게 된 참여자는 배우자와 친정 모친의 사별을 경험한 두 명의 중년 여성으로 연구는 다시 시작되었다.

참여자 A씨

50대 여성으로 어느 날 예기치 못했던 갑작스러운 남편의 죽음을 맞이하게 되었다. 장례를 치르고 2개월 지난 시점에서 연구자를 만나게 되었다. A씨는 그동안 친지와 주변인들의 다양한 위로와 돌봄을 받고 있는 중이었으나 연구자의 논문 주제가 사별 상실감 극복임을 알고 있었기에 스스로 도움을 청하여 참여하게 되었다. 남편의 죽음에 대해 믿을 수 없었고 수면제를 복용하지 않고는 잠을 잘 수 없었다. 그 외 불안, 혼란, 죄책감 등으로 일상생활이 힘들었다. 연구에 동의하고 1년 2개월 동안 전체 20회기를 미술치료를 종결하였다. 각 회기는 대략 2시간 정도 소요되었다.

참여자 B씨

40대 여성으로 모친 사별 후 7개월이 경과된 시점에서 어느 상담 센터의 집단 프로그램을 하던 중에 모친 사별의 이슈가 나오게 되었다. 연구자의 논문 주제가 애도와 관련됨을 알고 연락이 와서 연구자에게 도움을 청하여 참여하게 되었다. 참여자 B씨는 돌아가신 어머니께서 겪으셨을 마음의 고통과 육체적 힘듦을 경험함으로써 고인에 대한 생각, 우울감, 수면 문제, 가족과 타인들과의 관계 어려움 등으로 많이 힘들어했다. 연구는 1년 4개월 동안에 걸쳐 진행되었으며 추수회기 포함 전체 50회기의 미술치료로 이루어졌다. 각 회기는 대략 1시간 30분 정도 소요되었다.

배우자 사별의 A씨는 평상시 소문난 잉꼬부부였다. 그러나 어느 날 출근한 남편이 갑자기 심장마비를 일으켜 병원으로 갔다는 연락을 받게 되어 달려갔으나 이미 사망한 후였다. 사이가 좋았던 부부였던 만큼, 특히 아내 사랑이 극진했던 배우자를 잃게 되어 A씨의 상실감과 슬픔은 이루 말할 수 없을 정도였다. 모친 사별의 B씨는 지병을 앓으시던 모친이 돌아가실 무렵 느꼈을 육체적·심리적 고통이 자신의 육체를 통해 그대로 경험하게 된다며 우울감, 무감동, 불면 등 일상생활이 힘들다고 호소하였다. 이렇듯 표면상으로 볼 때는 잉꼬부부의 배우자 사별 경험이 정상적 애도 과정을 마치기 더 어려울 것으로 생각되었으나 실제는 모친 사별의 B씨 과정이 더 길고 더 많은 신경을 쓰게 하였다. 참여자 B씨는 어린 시절 고인과의 관계에서 발생된 여러 가지 미해결 과제들이 현재의 삶에 지대한 영향력을 미치고 있어 다루어야 할 요소들이 A씨보다 상대적으로 더 많았다.

이렇게 두 명의 참여자의 확연히 다른 양식으로 인해 두 참여자를 비교하며 상실감 극복 과정에 무엇이 차이가 나게 만드는지를 파악하기 위해 애착 유형을 탐색하게 된 계기가 되었다. 이는 사례연구방법이 가진 연구의 창의성과 유연성에 관계되는 질적 연구의 장점이기도 하다.

그러나 궁극적으로 회기가 길어진 더 큰 이유는 연구자에게 있다. 정상적 애도를 잘 마치지 못하게 하는 요인이 무엇인지, 현재의 삶에 어떤 영향을 미치는지를 탐색하기 위해 연구 대상자들이 겪는 마음의 흐름이나 사별 극복의 과정을 탐색하기 위한 의도가 있었기에 연구자가 초기 회기들을 구조화시키지 않고 그들의 내적 욕구를 좇아가는 연구 방식을 택했기 때문이기도 하다. 이는 앞으로의 후속 연구에서는 가지치기를 잘하여 핵심적으로 파악할 요소들을 추리고 정리해야 할 과제일 것이다.

3) 자료수집 및 분석

참여자들의 대화 내용은 전체가 녹음되었으며 미술 작품들은 사진 자료로 모아졌다. 녹음된 참여자들의 회기 내용 중에서 핵심 내용들이 정리되어 논문의 각 회기별로 기술되었다. 또한 연구의 타당성을 높이기 위해 참여자들의 구체적인 감정, 인식에 대한 자기보고와 함께 일상 삶의 변화에 대해서도 확인하고 검토하였다. 참여자들의 셀프 저널(self-journalism)은 연구를 마친 후 피드백으로 사용되었다. 더욱더 참여자들의 미술 작업의 결과물인 이미지와 상징물들에 대한 분석의 신뢰도를 높이기 위해 미술치료에서 통용되는 상징 해석과 융 심리학적 관점을 함께 활용하였다. 때로 참여자들이 그들의 꿈을 보고하기도 하였다. 연구자 역시 융 심리학을 공부하며 오랜 시간 꿈분석을 받고 있었던 시기로 참여자들의 꿈을 그리기도 하며 꿈의 상징을 이해하고자 하였다. 그들의 꿈을 활용한 것은 참여자 스스로 자신의 내적 상황을 파악하는 데 큰 도움이 되었다. 그리고 연구의 신뢰도를 높이기 위해서 연구자의 분석가인 융 분석 전문가에게 슈퍼비전을 받음으로써 꿈 이해에 무리가 없는지를 재확인하였다. 또한 연구의 객관성을 갖기 위해 꿈과 그림 분석 외에 Orton Marybeth(1994)의 슬픔 척도(grief scale), 자기 관찰 보고서(self-monitoring report)와 성인애착면담을 실시하였다. 성인애착면담은 연구자에 의해 이루어졌으며 녹음된 내용은 전사되었으며 내용에 따라 분류되어 애착 양상을 확인하는 데 사용되었다.

연구를 마치고 분석하는 과정에서 참여자들의 애도 과정에서 나타난 공통점을 발견하게 되어 애도 단계에 대해 나름대로 분류를 해보았다. 인격 발달이 직선적이지 않은 것과 마찬가지로 애도 과정 역시 파도타기와 같이 감정적으로 출렁거리기도 하지만 대체로 그 방향은 앞을 향해 가고 있음이 나타났다. 사별로 인한 '충격의 첫 시기'가 지나면 애도자들은 대부분 슬픔과 함께 고인의 무덤이나 함께하였던 장소를 찾기도 하며 '고인을 떠올리는 시기'가 온다. 이렇게 고인과 관련된 이야기를 통해 사별이 현실화된다. 세 번째 단계로는 감정이 분출되는 시기이다. 이때는 다시 '감정이 분출되는 시기'

이다. 그러나 이 감정은 이제 고인의 죽음과 관련된 분노나 또는 고인과 연결된 미해결 과제로 인해 대부분 가족관계에서 투사되는 감정들이 올라온다. 이런 감정들이 해소되고 나면 이제 초점이 자기 자신의 미래의 삶에 놓이게 된다. 이때를 '분리 및 자기 탐색의 시기'인 네 번째 단계로 본다. 마지막 단계는 '정체성 확립과 세상으로 나가는 시기'로 과거가 현재와 통합되고 변화된 자신의 역할과 환경을 수용하기 위해 자신의 정체성을 다시 정립하고 새로운 삶에 적응하며 외부 활동을 하게 되는 시기가 오는 것으로 정리되었다.

7. 인터뷰 노트

연구 주제가 사별 상실감 극복으로 결코 가볍지 않은, 감정적으로 소모가 많은 연구를 한다는 것은 마치 풍랑 속으로 뛰어들어 참여자와 '함께 파도타기'를 하는 것과 같았다. 그들의 극심한 슬픔의 파도 속에서 때로는 잠잠함과 곧 다시 이어오는 큰 파도의 풍랑 속을 함께해야 하기 때문이다. 함께 고통 속에 잠기기도 하고, 함께 즐거워하고, 함께 슬퍼하는 일을 반복해야 하는 파도타기이다. 결코 참여자의 손을 놓아서 안 된다. 이렇게 형성된 공감대는 새로운 애착 형태가 되어 연구가 지속되면서 피하고 싶을 아픈 감정을 다시 만나게 하는 시간에도 불구하고 참여자 역시 연구자의 연구가 지속되도록 손을 놓지 않음으로써 항구까지 안착하도록 도와준다. 비로소 함께 파도타기가 끝나는 순간이 오게 되는 것이다.

본 연구를 위해 연구자는 일부러 애도 단계를 말한 유명하다는 저자의 책들을 보지 않았다. 연구자도 인식하지 못하는 사이에 그런 단계에 대한 선지식이 본 연구에 영향을 미치게 될까 하는 염려 때문이었다. 그리고 처음부터 애도 단계를 발견하려는 의도도 갖지 않았다. 사례를 종결한 후 논문을 쓰는 과정에서 애도 단계의 공통점은 드러났다. 연구는 애도 과정에 있는 애도자가 심리적으로 어떤 과정을 거치며 상실감을 극복해 나가는지, 차이가 있다면 무엇이 다른지에 관한 초점이었다. 결국 그 다른 점을 찾아내기 위해 성인애착면담지를 통해 애착 양상의 차이점을 발견하게 되었고 보울비의 애착이론을 추가하게 되었다. 또한 연구결과에서 극복 과정의 공통점으로 애도 단계를 추가하게 되었다. 이런 추가되는 과정이 사례연구의 묘미라 할 수 있겠다. 같은 연구결과라도 연구자가 달라진다면 또 다른 연구결과가 얼마든지 나올 수 있는 것이 사례연구가 아닐까 하는 생각이 들었다. 자신이 보는 관점이 어떤가에 따라 훨씬 민감하게 알아차리는 것이 인간 능력의 한계도 될 것이며 한편으로는 사례연구의 장점이 열린 연구로써 연구자의 능력에 따라 연구의 진행 방향, 확장 여부와 결과 도출에 있어서 유연성과 창의성을 발휘할 수 있겠다.

본 연구 초기에는 연구 참여자들의 내면 상태에 따라 회기가 진행되었다. 그리고 참여자들 스스로 과거를 떠나보내기를 원하는 시점에서 연구자는 자기 자신을 돌아보며 새로운 자원을 찾는 회기 목표를 제시하였다. 사별 상실감 극복이라는 연구 목표를 이루기 위한 방향을 확실히 하기 위하여 자기 자신에 대한 탐색과 하나님과의 관계, 변화된 자신의 역할을 인정하고 과거와 현재의 통합을 시도하며 세상으로 당당히 나갈 수 있도록 연구자는 끈기 있는 격려로 참여자와 애도 과정에 함께 파도타기를 하였다.

질적 연구에서는 어느 연구방법을 채택하든 전체와 함께 부분을 세밀히 살피고, 언어와 몸짓의 의미까지 분석을 하며 복합적인 사건에서 명쾌한 결과를 도출하기까지 쉬운 길은 아닐 것이다. 자신의 선입견이나 판단을 배제하고 중립에서 보려 하지만 과연 자신의 눈이 분명하다고 자신할 수 있을까? 본 연구를 사례연구로 결정하고 그 과정에서 연구자가 겪은 어려움은 다음과 같았다.

1) 참여자 선정의 어려움

본 연구를 위해 처음에는 사별가족들을 많이 만나게 되는 종합병원에서 연구 참여자를 찾으려고 하였었다. 그러나 참여자를 소개받기 위해서 사별가족들과 연구자를 이어주는 역할을 하는 분의 의견을 따라야 하는 방식으로 인해 연구 과정과 유가족과의 만남의 방식 등이 자유롭지가 않았다. 따라서 연구자의 창의적인 연구를 위해 직접 참여자를 구하기로 했다. 사실 질적 연구의 경우 게이트키퍼(Gate Keeper)의 역할은 중요하다. 손쉽게 연구 대상자들을 만날 수 있고 그들의 사정을 잘 아는 게이트키퍼의 도움을 받는다면 연구 진행이 좀 더 수월할 수도 있을 것이다. 그러나 때로는 그로 인해 순풍에 돛을 달 수도 있고 혹은 지나친 개입으로 인해 연구에 걸림이 될 수도 있다는 점을 잘 살펴보아야 할 것이다.

2) 참여자의 중도 상실

연구 초기에 사별 주제로 만났던 유가족이 있었다. 그 가족은 초등생인 둘째 자녀를 소아암으로 앞세워 보냈었다. 그 과정에서 투병 중인 동생의 입원생활이 반복되며 모와 떨어져서 외가로 가서 학교를 다니던 큰 아이의 문제로 연구자를 만나게 되었다. 그러나 연구지를 만난 다음 주에 둘째 아이를 떠나보내게 되었다. 자연스럽게 생존 자녀의 문제와 함께 사별의 상실감 극복을 위한 애도상담으로 이어졌다. 큰아이와 어머니, 때로는 아버지를 포함한 가족 전체에게 8개월간의 개인상담과 가족상담을 실시하였다. 그러다 생존 자녀가 심리적 회복과 일상생활에 잘 적응하자 어느 날 "그동안 큰 도움이 되었고 감사하다."는 편지와 함께 종결을 하였다. 이유는 어머니가 "둘째 자녀의 사별 사실을 모르는 사람들을 만나 아무 일 없었던 것처럼 새로운 삶을 살고 싶다."는 것이었다. 그녀의 마음 한켠에는 "어린아이를 앞세워 보내놓고 나 하나 잘살자고 상담을 받겠는가?"라는 생각이 있었다. 그리고 더 이상의 만남이 이루어지지 않아 연구가 도중에 멈추는 일이 생겨 연구에서 1년의 공백 기간이 생기게 되었다.

3) 애도 과정 자체의 힘듦

삶에서 만나는 사별 상황은 때로는 상상조차 할 수 없는 극적인 사건일 수도 있고 때로는 죽음이 예측되었던 이별이라도 현재 앞에 놓인 사별의 상실감 극복을 위해 애도자 본인이 직접 전문가를 찾는다는 것은 쉬운 일이 아니다. 전문가와 함께하는 애도 과정이 단순히 고인을 빨리 잊어버리게 하는 작업으로 오해하거나 또는 너무 이른 시간에 상실감을 극복하려는 것이 고인에 대한 예의가 아니라고 생각하기도 하는 것 같았다. 혹은 아무리 슬프고 고통스러워도 애도상담을 받는 자체를 자신의 이기심으로 여기며 죄책감을 느끼는 것 같았다. 특히 자녀를 앞세워 보낸 부모의 경우는 "자식이 먼저 갔는데 뭐 잘했다고 마음 편하자고 상담을 받는가?" 하며 만남 자체를 피하는 것 같았다. 자녀가 떠난 것이 자신의 잘못이 아닌 줄 알지만 양육 과정에서 만족스럽게 해주지 못한 크고 작은 사건들이 마음에 걸려 마음의 멍에라도 지니고 있어야 되는 듯했다. 한편으로는 어느 정도 시간이 지나면 더 이상의 가슴 아픈 이별 이야기나 고인에 대해 되새기고 싶지 않고 피하고 싶은 정서도 있는 것 같았다.

  실제 본 연구에서도 갑작스러운 배우자 사별을 경험한 참여자는 연구가 진행되며 약간의 변화가 생기자 참여도가 떨어지는 현상이 발생되었다. 즉, 구조화된 상담일이 연기되는 현상이 자주 생기게 되었다. 그 이유를 살펴보니 고인이나 고인의 죽음과 관련된 사건들을 자꾸 떠오르게 하는 만남 자체가 힘겹고 계속 슬픔의 감정을 불러일으키게 될까 봐 그만두고 싶었다고 말을 하였다. 그래서 자녀 사별의 경우에도 사별에 대한 사실을 모르는 사람들을 만나서 좀 웃고 싶고 잠시라도 편해지고 싶은 마음이 있다고 말했다. 실상 이런 단계가 오기 바로 전에는 앞으로 남은 자신의 삶 속에 지금의 고통스러운 큰 슬픔이 없어지지 않고 계속되면 힘들어 어떻게 살까 하는 두려움이 있다. 그러기에 큰 슬픔이 거두어지기 시작하며 마음이 좀 편안해지면 더 이상 고인을 떠오르게 하는 연구 과정에서 빠지고 싶은 생각이 들 것이라고 연구자는 이해가 되었다.

그러나 이런 과정은 실상 한 국면에서의 변화이지 아직 온전히 상실감이 극복되지 않은 증거이기도 하다. 그럴 때 연구자가 참여자에게 본 연구가 상실에 대한 극심한 슬픔과 고통이 변하고 다시 자신으로 돌아와서 살도록 자원을 찾고 내적 힘을 실어줄 것이라는 프로그램의 방향과 예후를 알려줌으로써 새로운 삶에 대한 기대와 확신을 주는 것이 중요하다. 물론 여기에는 연구자의 상담 경험을 통해 축적된 기술이나 자신의 연구 결과에 대한 경험과 확신도 중요하게 작용할 것이다. 연구를 지속적으로 끌고 나가야 하는 끈기와 정성과 기술 등이 끝날 때까지 계속 요구된다. 이와 같이 연구 주제에 적합한 대상자를 찾는 것도 중요하지만 어떤 이유에서든 연구 대상자의 중도 상실은 주요한 변수가 되므로 연구자는 연구의 기간을 설정할 때 그런 모든 상황에 대처하는 유연성과 인내심이 있어야 할 것이다.

4) 연구 참여자가 같은 상담 분야의 훈련생일 경우

모친 사별을 경험한 참여자의 경우가 되겠다. 그녀는 연구 초기부터 모친의 사별 상황이나 감정을 다루다 보면 주제가 모친에서 가족에게로 자꾸 옮겨가는 일이 생겼다. 연구 참여자가 상담 훈련생으로서 자신의 성장에 대한 욕심이 있어서인지 당황스럽기도 했다. 한편으로는 왜 이런 현상이 생기는지 연구 초기에 세운 참여자의 심리 상태를 그대로 따라가려는 연구 방식을 지켜보기로 했다. 그런데 회기가 거듭됨에도 그다지 자기 성찰이나 삶의 변화가 일어나지 않아 연구자의 마음은 답답하고 뭔가 잘못된 것인지를 고민하고 있었다. 그러던 어느 날 참여자로부터 매 회기 상담이 끝나면 한 주간 녹음을 들으며 연구자의 상담 방식을 배우고 있다는 말을 듣게 되었다. 그런 이유가 변화를 방해하는 것 같아서 참여자에게 교육을 위하여 녹음 내용을 다시 듣기보다 자신을 위해 몸과 마음으로 상담에서 깨닫거나 느끼는 것이 무엇인지를 탐색하고 다음 회기에 참석 하도록 부탁하였다. 그러자 차츰 변화가 생기기 시작하였다. 연구에 참여해 주는 고마 움에 참여자가 녹음을 원해서 허용한 것이 오히려 연구에 방해 요소가 되었던 것이다. 상담을 배우는 훈련생으로서 연구에 참여하며 연구자로부터 상담 기술을 배우려는 의 도 자체는 좋지만 자신의 내면에 집중하지 않고 녹음을 듣고 배움에 목표를 두는 것은 연구에 걸림돌이 될 뿐 아니라 변화해야 하는 참여자 자신에게도 걸림돌이 아닐 수 없 었다. 본 연구를 통해 배움으로 변화를 일으키기보다 감정과 함께 마음과 생각의 알아 차림이 와야 변화가 옴을 보여준 사례 경험이 되기도 하였다.

5) 동의 과정의 어려움

본 연구와 같이 개인의 경험을 탐색하게 되는 사례연구는 특성상 비교적 긴 시간이 요 구되고 또 다각도로 얻은 자료를 축적하며 그 흐름을 따라가게 된다. 비록 익명으로 한 다지만 고인과 관련된 지난 시간의 상황이나 상처받은 내면을 드러내야 하는 아픔의 과 정을 지속적으로 이어가기가 쉽지 않을 것이다. 기간이 길어지다 보면 중도 유실된 첫 사례와 같이 어떤 이유에서건 참여자들의 마음이 바뀌게 되는 경우도 있을 수 있다. 더 구나 연구에 동의하고 또 활자화시킬 수도 있다는 일에 선뜻 나서고자 하는 사람들이 그리 많지는 않다. 연구자 역시 후속 연구를 하고 싶어 기회가 될 때마다 요청하지만 이 같은 주제의 논문을 위해서는 선뜻 동의하려는 사람들이 생기지를 않았다.

그럼에도 연구 참여자의 중도 유실을 계기로 얻은 교훈은 연구를 계획하고 참여자를 만나게 된다면 처음부터 연구 논문에 필요한 동의를 받고 시작해야겠다는 것이었다. 그 래야만 연구 참여자도 어느 정도 연구자와 공동의 책임감을 지게 되어 끝까지 참여하 게 될 것이다. 실제 본 연구의 참여자들도 그들 스스로 도움을 구하는 시작 과정에서 동 의서를 받고 하였기에 때로는 큰 슬픔과 압도되는 감정으로 인해 피하고 싶은 시간들이 있었지만 그동안 형성된 신뢰관계와 연구자의 논문을 잘 마침으로써 무보수 상담에 대 해 보답하려는 약간의 부담감 내지 책임감을 느끼고 끝까지 함께하였을 것이다.

사별 상실감의 극복 과정이 때로는 아주 복잡하고 어려울 수 있다. 더구나 예기치 못한 사건이거나 고인과의 관계에서 해결해야 할 많은 과거의 상처들이 있을 때는 더욱 그렇다. 그리고 애도상담 자체가 반복되는 슬픔과 상처의 감정을 상기시키기 때문이다. 이때 중요한 것은 연구자의 격려와 확신 있는 태도일 것이다. 슬픔과 때로는 압도되는 감정이 출렁거리며 반복되지만 늘 같은 양으로 지속되는 것은 아니다. 비록 매 회기 눈물을 흘릴 수는 있겠으나 다양한 회기의 목표를 이루며 과정은 목적을 향해 진행된다. 이 모든 과정을 통해 새로운 삶으로 잘 적응하도록 변화된 역할과 자신으로의 본연의 정체성을 찾아가게 되므로 이를 연구자가 분명히 알고 믿고 그들을 격려하며 위로할 수 있어야 될 것이다.

▶▶ 참고문헌

김균진 (2002). 죽음의 신학, 서울: 대한기독교서회.

신경림 외 (2004). 질적연구방법론. 서울: 이화여자대학출판부.

유영권 (1998). Ancestor commemoration ceremony in Korean culture: Its structure and new modality in christian communities. *Korea Journal of Systemic Theology*, 97-111.

유영권 (1998). A New Perspective of Death(Implication for Pastor Care and Counseling to The Terminally Ill and the Breaved), 현대와 신학, 23, 서울: 연세대학교 연합신학대학원. Anderson, H., Mitchell, R. K. (1983). 상실과 슬픔의 치유. 김형준, 윤혜원 역. 서울: 상담과 치유.

Anderson, H. (2009). A Family's Legacy of Loss. 한국 교회의 가정사역과 기독교 상담의 미래, 2009년도 외국 석학초청 추계학술대회. 한국기독교상담심리학회, 한국목회상담학회 공동주최. 42-47.

Creswell, W. J. (1998). 질적 연구방법론: 다섯가지 전통, 조홍식, 정선욱, 김진숙, 권지성 공역. 서울: 학지사.

Gennep, van Arnold (1908). 통과의례. 전경수 역. 서울: 을유문화사.

Glesne, Corrine (2006). 질적 연구자 되기. 안혜준 역, 서울: 아카데미프레스.

Higgins, Robin (1993). 예술 · 심리치료 임상 사례연구방법론. 김진아 역. 서울: 학지사.

Woodward, J. & Pattison S. (2000). 목회신학과 실천신학의 이해. 권수영, 장성금 외. 서울: 대한기독교서회.

Rubin, A. Judith (1999). 미술치료학 개론. 김진숙 역. 서울: 학지사.

Wadeson, Harriet (1987) 미술심리치료학. 장연집 역. 서울: 시그마프레스.

Yin K. R. (2003). 사례연구방법, 신경식, 서아영 공역. 서울: 한경사.

Orton, Marybeth (1994) A case study of an adolescent mother grieving the death of her child to sudden infant death. *American Journal of Art Therapy*; Nov 94, Vol. 33 Issue 2, p.37, 8p, 4 charts, 5 graphs, 4 bw.

Stake R. (1995) *The art of case study research*. Thousand Oaks, CA; Sage.

장성금

학력

홍익대학교 미술대학 조소과 졸업
연세대학교 연합신학대학원 신학 석사(Th.M, 목회상담학 전공)
연세대학교 대학원 신학 박사(Ph.D. 상담학 전공)

경력

장성금 심리상담연구소 소장(2005. 2 ~ 현재)
한국 청소년상담학회 수련감독
한국 미술치료학회 전문가
한국 심층심리연구소 전임상담사(꿈 분석 수련 중, 2004년~현재까지)
평택대학교 상담대학원 겸임조교수 역임

저역서 및 논문

자폐장애가 있는 초기 청소년의 미술치료 사례연구(Th.M., 학위논문)
가족 사별의 상실감 극복을 위한 미술치료 사례연구(Ph.D., 학위논문)
가족 사별의 상실감 극복을 위한 미술치료 사례연구에서 드러난 애도단계
(한국기독교상담학회지 20권)
James Woodward and Stephen Pattison. (2007)
목회신학과 실천신학의 이해, 권수영 외(대한기독교서회)

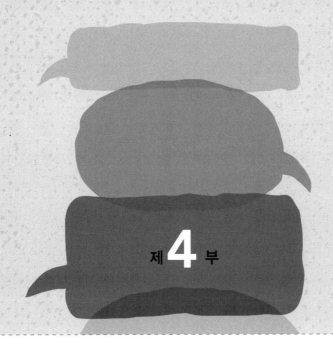

제 **4** 부

심리전기적 연구방법론과 연구사례

제10장_ 학대받은 존속살해 무기수의 이야기심리학적 심리전기

학대받은 존속살해 무기수의
이야기심리학적 심리전기

박 순

1. 이야기심리학의 심리전기적 연구방법론[1]

이야기심리학의 인간 탐구에서 널리 채용되고 있는 연구방법론은 심리전기적 방법론이다. 정석환은 심리전기적 인간 탐구의 역사에 중요한 영향을 끼친 네 명의 고전적 학자인 윌리엄 제임스, 지그문트 프로이트, 헨리 머레이, 에릭 에릭슨의 방법론과, 현대의 심리학자인 Tomkins와 McAdmas의 심리전기적 방법론을 소개하고 있다(정석환, 2002a, pp. 123~148). Tomkins와 McAdams 그리고 Irving Alexander와 William M. Runyan의 방법론을 살피고자 한다.

1) Tomkins의 대본이론

Tomkins는 인간 체험의 본능적인 이야기적 구조를 파악하기 위해 체험을 장면, 주인공, 행동, 감정의 양태로 나누어 분석하여 **핵**(nuclear)**사건의 대본, 헌신의 대본, 사상적 대본, 감정의 대본**으로 구분한다. Tomkins는 이 중에서도 핵사건의 대본을 이야기 분석

---

1 '이야기심리학의 심리전기적 연구방법론'은 시그마프레스에서 출간한 심리전기와 상담 : 학대받은 존속살해 무기수의 이야기 심리학적 심리전기의 일부임을 밝힌다.

의 중요한 틀로서 취급했는데, 그 이유는 소설이나 문학 작품 등에서 보는 바와 같이 핵심적 사건의 대본 틀 속에는 밀집된 감정의 형태들이 잘 드러나 있기 때문이다. 전형적으로 이 핵사건의 대본 속에는 좋은 사건이 나쁜 결과로 드러나는 전환의 체험을 내포하고 있다. 즉, 한 개인의 이야기 속에서 중요한 사건으로서 핵심 역할을 감당하는 핵사건의 대본은 그 개인이 삶을 살면서 계속해서 반복하는 경향을 지니는데, 그 개인이 아무리 노력을 기울여서 좋은 상태로 유지하려고 해도 결국은 나쁜 결론으로 드러나는 대본을 말한다. 가장 적절한 예를 Tomkins는 프로이트의 오이디푸스 콤플렉스의 대본으로 들고 있다.

Tomkins는 프로이트보다는 개방적인 태도로 핵사건의 대본을 취급한다. 어떤 이들에게는 이 핵사건의 대본이 운명의 힘처럼 따라다니며 반복되는 삶의 이야기 대본이 될 수도 있으나, 다른 이들에게는 똑같은 충격적 경험을 체험한 핵사건의 대본이 있다 하더라도 그가 지닌 다른 이야기 자료들의 여건에 따라 영향을 덜 미치며 덜 반복적일 수 있다. 더 나아가 Tomkins는 인간은 무의식적-자동적으로 형성한 삶의 자기대본을 앵무새처럼 자동으로 반복하는 생각 없는 연극배우가 아니라, 자신의 삶의 대본을 수정하고 직접 쓰는 능력을 지닌 이야기의 구축자라는 사상을 그의 이론을 통해 강조하고 있다(Tomkins, 1979; 정석환 2002a 재인용; Carlson, 1988). Tomkins의 이론은 이처럼 한 인간의 이야기 안에 담겨진 체험의 구조가 어떻게 개인의 삶의 이야기 안에 핵심 요인으로 작용하고 있는지를 파악하게 해주는 좋은 도구가 되고 있다. Tomkins가 인간을 이해하는 바에 의하면, 인간은 전기적으로 추적해 보면 스스로 자신의 삶의 대본을 쓰고 그 대본을 연기하며 살아가는 '이야기적 연기자'라고 말할 수 있다.

2) McAdams의 '전체로서의 인간'에 대한 접근법과 '인생의 주기에 따른 심리전기적 방법론'

McAdmas는 머레이와 그의 동료였던 에릭슨을 적절하게 잘 종합하여 자신의 연구방법론을 개발한 학자라고 말할 수 있다. 그는 인간이란 "이야기를 살아가는 이야기하는 인간(storyteller)"(McAdams, 1994, p. 176; 정석환, 2002a 재인용)이라고 하면서, 인간이 청소년기 이후에 삶의 정체성에 대한 물음을 어떻게 '자신만의 신화' 세계 안에서 구축하면서 독특하게 이야기적 형태로 삶을 구성하는가에 관심을 기울였다(정석환, 1998). 인간에게는 자신의 이야기를 스스로 구축하고 편집할 수 있는 능력이 존재한다는 사실이 핵심이다.

이야기심리학을 바탕으로 인간 이해에 필수적인 기초 자료는 연구의 대상이 되는 한 인간의 자전적 이야기이다. 연구자는 이러한 기본 자료를 수집하기 위하여 필수적으로 심층면담의 방법론으로 접근한다. 이야기심리학에서 주로 채택하는 심층면담의 장점은 연구의 대상이 되는 한 인간의 삶의 이야기를 개방적이고 자유로운 분위기 속에서 면담하면서 자연스럽게 이끌어 낸다는 데 있다. 이 과정에서 면담을 이끌어 가는 연구자는 준비된 질문을 적절한 시점에서 묻고, 이야기의 흐름에 방해가 되는 일을 하지 않는 것이 중요하다. 이 점에서 심층면담의 방법론에서 가장 중요한 요인은, 잘 준비된 인터뷰 질문들과 더불어, 연구자가 말하는 자로 하여금 이야기를 연속적으로 할 수 있도록 진지하게 듣는 경청자로서의 태도를 지녀야 한다는 점이다. 듣는 자의 태도에서 가장 중요한 요인은 역시 한 인간에 대한 긍정적 · 개방적 · 동정적 태도이다. 연구자는 단지 자신의 연구적 필요에 의해 한 인간을 이용하는 것이 아니라, 그 인간의 삶의 이야기 과정의 소중한 한 순간에 초대받은 손님으로 존경과 예의를 가지고 말하는 자의 삶에 함께 동참하는 친구됨의 자세로 상대방에 대한 섬세한 주의와 배려가 필요하다. 동시에 듣는 자는 인간의 발달단계에 맞는 이야기 전개의 과정에 대한 구체적 지식과 이를 바탕으로 한 면담의 도구가 되는 질문들을 미리 철저하게 준비해 두어야 한다(정석환, 1998).

McAdmas는 이야기 인터뷰에 필수적인 인터뷰 방법의 7가지 항목을 자신의 이야기 심리학 이론에 근거를 두며 제시하고 있다. 첫째, 말하는 자로 하여금 자연스럽게 지금까지 살아온 자신의 삶을 회고해 보며, 자신의 삶을 마치 한편의 책이라 생각하면서, 그 책의 장들을 분류해 보고, 각 장마다에 적절한 제목을 부쳐 보도록 인도하는 일이다. 둘째, 보다 구체적으로 말하는 자로 하여금 자신의 삶과 관련된 8가지 중요 사건에 얽힌 기억들을 회상해 보도록 인도하는 일이다. 이 8가지 중요 사건이란 말 그대로 내담자의 삶의 이야기에 결정적 영향을 주는 기억의 모습들이다. 그 8가지 중요 사건은 (1) 삶의 성취와 동기를 밝혀주는 최상의 경험에 얽힌 이야기, (2) 삶의 최저점이라 생각되는 실패와 상처의 경험 이야기, (3) 삶을 새롭게 전환시켰던 경험의 이야기, (4) 자신의 삶의 이야기를 떠올릴 때마다 기억되는 가장 오래된 어린 시절의 이야기, (5) 어린 시절의 중요했던 기억들, (6) 그에 얽힌 삶의 이야기로서 사춘기 시절의 중요했던 긍정적이고 부정적인 기억들, (7) 사춘기를 지나 성인이 된 후의 이야기, (8) 그 밖의 다른 중요한 삶의 기억들에 얽힌 이야기들이다. McAdams가 제시한 인터뷰 방법의 셋째는, 내담자로 하여금 그의 삶에서 중요한 영향을 준 중요인물(적어도 3~4명에 얽힌 이야기)에 대해 말하게 한다. 넷째, 내담자로 하여금 이제 과거의 회상에서부터 시선을 돌려 미래의 설계에 대해서 이야기하게 한다. 이 질문들의 심리학적 동기는 앞서 말한 '삶의 중요한 8가지 사건'에서와 마찬가지로 내담자의 삶에 대한 꿈과 희망을 말하게 함으로써 그 안에 담긴 이야기의 동기와 주제들을 읽어 내기 위함이다. 다섯째, 내담자로 하여금 자신의 삶에서 아직 풀리지 않은 삶의 문제들과 갈등에 대해서 말하게 한다. 이 단계에서 연구자는 그동안의 내담자 이야기를 경청함으로써 형성된 신뢰관계를 바탕으로 내담자의 삶 속에 담겨 있는 삶의 고뇌와 갈등, 아직 풀지 못한 숙제, 원망, 무거운 짐 등에 대한 이야기로 깊이를 더할 수 있다. 여섯째, 내담자의 개인적 신념과 가치관, 종교적 신념과 신앙에 대한 이야기를 묻는다. 한 사람의 이야기 안에 보이는 혹은 보이지 않는 뼈대를 형성하게 되는 이 요소들은 한 인간의 이야기를 구조화하는 데 있어서 꼭 필요한 요소라 하겠다. 마지막으로 일곱 번째, 다시 한 번 내담자로 하여금 자신의 삶을 지배해 왔던 커다란 삶의 주제에 대해서 회고해 보며 이야기하게 하는 것이다. 한 인간이 어떠한 이야기 주제를 가지고 그의 생애를 전개해 왔는가를 알면 그 인간의 이야기 세계의 둥지가 보이고 그 안에 무엇이 담겨 있을까, 무엇이 담길 수 있을까를 우리는 보다 잘 이해할 수 있게 되는 것이다(정석환, 1988, pp. 203~240).

3) Alexander의 심리평가와 심리전기에 의한 인간학적 접근

*Psychobiography and life Narratives*를 공동 편집한 이 분야의 대가들인 McAdams와 Ochberg(1988)에 의하면, 심리전기의 방법론은 꾸준히 발전되었고 특히 미시건대학교에서 생활사 연구가 10여 년간 꾸준히 이루어졌으며 Irving E. Alexander에 의해서 방법론과 연구 과정의 핵심이 구체적으로 제시되었다. **연구 핵심은 바로 자료로 하여금 인물에 관해서 스스로를 드러내게 하고 이야기의 전체적인 윤곽을 위해서는 다시 자료에 질문을 하라는 것이다.** Alexander는 소위 말하는 대본, 주제, 유도적인 메시지를 위하여 (1) 자료 스스로가 드러내도록 하는 것, (2) 자료에 질문하는 것이 가장 중요한 방법론의 핵심이라고 강조하였고 심리전기를 쓰는 사람은 인간학적 심리학자로서의 정체성을 가

지고 글을 기록해야 한다고 말하였다. 어떻게 자료가 스스로 분명한 특징과 개인적인 성격을 드러내게 하는가에 개인의 심리전기를 기술하는 핵심적 방법론이 있는 것이다.

자료가 말하게 하는 방법으로는 Alexander(1988/1990)의 9가지 가이드라인이 있어 어떤 자료를 활용하고 어떤 자료를 버려야 할 것인가에 규준으로 참조할 수 있다. Alexander의 관심은 인간의 성격을 아는 일, 즉 우리가 인간의 얼굴의 특이성을 인지하듯이 어떻게 개인의 독특한 성격을 알 수 있을까 하는 문제를 가지고 고심하였다. 각 사람의 얼굴을 우리가 구별할 수 있듯이 성격도 그러한 면이 있는데 바로 이러한 특이성을 구별해 내는 것이 심리전기 작가의 몫이라고 하겠다. 개인의 독특성을 나타내는 것으로서는 얼굴과 이름이 대표적인 예인데 성격 영역에 있어서 몸/얼굴과 유사한 메타포를 차용한다면 특성, 형태, 유형, 동기, 사상, 태도, 감정적 성향, 정신병리적 범주 등이다. 얼굴에 대해서 Alexander(1988)는 Murray(1938)의 '주제'와 Tomkins(1979)의 '대본'을 성격 규명의 특징 요소로 지적한다. 개인의 특징 찾기가 방법론의 중요한 핵심이 될 것이다. 그는 개인의 특징을 아는 것은 불가능하고 그래서 과학적일 수 없기에 포기하고자 한다면, 인간이 알지 못하는 우주를 향해서 나아가는 것을 이야기하고 싶다고 말한다. 우주 탐험을 하듯이 그렇게 신비를 벗기면서 개인의 특징을 연구하고자 하는 것이 인간학적 심리학자들의 과제이다. 성격에 대한 Allport의 정의를 보면 "환경에 독특하게 반응하는 것을 결정하는 정신생리 체계를 지닌 개인의 역동적 조직"이다(1937, p. 48; Alexander, 1990 재인용). 이를 변형한 Alexander의 성격에 대한 정의는 "세계에 대한 개인의 접근을 특징 짓는 인간 속성의 역동적인 조직"이다(1990, p. 3). 그는 개인에 관한 연구를 위해서는 자료의 원천을 가지고 과학적인-개별사례적 논의, 면담을 비롯한 다양한 방법과 로르샤흐 검사를 비롯한 다양한 검사를 사용하여 결과는 인과응보적으로 기술하기보다는 투사적 자료를 가지고 추론하는 자세를 제시하였다.

Alexander는 살아 있어 진보하고 있는 사람, 즉 산 사람의 성격에 대한 연구와 이미 살았던 사람, 즉 죽은 사람에 대한 심리전기는 접근과 관심에 있어서 각기 다른 접근방법을 드러낸다고 함으로써 심리전기가 이미 죽은 사람에 대한 것이라는 견해를 피력하였는데, 이는 Alexander 개인의 견해라고 볼 수 있다. 생존 인물에 대한 많은 책들이 심리전기의 이름으로 출간되고 있다(Richard Nixon, 1972). 개인 연구에 대한 결정적 기술적 단위는 (1) 아동기, 노년기 등 특정한 시기에 대한 기술과 (2) 그런 사건에 영향을 주거나 결정적이었던 요소들과의 연결에 있다.

　선호하는 자료와 제안된 방안으로써의 두 가지의 접근에 관하여 Alexander가 생각하는 최상의 것은 개인의 여러 경험에 대한 자발적인 회상이다. 이것은 마치 자서전적인 에세이나 체험에 대한 구조화된 면담을 하듯이 하는 것이다. 그가 가장 중요시하는 것은 자료로 하여금 말하게 하기인데 자료의 분류에 관해서는 '현저한 것에 대한 기본적인 구분'으로 그는 다음의 9가지 규준을 제시하였다.

(1) 우선성

초기 아동기 경험은 정신분석적 사고에서 나온 열쇠로서 '기초석'이 된다.

(2) 빈도

빈도가 많은 것은 적어도 정당화될 수 있는 여지가 있어야 하나 빈도가 많은 것이 반드시 중요한 것은 아니다. 빈도가 증가하면 눈에 띄지 않는 수도 있다. 경험적으로 볼 때 관련된 것이 현저히 감소하는 것은 '부재'와 대조되어 다시 나와서 소개되기 위함이다. 꿈이 이 분야에 해당한다. 꿈은 전지전능에 의해서 그 중요성이 저평가될 수도 있다. 빈도는 강력하고도 의식적이며 가치 있는 쉐마의 표현일 수도 있다.

(3) 독특성

특별한 이야기, 범상하지 않은 이야기, 전에 없던 이야기, 내용상 특이한 것에 주목한다.

(4) 부정

빈도, 독특성과 함께 부정도 현저한 특징이 된다. 프로이트는 일찍이 1925년 분석에서 환자가 부정하는 일의 중요성을 이야기하였다. 억압, 무의식적인 내용물이 그럴 수 없는 모습이나 불가능한 것으로 위장하고 나올 수가 있다. 아버지 이야기를 제안하는 분석가에게 "다른 것을 합시다. 아버지 이야기를 하면 화가 나는 것이 아니라 무기력감을 느낍니다."라고 한다면 이때의 부정은 아버지에 대한 화를 부정하는 것일 수가 있다.

(5) 강조

일반적으로 "당신이 꼭 알기를 바랍니다……", "내 생애에서 결정적인 사건은……", "나는 그때의 따뜻함을 일생 기억할 것입니다."로 시작되는 특별한 형태의 이야기들에 주목한다. 말로 하였든 글자로 기록하였든지 간에 위와 같은 내용으로 강조된 부분에 유의한다.

(6) 생략

완성이 되어 가는 마당에 기본적인 것이 부족하다고 생각되면 완성에 무엇이 부족한지 다시 시작해 보아야 한다. 예를 들어 자서전에서 모든 가족을 언급하고 이야기하는데, 한 명과의 이야기만 생략된다면 유의해 보아야 한다. 문화적인 요인으로는 고교 시절에 친구 이름이나 동아리 활동 등의 언급이 없다면 유의해서 다시 질문을 할 수도 있다.

(7) 실수 혹은 왜곡

프로이트의 *Psychopathology of Everyday Life*(1938)에서 보면 많은 부분이 이 실수, 다시 말해 말의 실수, 왜곡 등이 감추어진 중요한 동기의 왜곡으로 다루어진다. 말로나 글로나 수많은 예를 그는 들고 있다. 실수의 표시는 피험자의 관심을 끄는 것일 수가 있다. 시간, 장소, 사람 왜곡, 잘못 인용 등의 실수는 의미가 있다.

(8) 고립

현저한 고립은 '적합성'의 규준에 의해 인지된다. 이야기를 읽거나 듣는 중에 "어디에서 그것이 왔는가?" 혹은 "그렇게 흘러가서는 안 될 것 같은데" 등의 경우이다. 이럴 경우 중요한 개인적인 자료가 의사소통 가운데 들어 있는 것이다. 초기에는 감추어진 어려움을 내포하는 것일 수도 있다.

(9) 미완성

어떤 시제가 나타나서 과정이 이어지고 결말이 나기 전에 끝나는 것이다. 때로 피험자는 이야기할 때 일어나는 것을 의식하지만 지속하면 괴로울 것 같기에 어색하게 중단할 수 있다. 경우에 따라서는 이야기가 딴 방향으로 흘러갔는데 다시 원래의 이야기로 돌아오지 않을 때 그 이야기의 흐름에 미완성이 있는 것이다.

4) Runyan의 8단계 모델

인간학적 입장이 발달한 것은 Runyan의 공로가 큰데, 그는 성격평가가 성격이론, 정신진단, 심리치료의 문제와 연관이 있다고 가르친다. 그는 임상심리사이자 대학원 교수로서 30대에 하버드에서 헨리 머레이로부터 자료를 읽고, 훑어보고, 직면해 보고, 분석해 보는 훈련을 받았다. 과학적인 심리학이 예측에 초점을 둔다면 개별사례적인 것은 이해에 초점이 있다(Alexander, 1990, pp. 1~61). Runyan(1984)은 심리전기 연구는 진보적인가, 과연 무엇이 진보인가라고 물으며 진보에 대한 개념을 분명히 하고자 하였다. 그의 정의에 의하면 진보란 "바람직하고 선호되는 방향으로 시간에 따라서 변화하는 것이다. 일시적이든 어떠하든 역사적 요소와 평가적 구성요소는 필수이다. 인식론적 문제도 포함되어야 한다."고 하였다. 진보적이고 동시에 퇴행적일 수도 있다. 그가 말하는 진보의 기준은 (1) 증거의 기본적 자료에 대한 이해, (2) 해석에 대한 통찰과 설득력, (3) 담화 내용의 문학적 혹은 미학적 어필이다. Runyan이 제시한 8가지 과정을 살펴보면 보다 자세한 이해를 얻을 수 있다(그림 10-1 참조). Runyan의 글은 증거와 해석의 질에 더욱 유의하고 있다. 도덕적 정확성, 은유적 표현성 혹은 정치적 정확성은 예외로 한다 (McAdams & Ochberg, 1988, pp. 295~321).

(1) 증거와 자료수집 과정

추가적인 편지나 일기 발견하기, 추가 면담하기, 추가적인 기록 보관 혹은 신체적 증거를 발견한다.

(2) 증거와 자료에 대한 비판적 검증

기본 증거 자료의 위조나 허위를 찾아내고, 다른 증거에 대한 간증들에 대해서 어느 정도 신뢰할지를 알도록 한다.

(3) 이론적 배경과 지식

개별사를 해석하면서 심리발달이론, 상관 있는 문화적 · 역사적 배경에 대한 이해, 상관

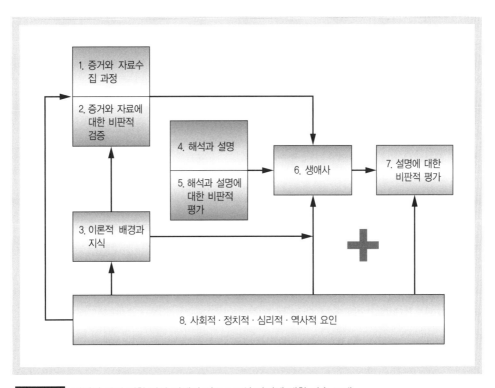

그림 10-1 개인의 삶에 대한 앎과 이해의 진보 : 구성 과정에 대한 단순 모델

있는 의학적 조건과 생물학적 과정을 포함시킨다.

(4) 해석과 설명

개별사에 대한 새로운 해석과 설명을 산출한다.

(5) 해석과 설명에 대한 비판적 평가

(6) 생애사

여러 가지 특수한 해석과 설명을 통합한다. 그리고 삶에 대한 부가적인 자료의 양을 구조화하고, 이론적 배경과 지식을 이끌어 온다.

(7) 설명에 대한 비판적 평가

증거의 적합성, 이론적 배경의 적절성, 제기된 해석의 신뢰성을 (전기를 위한) 책 서평회 혹은 사례 발표회(임상사례) 형식으로 고찰한다.

(8) 사회적 · 정치적 · 심리적 · 역사적 요인

내러티브 연구에는 신뢰성에 대한 전통적 개념이 적용되지 않으며, 타당성은 본질적으로 다시 개념화되어야만 한다. 진실성이 아닌 신빙성(trustworthiness)이 중요한 의미론적인 차이를 갖는다. 수많은 거친 공론을 거친 내러티브를 개인 내레이터가 평가할 수는 없다. **내러티브 분석에서는 연구자의 관점과 연구 참여자의 관점을 명확히 구별하는 것이 중요하다. 최종 분석에서의 원고는 바로 연구자가 저술한 것이다.** 이의 진실성에 대한 책임은 연구자에게 있다. 내레이터의 가치관과 관심에 따라 확연히 다른 방식으로 동일한 사건을 서술하는 것은 항시 가능하다. 과거는 선택적 재구성이기 때문에 복잡하고 골치 아픈 사건에 대한 이야기는 다양해질 수밖에 없다. 최종 자료에서 누구의 목소리가 발현되는가, 텍스트는 여타 해석에 대하여 얼마나 개방되었는가, 연구자가 수집해서 분석하는 개인적 내러티브에서 연구자 자신은 어떤 위치를 차지하는가? Riessman의 견해로는 독자에게 이와 같은 해석상의 이슈를 제시하는 것이 꼭 필요하다고 본다(2005).

2. 연구 진행 과정

1) 연구의 진행 과정

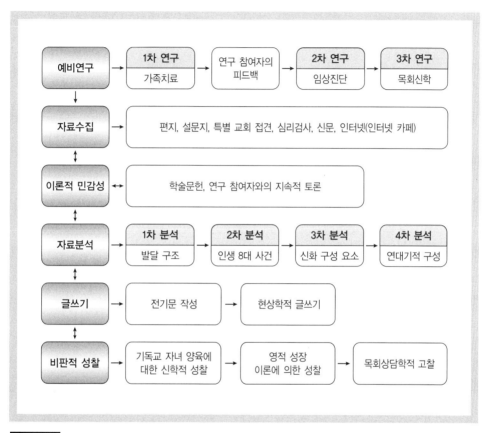

그림 10-2 심리전기 연구의 진행 과정

3. 예비연구 진행 과정 및 결과

연구자는 모두 3회에 걸쳐서 김○○의 삶에 관한 예비연구를 시행한 바 있다(부록Ⅱ 참조).

1) 자료수집

① 2000년 8월 1일 첫 편지부터 현재까지의 서신 128통(2008. 1. 9. 현재)

② 심층면담 질문지

③ 인터넷 자료 : 사건이 유명하였기에 각 인터넷 사이트에 글이 많이 올라와 있다.

④ KBS-TV 추적 60 방영(2000. 7. 23.) 비디오테이프

⑤ 김○○을 위한 인터넷 홈페이지 blue baby(http://cafe.naver.com/*******.cafe)

⑥ 특별(교화)접견 2007년 1월 26일 오후 2~4시 특별접견 인터뷰 및 추가 검사

- 사건 관련 반구조화 설문지(부록Ⅲ 참조)
- 자아분화 질문지(제석봉 유형)
- Firo-B 검사
- MBTI 성격 유형 검사
- 영적 가계도
- 아스퍼거 검사(5~11세용 및 성인용)
- SCID-Ⅰ성격 검사 질문지 및 SCID-Ⅱ제2축 인격장애를 평가하기 위한 구조화된 임상적 면담
- 의사소통 체크리스트
- 자기존중 지표
- 만족 척도

⑦ 교화접견 시간에 할 수 없었던 검사지를 송부해 옴

- 너와 다른 나의 주변 환경
- 가치관의 명료화
- 생애곡선
- 욕구 강도 파일
- 애니어그램

- MMPI 다면적 인성검사
⑧ 초 · 중 · 고등학교 생활기록부
⑨ 시사저널을 비롯한 각종 일간지와 주간지

4. 심층면담 질문지

1) 심층면담 질문지(서면)

(1) Autobiography

① 전체적으로 글로 엮으면 더욱 좋고, 문항마다 대답을 적는 것도 가능합니다.

② Recommendations : McAdams의 이야기심리학 8 key events & 9 points

(2) 개인의 신화 구성요소

① Early Memories

② Whether or not we feel welcomed and wanted : 대상관계(Object Relation Theory), 최초의 significant others

③ High point, Low point, Turning point

④ Our birth order in relationship to other siblings

⑤ Heroes /Heroines, or ideal models

⑥ Roles we played in our family

⑦ Parental discipline in our family and in school

⑧ The stories with which we identify(우리가 동일시하고자 하는 이야기들)

⑨ Life chapters

(3) 인생 8대 사건

① Your Peak Experiences(절정 경험)

② Your Nadir Experiences(최악의 경험)

③ Your Turning Points(전환기적 사건)

④ Your Earliest Memories(어릴 적 최초의 기억)

⑤ Your Important Memories(중요한 기억들)

⑥ Adolescence(사춘기 기억들)

⑦ Adult Experiences(성인기의 기억)

⑧ Personally important Memories(개인적으로 중요한 기억들)

(4) 심층면담 질문지 (1)

① 사건이 발생한 지 6년이 지났는데, 현재 사건을 바라보는 자신의 견해는?

② 연구자에 대한 신뢰는 어느 정도라고 표현할 수 있습니까?

③ 지난 5년 동안 본인의 마음속에 가장 진실하고 절실하게 반복되는 자기대화(self-talk) 가 있었다면 그 내용은 무엇입니까?

④ 자기대화에 따르는 본인의 핵심 감정을 무엇이라 표현하겠습니까?

⑤ 지난 6년 동안 마음을 깊이 나눈 사람들은 몇 명 정도입니까?

⑥ 혹시 그분들에 관해서 구체적으로 밝힐 수 있습니까?

⑦ 사건 이후 가장 힘들고 고통스러운 점을 말해 주기 바랍니다.

⑧ 이훈구 교수의 저술에서 긍정하는 부분이 있다면 구별해 주기 바랍니다.

⑨ 자신과 유사한 가정환경에 있는 자녀들을 위해서 기독교 교육과 사회 교육을 위해서 제언하고 싶은 내용은 무엇입니까?

⑩ 앞으로 국가, 사회, 교회, 가족과 이웃으로부터 받고 싶은 도움이 있습니까? 그 내용 을 밝힐 수 있다면 상세하게 기록해 주기 바랍니다.

⑪ 유사한 사건을 예방할 수 있는 방법을 생각해 보았습니까? 구체적으로 진술할 수 있 으면 자신의 견해를 서술해 주기 바랍니다.

⑫ 고인이 되신 부모님을 회상하고 추도하면서 아쉬운 점이 무엇입니까? 부모님에 대 한 생각을 얼마나 자주 어떻게 떠오르는지 이야기할 수 있습니까?

⑬ 두 분의 성격을 본인이나 형제가 좋아하거나 닮은 점, 혹은 그와 반대로 서로 상충하거나 바람직하게 않게 여겼던 점은 어떤 것입니까?

⑭ 객관적으로 볼 때 부모나 형이 전혀 예상할 수 없는 사건이 발생했는데, 당사자나 형은 어떻게 해서 발생했다고 생각하고 있는지를 말해 주기를 바랍니다.

⑮ 성장기 동안 인식한 형제 및 가족의 공통적인 성격, 혹은 갈등하는 성격은 무엇이었다고 기억하고 있습니까?

⑯ 자기 생애의 구조에 영향을 주는 주요한 사건을 2000년 5월 이전과 이후로 선별하여 말한다면?

⑰ 생활 가운데 누적 반복된 사건이나 한동안 지속된 경험을 꼽는다면?

(5) 심층면담 질문지 (2)

① 그 사건 이후에 겪은 부정적 체험을 이야기한다면?

② 그 사건 이후에 경험한 긍정적 경험이 있다면?

③ 이 사건은 향후 자신의 삶에 어떤, 어떻게, 어느 정도의 영향을 미치리라고 예상하고 있습니까?

④ 앞으로의 삶에서 자신의 주된 관심사는?

⑤ 자신의 삶을 지탱해 주는 희망은 무엇입니까?

⑥ 인터뷰를 하면서 스쳐간 일화나 생각이 있었다면?

⑦ 질문을 통해서 자기 경험을 충분하게 회고하였다고 생각합니까? 덧붙이고 싶은 내용과 감정은 무엇입니까?

⑧ 연구자는 무슨 이유와 목적으로 연구 대상자와 교류하고 있다고 생각합니까?

⑨ 현재 생활에서 가장 견디기 어려운 점과 이전 생활보다 나아진 점을 구별해 본다면?

⑩ 그 사건 이후의 자신이 살아남기 위한 생존전략은 무엇이었습니까?

⑪ 연구자에게 부탁하고 싶은 연구 내용이 있다면 무엇입니까?

⑫ 연구 과정에 참여하면서 연구자에게 부탁하고 싶은 내용을 말해 주기 바랍니다.

5. 인터뷰 노트

1) 연구 주제 선정 과정에서의 어려움

연구자가 원래 박사학위 논문으로 연구하고 싶었던 주제는 따로 있었다. 첫째는 쉼터로 피신해 온 가정폭력 피해여성을 집단상담하여서 연구하고 싶었는데, 의욕만 있었고 실제 집단지도를 한 번밖에 하지 못하고 논문 학기를 맞이하였다. 둘째로는 지금은 공식으로 말해도 무리가 없을 듯해서 밝힌다면 각당복지재단을 설립하신 김옥라 이사장님에 대해서 연구하고 싶었다. 기독교대한감리회 여선교회 활동 가운데서 뵙고 우러르는 인물이어서 공부하고 싶었고, 진행하였다면 심리전기적으로 생애사 연구를 하였을 것이다. 이 주제도 마음이 있었지만 이루지 못하고 있었는데, 그 이유 중의 하나는 그분께서 계속 현역으로 괄목할 만한 활동을 전개해 나가고 계셔서 그것을 다 쫓아가기가 쉽지 않았다. 유영권 교수님께서 가정폭력 피해여성들을 연구하도록 권면해 주신 적이 있었다.

그리고 학위 과정 당시 초빙교수로 와 계셔서 연구자에게 학문적으로 지대한 영향을 주셨고 지금까지 교류하고 있는 미국 Garrett Evangelical Theology의 James Newton Poling 교수님은 성폭력과 가정폭력의 세계적인 권위자이시고, 스스로도 신학대학 제자인 재소자와 일주일에 한 번씩 편지를 주고받고 면회도 하시는 분이지만, 존속살해 무기수에 대한 논문 집필에는 만류하셨고 오히려 교정정책에 관한 비판적 논문을 쓰도록 주문하셨다.

연구 참여자의 선정은 전적으로 나의 현실적인 상황에 의한 결론이었다. 쓰고자 했던 위의 두 가지 주제에 대해서는 연구가 진척되지 않았고, 연구에 대한 생각 없이 그때그때의 상황에 따라서 기말보고서의 대상으로 등장한 연구 참여자에 대한 보고서들과 쌓여 있던 그의 편지가 연구자에게 말을 걸었던 것이다. 다른 대안이 없었기에 쌓인 편지를 다시 보게 되었고 혹시나 해서 연구 참여 의사를 타진하니 예상과는 반대로 쌍수를 들어서 환영한다는 회신이 왔다.

몇 번의 면회를 하였는지 따로 기록하지 않았지만 처음에 과천경찰서에서 면회 거부를 당한 뒤에 수원구치소에서 첫 면회를 하였고 이후에 수원법정, 안양교도소, 원주교도소 등에 꾸준히 면회를 하고 있었고 논문을 위해서 원주교도소장님에게 요청하여 '특별교화접견'을 2시간 이상 진행하였다. 당시에 교도관들의 말에 의하면 변호사 접견도 30분 이상 허락되지 않는다고 한다. 교도소장님께서는 연세대학교 연합신학대학원의 공문을 통해서 특별접견을 요청하였다.

2) 논문 작성과정에서 어려웠던 점

(1) 이중관계

가장 어려웠던 점의 첫째로 이중관계를 들 수 있다. 연구자가 연구 참여자를 처음 만난 것은 연구 목적이 전혀 없는 자연스러운 관계였는데, 여러 해 지난 후에 지인의 관계에서 연구자와 연구 참여자로 이중의 관계를 형성해 나갈 때 관계 설정, 호칭 등 모든 것이 어려웠다. 예를 들면 호칭을 개인 성명에서 '연구 참여자님께'라고 하고, 편지 사이를 둘로 갈라서 개인서신과 연구 관련 서신으로 나누어서 송부하기도 하였다.

(2) 연구 참여 동의서

오랜 지인의 관계에서 연구 참여자로 정체성을 바꾸고 나서 동의서를 작성하는 과정이 매우 힘들었다. 첫째는 참여자가 자신에 대한 생각과 목표가 많은 사람이어서 처음에 연구 동참을 쌍수를 들어 환영한다고 표현했을 때 일이 쉬울 것 같았지만, 실제로는 지인의 관계였고, 워낙 존속살해 무기수의 무거운 정체성에 짓눌려 있는 상태였기에 요청이 다양하였다. 아래의 편지는 그러한 예에 속한다.

> 60)[2] 2005년 10월 3일 박순 선생님께,
> 참여 동의서를 받았는데, 크게 수정되어야 하며, 이에 따라 논문 방향도 근본적으로 재설정됨이 좋겠습니다. 일단, 주제는 힘의 남용이나 아동학대가 아닌 '한 개인의 몰락', '사회화 실패에 대한 분석'이나 '종교·가정·사회를 통한 개인의 파멸과정' 등이 돼야 합니다. 제가 집중적인 갈등을 겪은 시기는 중학 시절(만 13~15세)이므로, 아동이라 보기도 어렵고 사실 '청소년'기라 해야 할 것입니다. 또한 저는 13~15세 때 가정·학교·교회에서 어떠한 조력도 받지 못했으며, 특히 가정과 학교에서의 갈등 끝에 중 3, 만 15세 때 폭력

---

2 60)이라 함은 그에게서 받은 서신의 일련번호이다.

적 해결방안(가정·학교에 대한 모두에 대한 폭력적 해결)을 결심하고 모색하였으므로 이 시기에 대한 이해가 가장 중요하겠지요. 당시 가정이나 학교 둘 중 어느 곳에서라도 갈등을 피할 수 있었더라면, 파국은 일어나지 않았을 테니, 단순한 '아동학대'는 결코 아니겠지요. 게다가 어째서 똑같은 조건인데도 저만 몰락하고 형제 한 명은 멀쩡할 수 있었는가를 감안하면, 가정 외에 학교에서의 갈등과 함께 저 자신의 고유특성 또한 파국의 핵심 요인임을 알 수 있습니다. 따라서 저의 어떤 특성이 갈등을 초래했으며, 가정과 사회(학교) 모두에서 실패할 수밖에 없었는지 분석함 또한 크게 중요하겠지요.

MF³는 물론 일반적 기준으로 볼 때 전혀 정상적인 가정 구성원이 아니었으나, 형제 중 하나는 실패했고 다른 하나는 생존했으며, 제가 다닌 중·고교에서도 똑같이 대다수 학생들(다른 형제 포함)은 생존했고 친사회화되었으나 저만 낙오했기에, 저·가정·학교 모두에 대한 동시적인 분석이 이뤄져야 합니다. 이 3가지 요소는 어느 하나도 이 파국에서 빠질 수 없기 때문이지요.

또한 논문이 1회성 팸플릿이 아닌 다음에야 용어사용에서도 신중을 기해야 합니다. 제가 벌써 한국 나이로 30세인데 '~군'이란 칭호는 별로입니다. 그냥 'ㅇㅇㅇ'이라는 게 좋지요. 20~30년 후에도, 제가 중년, 노년이 된 후에도 그 논문에 '!군'이라 나오면 이상하겠지요. 이훈구 교수의 저술에서도 저를 그리 이름으로만 불렀는데, 잡지 기고문도 아니고, 인문학 교수의 저술로서는 큰 결함입니다(장난삼아 쓴 것 같은 뉘앙스). 이훈구 교수는 처음부터 결론을 내려놓고 실제로는 단 1개월 만에 책을 썼는데, 그냥 확보된 자료를 작위적으로 발탁·배제하여 늘어놓았을 뿐입니다. 저 역시 기존 검찰에서 했던 진술을 그대로 반복했으니, 그에 대해 별다른 기대가 없었고, 마침 재판 중인 탓도 있었지요. 검찰이든 심리학 교수든 사건을 아무렇게나 멋대로 이해하고 합리화해 버리는 데 놀라기도 했죠.

제 생각에는 이런 형사사건, 강력범죄를 다루려면, 우선적으로 범죄심리학, 범죄사례조사·이해부터 전제되어야 한다고 봅니다('망상은 10년을 지속된다', 중 3 1991 결심-2000 발생). 여하튼 가정사, (설령 13~15세 시기를 아동으로 보고 '아동학대'라 치더라도) 그 한 가지만으로는 제 사건의 원인을 1/3-1/2밖에 설명할 수 없으며 제 특성 및 학교에서의 갈등을 포함해야 함을 알려드립니다. 그렇다면 어째서 사건은 가정 내에서 MF

---

3 MF는 mother와 father를 의미한다.

를 대상으로 일어났는가 하는 의문이 당연히 생기겠지요. 물론 당시에는 모든 감정이 집안에서 마주치는 당사자들에게 집중된 탓입니다(학교에선 벗어나 있었을 뿐). 뿐만 아니라 저는 6세 때부터 시편 23편을 외우며 기독교회에 다녔으나, 집·학교·교회 어느 곳도 제게 의지가 되지 못했음도 고려해야 합니다. 왜 어떤 이에게는 도움 되는 종교가 어떤 자에게는 무용지물이거나 오히려 피해를 유발하는가 하는 점도 고려되어야 합니다. 선생님께서 논문에 종교적 측면을 부여하신다면 더욱 위 측면을 고려해야 하지요.

그럼에도 불구하고, 선생님께서는 이훈구 교수가 확보했던 자료의 1/10조차 확보하지 못한 채, 제 개인적 회상·진술에만 의존하여 집필하셔야 할 겁니다. 이훈구 교수는 정신감정서, 심리검사결과, 검찰조서, 제 일기, 기타 인터뷰 등을 통해 사건을 다룰 수 있었음에도, 단순한 특집기사 수준의 저술을 내어놓았지요(인문학 서적의 요건 미비).

이제는 상황이 매우 제한적이라 미결수 시절처럼 특별접견도 불가능하고, 검찰 조서 등의 자료나 제 수중을 떠난 일기(저도 행방을 모릅니다)도 구하기 어려울 겁니다. 제 형은 거의 협조하지 않을 것이며 오히려 그 책처럼 소송을 걸 수도 있으니 기피해야 하죠.(물론 소송에서 패한 이훈구 교수의 협조도 없습니다. 그런데 저는 소송에 전혀 찬성한 적 없었지요.)

저는 위의 전제 사항이 모두 반영된 상태에서만 연구에 참여할 텐데, 오직 제 진술에만 의존한 분석이 얼마나 타당할지 저도 모르겠네요. 다만 저는 어느 정도 방향성을 확보했으니, 2차 대전 SS친위대, 강제수용소, 독일군이나 나치부역자들의 심리상태를 통해서였습니다.(성실한 가장, 직장인, 일꾼들이 전쟁터, 수용소에서는 학살기계로 돌변한 사실 말입니다.) 저·MF·모두 해당되지요.

'동의서'에는 심리검사에 참여한다는 조항은 빼는 편이 좋겠네요. 심리검사라는 것이 이미 그 내용을 알고 있는 사람에게는 무용지물이니까요. 임의로 특정결과를 유발하도록 받지 말란 법이 어디 있겠습니까. 자신에게 불리하게 받겠는지요. '동의서'는 간단할수록 좋습니다.

'주제 : 한 개인의 사회화 실패(몰락) 분석.

"본 논문은 특정한 개인의 자아·가정·사회에서의 몰락에 대한 연구로서, '○○○'의 단일사례만을 놓고 기독교 상담학적 측면에서 접근함을 목표한다. 본 연구를 위한 자료수집에 동의한다면 아래에 서명한다. "뭐 이정도가 제일 좋겠습니다. 그래야 운용의 폭도 제한받지 않겠지요. (사실 저는 소송·반발 안 하니, 동의서가 꼭 필요치 않습니다.) 제 서명은, 제가 동의서 전문을 편지지에 옮겨 써서 사인하면 되지요.

이훈구 교수의 책은 여러 가지로 최악입니다. [중략]

유감스럽게도 저는 검·경에서든 인터뷰에서든 '아동학대', '왕따' 운운한 적 없습니다. 그들이 원하는 대로 기술하고 결론지었고 듣고 싶은 것만 들은 것뿐이지요. 이러한 사항 을 전체적으로 고려하여 재설정해 주시기를 바랍니다.

그리하여 연구 제목이 다음의 4단계를 거쳐서 확정된 연구 동의서가 태어났다. 이 과 정에서 6개월 이상의 기간이 소요되었으며 연구자와 참여자의 팽팽한 대화와 실랑이가 있었고, 이는 결국 정석환 지도교수님의 지도에 의해서 최종적으로 확정되었다. 연구 참여자의 편지를 들고 가서 지도를 받았고, 편지를 직접 읽어보신 정석환 교수님께서는 참여자의 narcissistic rage에 대해서 주목하도록 심층분석의 길을 제시해 주셔서 연구의 새로운 지평을 얻을 수 있었다. 동의서만 다섯 가지 이상 지금도 논문 파일에 남아 있 다. 연구 시작의 중요한 논점 중의 한 가지임을 다시 밝혀 둔다.

(1) 힘의 남용에 관한 연구 : 분노의 종말적 표출사례를 중심으로
(2) 힘의 남용과 아동학대 : 부모자녀관계 갈등의 종말적 표출 사례를 중심으로
(3) 존속살해로 나타난 한 기독가정의 가족관계에 대한 고찰과 목회적 돌봄
　　― 연구 대상자의 성장기, 현재와 미래를 위한 연구 ―
(4) 한 개인의 사회화 실패에 대한 분석
(5) 크리스천 자녀학대로 인한 APO(Abused Parricide Offender) 연구

(3) 녹음을 푸는 과정

결과적으로 A4 용지 700페이지의 분량이었는데 녹음을 푸는 것이 아니고 손 편지를 워 딩하는 작업을 연구자의 남편이 도와주셨다. 말 없이 도와준 외조로 연구에 힘을 얻었 고, 이러한 협력관계는 현재까지 이어지고 있어서 연구자가 준비하고 있는 '노숙경험에 대한 문화기술지' 논문을 위해서 노숙인들이 손으로 쓴 글들을 남편이 워딩하기로 약속

이 되어 있다.

(4) 코딩 작업 과정에서의 피드백

코딩 작업 중에서 워딩에 남편의 도움을 받았다는 이야기를 위에서 밝혀서 함께 연구 참여자에 대한 시각을 공유할 수 있었다. 지금 오래되어서 기억이 부정확하여 시점을 알 수 없지만, 워딩에 남편의 도움을 받았다는 것이 연구 참여자에게 전달되었을 때에 또 한 번 참여자로부터 호된 질타를 면할 수 없었다. 사신을 남에게 보여주었다는 점에서 연구 참여자는 분노의 감정을 느꼈고 분명하게 표현하여 왔다. 돌이켜 보면 조금 더 세심하게 연구 참여자의 마음을 헤아렸어야 하는데, 필요하지 않은 부분까지 노출한 부분이 아쉬움으로 남는다.

그리고 논문 정리 과정에서 지도교수님 외에 전문적으로 도와준 분을 두 명 기록하고자 한다. 한 분은 연세대 생활과학대학에서 아동학을 전공한 이경희 박사이다. 예심을 준비하던 무렵에 하늘의 소리가 들렸다. 박사논문 지도 경력이 많은 이경희 박사가 "선생님, 늦게 논문 쓰시는데 제가 논문 읽어 드릴게요. 박사학위 논문지도 많이 했거든요." 논문을 읽고 논문 구성과 전개에 대해서 심사위원과 독자의 입장에서 지도해 주고 보다 전달하기 쉬운 형식으로 단락을 구분 짓도록 붉은 글씨로 표시해 주고, 맞춤법과 띄어쓰기까지 일일이 다시 한 번 고쳐주었다. 특별히 심리전기 박사학위 논문을 선행연구로 정리하였을 때 항목을 달도록 구체적인 지도를 해주었다.[4]

나머지 한 분은 현재 연세대 박사과정에서 논문을 준비하고 있는 김현정 선생님이다. 참여자의 편지 전문을 읽고 에니어그램 전문가로서 "5번 유형이에요."라고 이야기해 주어서 나도 내쳐서 에니어그램 검사도 실시하고 심리검사의 영역을 확장할 수 있었다.

첨가할 부분은 연세대 국문학과 출신이 주관이 되어서 하는 '글쓰기' 상담의 도움을 받아서 논문 전체를 국문학과 박사과정을 수료한 분에게 유료로 수정을 받았다. 이러한 과정이 후에 학위논문 원고를 학술정보, 학지사, 시그마프레스에 보냈을 때에 바로 출판제의를 받는 요인 중의 하나라고 생각하였다.

그리고 마지막으로 처음부터 논문에 함께했던 소중한 인물에 대해서 언급하려고 한

---

[4] 박순. 상담자의 자기분석. pp. 132-133.

다. 큰아들 이규일 박사가 2006년부터 미국 일리노이대학교에서 박사 후 과정을 밟고 있었는데 자료수집부터 논문 제출 파일 정리를 마지막까지 전적으로 도와주었다. 심리전기로 된 국내 박사학위 연구가 없었는데 미국과 유럽에서 수행된 박사학위 논문 26개를 검색해서 보내주어 선행연구의 물꼬를 터주었다. 멀리 떨어져 있었지만 마지막에 인쇄 들어가기 전 파일 정리를 완벽하게 해주어서 인쇄소에서 손대지 않고 그대로 인쇄할 수 있었다. 인쇄소 사장님이 누가 정리했느냐고 물었을 때에 자식 기른 부모로서의 뿌듯함을 만끽하였다. 논문을 pdf 파일로 만들어 준 것은 더 말할 것도 없다.

(5) 검증 작업 과정

검증은 일차로 지도교수님이신 정석환 교수님께서 해주셨다. 처음에 700페이지가 되는 편지를 읽고 또 읽고 중심 테마를 20여 개 추려서 가져갔을 때에 연구자를 물끄러미 보시면서 "박 선생님, 이런 것 말고 글을 써 오세요."라고 하셔서 연구방법론에 충실한 thick description에 몰두하도록 지도해 주셨다. 부심이신 유영권 교수님은 논문의 여러 부분이 이미 기말보고서로 제출하였던 〈가족치료관점〉에서의 분석, 〈임상진단〉 방법에 의한 온 가족의 성격분석 등을 코스워크 과정에서 제출한 것이 결국 예비연구가 되어서 논문의 축으로 자리 잡게 해주셨다. 또 다른 부심이신 권수영 교수님께서는 예심자료를 보시고 "박 선생님, 내용이 재미있습니다. 책을 내세요."라고 여러 번 말씀하셔서 그때마다 "아닙니다. 연구 참여자와 절대로 출판하지 않는다는 사전 약속이 있습니다."라고 번번이 대답하였지만 권수영 지도교수님의 말씀은 예언이 되어서 단행본으로 출판되었다.[5] 이화여대 재직 중이시던 손운산 교수님께서는 이 사례에 대한 목회상담학적 성찰을 말씀하셔서 고심 끝에 프리다 칼로의 '상처받은 사슴'을 연관짓게 해주셨고 논문에 화가의 그림이 삽입되게 되었다.

여기에서 최종 검증에 대해 분명하게 기록을 남기고자 한다. 논문의 본심이 끝나고 인쇄를 하기 전 두렵고 떨리는 마음으로 연구 참여자에게 원고를 송부하였다. "별 오류가 없습니다."라는 한마디는 논문 지도교수님의 말씀 이상으로 내게 크게 울렸다. 본인이 읽고 크게 문제가 없다고 했으니 검증을 완전하게 받은 셈이었다.

---

5 박순, 심리전기와 상담, 시그마프레스, 2009. p. vii.

동 의 서

본 연구자(박순)는 현재 연세대학교 대학원 신학과에 재학 중으로서 박사학위 논문을 준비하고 있습니다.

본 논문의 목적은 "크리스천 자녀학대로 인한 APO(Abused Parricide Offender) 연구"로서, '김○○'개인의 단일사례만을 가지고 목회신학적이며 목회상담학적인 접근을 시도하는 것입니다.

본 연구를 위한 자료는 여러 가지 차원에서 수집될 것입니다. 연구 대상자와 연구자가 교환한 서신과 면회경험을 비롯해서 반구조화 및 개방형 질문지를 시행한 자료와 기타 연구 참여자가 자의로 제공하고자 하는 자료 등을 포함할 것입니다.

본 연구의 목적과 과정, 자료수집과 결과물에 대한 연구 제의에 동의한다면 아래에 서명해 주기 바랍니다. 본 동의서의 원본은 본 연구자가, 그리고 복사본은 연구 참여자가 갖게 될 것입니다.

연세대학교 대학원 목회상담학 지도교수인 정석환은 위의 동의서가 사실임을 확인합니다.

지도교수 정 석 환 (서명) _____

동의서를 충분히 읽고 이해하였으며, 본 연구에 성실히 참여하기로 결정하였습니다.

연구 참여자 김 ○○ (서명) _____

2006년 2월 26일

예비연구 1

1차로 2003년 10월에 편지 30여 통과 설문지를 통하여 김○○의 삶을 보웬의 체계론적 가족상담 이론과 경험주의적인 Satir 모델을 통해서 분석하였다.

1) 가계도(Satir 원가족 삼인군 도표 중심으로)

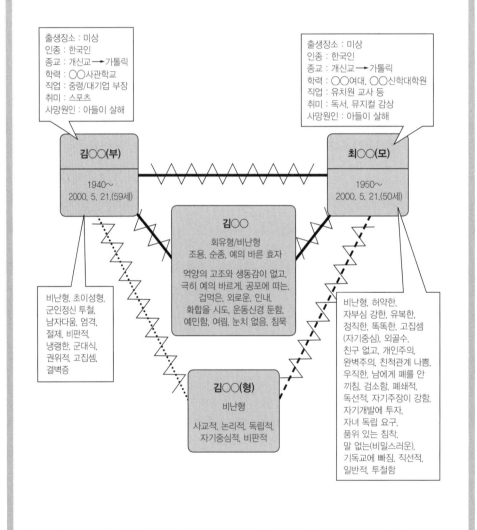

출생장소 : 미상
인종 : 한국인
종교 : 개신교 → 가톨릭
학력 : ○○사관학교
직업 : 중령/대기업 부장
취미 : 스포츠
사망원인 : 아들이 살해

출생장소 : 미상
인종 : 한국인
종교 : 개신교 → 가톨릭
학력 : ○○여대, ○○신학대학원
직업 : 유치원 교사 등
취미 : 독서, 뮤지컬 감상
사망원인 : 아들이 살해

김○○(부)
1940~
2000. 5. 21.(59세)

최○○(모)
1950~
2000. 5. 21.(50세)

김○○
회유형/비난형
조용, 순종, 예의 바른 효자

억양의 고조와 생동감이 없고,
극히 예의 바르게, 공포에 떠는,
겁먹은, 외로운, 인내,
화합을 시도, 운동신경 둔함,
예민함, 여림, 눈치 없음, 침묵

비난형, 초이성형,
군인정신 투철,
남자다움, 엄격,
절제, 비판적,
냉랭한, 군대식,
권위적, 고집셈,
결벽증

비난형, 허약한,
자부심 강한, 유복한,
정직한, 똑똑한, 고집셈
(자기중심), 외골수,
친구 없고, 개인주의,
완벽주의, 친척관계 나쁨,
우직한, 남에게 폐를 안
끼침, 검소함, 폐쇄적,
독선적, 자기주장이 강함,
자기개발에 투자,
자녀 독립 요구,
품위 있는 침착,
말 없는(비밀스러운),
기독교에 빠짐, 직선적,
일반적, 투철함

김○○(형)
비난형
사교적, 논리적, 독립적,
자기중심적, 비판적

2) 역할 유형의 반복

방에만 박혀서 나오지 않는다는 역할 유형의 반복이 아버지와 김○○ 사이에, 김○○의 어머니가 잔소리를 심하게 히스테리를 부리며 하였듯이 김○○도 신병들에게 잔소리를 많이 하였다. S대 포기 내력이 아버지와 김○○ 사이에 나타났고, 글쓰기 습관은 아버지, 어머니 모두로부터 이어지고 있었다.

3) 관계 유형의 반복

엄마가 친구들로부터 따돌림을 받은 것과 김○○이 친구로부터 왕따를 당하고 이후 군대에 가서 스스로를 소외시키며 다시 따돌림을 당하는 수모를 겪는 것, 대인혐오 패턴이 반복되었다. 엄마가 수첩에 기록한 대로 25년간 남편에게 시달리다가 그간에 모질게 당한 것에 대해 사과를 기대하고 털어놓았는데 남편이 펄펄 뛰고 큰 싸움이 되었다고 하는 것은 김○○이 자기 생각에 24년간 살면서 부모의 시달림과 학대를 모질게 당하다가 사과를 기대하고 말 몇 마디를 한 것에 대해 부모는 펄펄 뛰고 조목조목 반박하며 김○○은 비참하게 몰아세움을 당하게 된 것과 유형의 반복을 보인다. 김○○의 모친이 남편에게 당한 것과 김○○이 모친 및 부친으로부터 수용받지 못하고 거절당한 것과 같은 관계 유형의 반복이다.

4) 구조 유형의 반복

아버지 김○○은 부모가 차남인 자기는 여러 가지로 우수하고 독립적인데도 장남만을 우대하고 끝없이 사업자금을 대어 주는 데 대하여 분개하여 자기 부모의 제

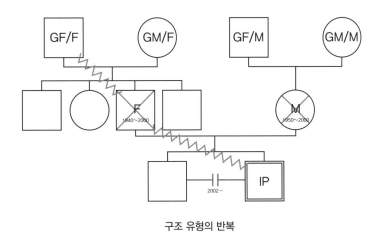

구조 유형의 반복

사에 잘 가지 않았다고 하는데, 김○○의 아버지도 장남을 편애하고 차남을 차별대우 했다고 김○○이 느낀 것은 구조 유형의 반복을 의미한다.

5) 결론

김○○을 위한 치료적 접근에 여러 가지가 있을 수 있으나 잦은 만남이나, 전화통화, e-메일 등이 불가능하므로 그의 특성과 재능을 감안하여 독서치료가 효과적인 방법으로 제시될 수 있었다. 그리고 장기적인 서신 교환은 그를 사회의 다른 대상들의 다양한 정신적·심리적·종교적 고민과 대처 방안을 나눌 수 있는 통로로 기능할 수 있다고 제시되었다.

예비연구 2

연구자는 2003년 11월에 목회신학적으로 접근하는 예비연구를 실시하였다. 연구 논문은 당시 목회신학을 정석환 교수님과 합동 강의를 하던 Poling 박사를 위해서 영문으로 작성되었으나 여기에는 간략한 한글 요약을 덧붙인다. 논문 제목은 *On A Critical Dilemmas of the Korean Christian Family; The Discrepancy between the Christian Confession and the Lived Lives-An Approach on a Christian Family Violence Case*이다.

이 연구는 연구자에게 목회신학자로서의 정체성을 확고하게 부여하는 기회가 되었는데 연구자는 기독가정에서 일어난 극단적인 가정폭력 사태에 대해서 어떻게 개인적인 관심이 도출되었는가에 대한 심층 분석과 Poling(2002, pp. 224~225)의 방법론에 따라서 연구 참여자에 대한 인구통계적 자료, 사회경제적 계층에 대한 분석, 종교와의 관계, 심리적 분석, 경제·문화적 분석, 신학 윤리적 분석을 시도하였는데, 해방신학적 관점과 여성주의적 관점에서 김○○이 받은 학대를 분석하였다. 그리하여 본 목회적 사건에 대해서 목회상담자는 남성 가해자 및 피해자의 종교적 관점에 대한 민감성이 요청된다는 새로운 제안과 더불어 연구 참여자의 새로운 알아차림과 연구자의 자기비평을 얻을 수 있었다.

예비연구 3

연구자는 임상진단 과목을 수강하면서 2004년 5월 3차로 그와 그의 가족의 인격적 특성에 관심을 갖고 **'김○○과 그 가족에 대한 임상진단'**이라는 소논문을 작성하면서 그의 가족의 인격적 특성을 연구하였다.

김○○의 성격을 DSM-Ⅳ에 의하여서 분류하여 보니 '달리 분류되지 않는 인격장애'로 볼 수 있었다. 그를 달리 분류되지 않는 인격장애로 생각해 보는 것은 분열성 인격장애의 특성 중에 의심, 대인관계 고립, 편집성 사고를 가지고 있으나 마술적 사고, 이상한 지각 경험, 괴이한 사고와 말 같은 증상이 없으며, 분열성 인격장애 특성 중에 낯설고 엉뚱하고 냉담하고 동떨어져 보이고 뚜렷한 편집성 사고는 없다는 것이 연구자의 견해로는 그의 성격 유형에 가장 가까운 것으로 그 당시에 느꼈다. 경계성과 히스테리성 인격장애 특성 중에 사소한 자극에도 분노로 반응하는 경향은 그의 어머니의 특성에 가까우며 김○○은 그렇지 아니하다. 회피성 인격장애 특성 중에 타인을 신뢰하기를 꺼리지만 타인의 악의에 찬 의도를 의심하기보다는 자신이 당황하고 있고 부적합하다는 것이 탄로 날까 두려워서 그러는 것도 그의 성격 특성을 대변해 준다. 지금까지의 접촉에서 반사회성 인격장애는 전혀 보이지 않았다.

편집성 인격장애는 이런 행동이 복수하고자 하는 욕구에서 기인하는데, 앞으로 그와 함께 생각해 보야 할 부분이다.[6] 매우 회피적, 불안한 성격이면서 동시에 편집적이고, 경계선적이고, 자기애적이며, 공격적인 성격 특성이 그에게 복합적으로 나타나고 있다. 긴장하면 땀을 흘리고 말을 더듬고 기절하는 증상이 있다.

---

6 미안하다고 말하기가 그렇게 어려웠나요, 이훈구, 2001. 이야기. p.193. 검찰 심문과정에서 더 할 말을 묻는 질문에 김○○은 "고 1 때 친구들 중 저를 왕따시킨 주범인 S를 찔러 죽이고 싶은 생각이 들었습니다."라고 솔직한 자기 심정을 고백하였다. 형에 대한 이야기나 군대나 학교에서 자신을 괴롭힌 사람들에 대한 극복되지 않은 적개심은 복수의 마음을 만들었고 그의 내부에 흐르고 있다.

특별접견 심층면담

1. 반구조화 개방형 질문지

(1) 특별접견을 허용해 준 것에 대해서 감사합니다. 어려운 결단이었을 터인데 용기를 낸 것에 대해서 감사하고 이것이 변화의 계기가 될 수 있기를 바랍니다.

(2) 요즈음의 건강과 이곳에서 지내기에 어려움은 어떤 것인지?

(3) 지난 7년 동안 본인의 마음속에 가장 진실하고 절실하게 반복되는 이야기가 있었다면 그 내용은 무엇입니까?

(4) 자신을 바라보는 본인의 핵심 감정을 무엇이라 표현하겠습니까?

(5) 지난 7년 동안 마음을 깊이 나눈 사람들은 어떤 분들인지 궁금합니다. 지속하는 핵심적인 요인은 무엇인지 밝힐 수 있습니까? 현재 본인이 접촉을 원하거나 간헐적으로라도 지속하고 있는 친척은? 혹시 거절한다면 자신의 심리적인 배경을 무엇이라고 설명하겠습니까?

(6) 사건 이후 가장 힘들고 고통스러운 점을 말해 주기 바랍니다. 인간적으로 가장 아쉬운 감정이 있다면?

(7) 자신과 유사한 가정환경에 있는 자녀들을 위해서 기독교 교육과 사회 교육을 위해서 제언하고 싶은 내용은 무엇입니까?

(8) 유사한 사건을 예방할 수 있는 방법을 생각해 보았습니까? 구체적으로 진술할 수 있으면 자신의 견해를 서술해 주기 바랍니다.

(9) 고인이 되신 부모님을 회상하고 추도하면서 가장 아쉬운 점이 무엇입니까? 진정으로 드리고 싶은 말씀은?

(10) 두 분의 성격을 본인이나 형제가 좋아하거나 닮은 점을 무엇이라고 생각하고 있습니까?

(11) 객관적으로 볼 때 부모나 형이 전혀 예상할 수 없는 사건이 발생했는데, 당사자나 형은 어떻게 해서 발생했다고 생각하고 있는지를 말해 줄 수 있습니까? 사건 후에 형과 나눈 이해와 공감대가 있었다면. 결렬 이전에 일시적으로.

(12) 성장기 동안 인식한 형제 및 가족의 공통적인 성격은 가족으로서의 동질성이 무엇이었다고 기억하고 있습니까? 부모님으로부터 받은 장점을 꼽으면? 생물학적인 유전적 요인, 자신이 부모와 형에게 끼친 삶의 영향 등

(13) 2000년 5월 이후에 자기 생애에 영향을 주는 주요한 사건을 말한다면?

(14) 부모님의 강요를 떠나서 진실하고 종교에 의탁하고 자신의 문제에 대한 해답을 절실하게 간구한 적이 사건 전에 있었는지요?

2. 이야기심리학적 접근

(1) 그 사건 이후에 겪은 부정적 체험을 이야기한다면?

(2) 그 사건 이후에 경험한 긍정적 경험이 있다면?

(3) 앞으로의 삶에서 자신의 주된 관심사는?

(4) 자신의 삶을 지탱해 주는 희망은 무엇입니까?

(5) 사건 후에 필요한 10~15일은 무엇을 위한 것이었는지 한 번도 언급이 없었습니다. 그만큼 개인적으로 중요하고 타인에게 말하기 어려운 내용입니까?

(6) 사건 이후 형은 어떤 심정과 의도에서 전폭적으로 이해하고 노력하였다고 생각합니까?

(7) 사건 전 평소의 형제관계 및 감정, 그리고 사건 후 최근의 관계와 감정을 사실적으로 상세하게 표현 바랍니다.

(8) 현재 생활에서 가장 견디기 어려운 점과 이전 생활보다 나아진 점을 구별해 본다면?

(9) 그 사건 이후에 자신이 살아남기 위한 생존전략은 무엇이었다고 생각합니까?

▶▶ 참고문헌

박순 (2007). 학대받은 존속살해 무기수의 이야기심리학적 심리전기, 연세대학교 박사학위 논문.

박순 (2009). 심리전기와 상담: 학대받은 존속살해 무기수의 이야기심리학적 심리전기, 시그마프레스.

박순 (2009). 상담자의 자기분석, 시그마프레스.

정석환 (1998). 이야기 심리학과 목회상담, 신학논총. 4, 203-240.

정석환 (2002a). 목회상담학연구. 고양: 한국 학술정보(주).

Alexander, I. E. (1988) Personality, Psychological Assessment, and Psychobiography, InMcAdams D. P. & Ochberg, R. L. Eds. *Psychography and Life Narratives*, Durham and London, Duke University. 265-290.

Alexander, I. E. (1990) *Personology; Method and content in Personality Assessmentand Psychobiography*, Duke University Press.

Allport, G. W. (1937) *Personality : A Psychological Interpretation*. New York : Holt.

Carlson, R. (1988) Exemplary Lives : The Uses of Psychobiography for Theory Development. In D. P McAdams & R. L. Ochberg (eds.) *Psychobiography and Life Narratives*. Duke University Press.

McAdams, D. P. and Ochberg, R. L. Eds. (1988) *Psychobiography and Life Narratives*, Durham and London, Duke University.

McAdams D. P. (1994) *The Person : An Introduction to Personality Psychology*. New.

Murray, H. A. (1938) *Explorations in Personality*. New York: Oxford University Press. York: Harcourt Brace College Publishers. 536.

Runyan, W. M. (1984) *Life Histories and Psychobiography*: Explorations in theory and Method, Oxford University Press.

Tomkins, S. S. (1979) Script theory: Differential magnification of affects. In H. E. Howe and R. A. Diesntbier(eds.), *Nebraska Symposium on Motivation*. Vol. 26. Lincoln: University of Nebraska Press.

▶▶ 연구자 소개

박순

학력

연세대학교 영어영문학과 졸업

연세대학교 연합신학대학원 문학 석사(상담학 전공)

연세대학교 대학원 신학 박사(상담학 전공)

경력

다움상담코칭센터 원장

연세대학교상담코칭지원센터 슈퍼바이저

숭실사이버대학교 특임교수

한국기독교상담심리치료학회 임상감독

(사)한국가족문화상담협회 수련감독

한국코치협회 전문코치(KPC) 중독전문가

연세대학교 연합신학대학원 겸임교수 역임

저역서 및 논문

상담자의 자기분석(2009, 시그마프레스)

심리전기와 상담 : 학대받은 존속살해 무기수의 이야기심리학적 심리전기(2009, 시그마프레스)

코칭 슈퍼비전 (공역, 2014, 시그마프레스)

가족해체경험에 대한 이야기치료적 접근(2015)

심리전기적 상담연구방법론(기독교상담심리학회지)

노년기의 두 얼굴 : 잃어버림과 덧입음(기독교상담심리학회 학술대회)

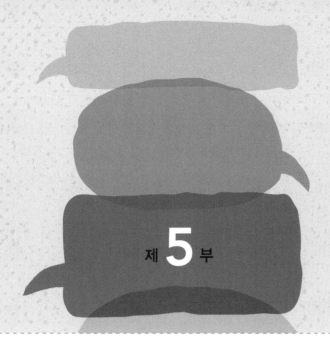

제 **5** 부

민속지학적 연구방법론과 연구사례

제11장_ 변화하는 회중, 변화하는 예배

변화하는 회중,
변화하는 예배

이정우 외[1]

1. 서론

본 연구는 온누리교회 '9시에 뜨는 별'이라는 예배에 대한 민속지학적 연구이다. 이 예배가 주일 밤 9시에 드리는 예배라는 독특성(기존 예배와의 시간적 차별성)이 연구자들로 하여금 본 연구를 시작하게 한 동기였다. 이를 연구하기 위해 예배와 회중에 관한 선행 연구를 하였으며, 그렇다면 과연 '9시에 뜨는 별'이라는 21세기의 독특한 주일예배 문화가 형성된 계기는 무엇이며 그것이 어떻게 이루어지고 있으며 또한 여기에 참석하는 회중에게는 어떤 니즈가 있는 것인지에 대한 궁금증을 가지고 5주 동안 그 문화에 들어가 참여관찰을 하였다. 그리고 그렇게 얻어진 결과물이 바로 이것이다. 이와 같이 온누리교회 '9시에 뜨는 별' 예배를 민속지학적으로 연구한 결과 얻은 큰 토픽이 바로 '변화하는 회중, 변화하는 예배'인 것이다.

어떤 학문 영역이건 간에 연구법에 관한 탐구는 학문의 실체를 파악하는 데 중요한 일이다. 특히 자연과학과 다르게 인간의 의식과 사회 작용에 관한 주제를 주로 다루

---

1 이정우, 민은정, 설경욱, 심시정, 김진미, 김민정, 오지훈, 서정모

는 사회과학의 경우 연구법에 대한 고려는 학문을 이해하는 핵심적인 부분이기도 하다. 변화하는 회중과 변화하는 예배에 대한 본 연구에서도 연구법에 대한 폭넓은 수용 및 발전을 통해 21세기를 살아가는 회중과 그에 따라 변화하는 예배를 학문적 연구 주제로 삼음에 있어 그 범위의 다양성과 타 학문과의 연계성을 모색하고 이해하는 데 많은 도움을 줄 수 있다. 교회의 회중과 예배를 연구함에 있어서 **계량적 연구**(quantitative research)를 통하여 수집된 자료와 분석의 한계를 극복하고 그것을 넘어서, 변화하는 회중과 변화하는 예배의 문화를 직접 참여관찰하고 심층면담을 통해 자료를 얻어 그 자료들로 하여금 그들 문화 이면에 담겨진 목소리를 들려주기 위한 방편으로 **질적 연구**(qualitative research)를 시도하였다.

21세기의 변화하는 회중과 예배를 연구함에 있어서 실증주의적이고 계량적인 연구법을 아무런 비판 없이 받아들이게 되면 회중과 예배를 연구함에 있어 다루어야 하는 주제와 분석의 이론적인 방향은 그만큼 좁아질 수밖에 없다. 이러한 문제점에 대한 해결점의 일환으로 본 연구는 질적 연구법 중의 하나인 **민속지학**(ethnography)을 연구의 접근방법으로 삼아 변화하는 회중과 변화하는 예배에 관한 본 연구에 적용하였다.

민속지학의 유래는 문화인류학(cultural anthropology)에서 시작되었다. 그래서 문화인류학이 추구하는 특정 집단, 마을, 기관 그리고 인종적인 분류에 대한 일정한 문화 양태에 대하여 분석하는 방향을 민속지학은 그대로 따른다. 문화인류학이 거시적인 관점에서 인종과 문화에 대한 연구를 주된 연구 주제로 삼는다면 민속지학은 좀 더 미시적인 연구 주제들을 다룬다. 민속지학의 가장 근본적인 연구방법은 문화인류학과 마찬가지로 집단 구성원에 대한 관찰과 면담이다. 민속지학은 특히 참여자가 관찰법을 특정 문화에 연구자가 몰입되는 가장 중요한 현장 연구법이라고 규정한다(Patton, 1990). 이러한 연구자가 연구 현장에 철저히 몰입(또는 동화)되고 그 속에서 연구결과를 해석하는 방식을 변화하는 회중과 변화하는 예배에 적용한다면 회중과 예배의 변화와 관련된 여러 주제를 좀 더 포괄적으로 이해하고 분석할 수 있다. 이러한 관점에서 본 연구는 다음의 네 가지 연구 문제에 따라 설명을 전개하고자 한다.

첫째, 연구방법론으로서 질적 연구와 민속지학은 무엇인가?
둘째, 변화하는 회중과 변화하는 예배에 대한 연구에 민속지학적 접근방법을 적용하

여 어떻게 본 연구 과정을 진행(선행연구, 연구 대상자 선정, 자료수집, 자료분석)

시켜 나갔는가?

셋째, 이러한 연구절차를 통하여 도출된 결과들은 무엇이며 어떻게 해석되는가?

넷째, 이 연구에 대한 논의와 결론은 무엇인가?

2. 연구방법

1) 질적 연구와 민속지학적(문화기술적) 접근방법

사회 현상이 자연 현상을 설명하는 방법으로 설명될 수 있는가에 대해 의문을 제기하고, 계량적 연구가 총체적 문화, 즉 행위 주체자들의 행동, 신념, 태도, 가치 그리고 그들을 구성하는 문화적 요소들을 이해하도록 해줄 수 없음을 지적하며, 실증주의적 인식론에 기반한 계량적 연구방법론의 한계와 단점을 극복하기 위하여 출발한 연구방법을 질적 연구방법론이라 한다(Lincoln, & Guba, 1985). 아래 〈표 11-1〉은 양적 연구와 질적 연구에 대한 간단한 대조표이다.

표 11-1 양적 · 질적 연구 비교(윤택림, 2004)

양적 · 질적 연구 비교		
비교 기준	양적 연구방법	질적 연구방법
1. 자료의 성격	숫자	말, 글
2. 연구 환경	인공적-실험	자연적-현지조사
3. 연구의 초점	행동	의미
4. 자연과학 모델과의 관계	자연과학이 모델	자연과학이 모델 아님
5. 접근방식	연역적	귀납적
6. 연구 목적	과학적 법칙 nomothetic	문화적 양식 idiographic
7. 인식론적 입장	사실론	관념론

Best와 Kahn(1993)은 질적 연구방법론을 행위 주체자의 입장에서 주로 참여관찰과 인터뷰 등을 통하여 이를 기술하고 기록하여 자료를 수집하고, 수집된 자료의 분석을 통하여 연구 현상을 이해하려고 하는 시도라 설명한다. 질적 연구방법론은 용어 및 범위에 있어서 다양하게 발전되어 왔는데, Jacob(1987)은 질적 연구방법론의 영역을 생태학적 · 심리적 · 종합적 민속지학, 의사소통의 민속지학, 인지인류학, 상징적 상호작용론으로, Creswell(1998)은 근거이론(토대이론), 일대기, 사례연구, 문화기술지, 그리고 현상학으로 분류하고 있다(표 11-2).

표 11-2 다섯 가지 질적 연구 정통을 비교하기 위한 차원(Creswell, 1998)

	전기	현상학	근거이론	문화기술지	사례연구
초점	개인의 삶을 탐구	현상에 대한 경험의 본질을 이해	현장에서 수집한 자료에 근거하여 이론을 개발	문화적 · 사회적 집단을 기술하고 해석	단일사례 혹은 다중사례에 대한 심층 분석
학문적 기원	• 인류학 • 문학 • 역사학 • 심리학 • 사회학	• 철학 • 사회학 • 심리학	• 사회학	• 문화인류학 • 사회학	• 정치학 • 사회학 평가 • 도시 연구 • 기타 사회과학
자료 수집	주로 면담과 문서	10명까지 오랫동안 면담	범주가 '포화'되고 이론을 상술할 수 있을 때까지 20~30명과 면담	현장에서 상당한 기간 동안(6개월~1년) 머물면서 주로 관찰, 면담, 부수적으로 인공물 활용	자료수집원이 다양-문서, 문서 기록, 면담, 관찰, 물리적 인공물
자료 분석	• 이야기 • 발현 • 역사적 내용	• 진술 • 의미 • 의미 주제 • 경험에 대한 일반적 기술	• 개방 코딩 • 축 코딩 • 선택 코딩 • 조건 매트릭스	• 기술 • 분석 • 해석	• 기술 • 주제 • 주장
내러티브 형식	개인의 삶에 대한 자세한 묘사	경험의 '본질'을 기술	이론 혹은 이론적 모델	집단 혹은 개인의 문화적 행동 기술	'사례' 혹은 '사례들'에 대한 심층 연구

본 연구는 다양한 질적 연구방법 민속지학(문화기술)을 이용한 분석을 수행하고자 한다. 민속지학은 질적 연구방법 중 가장 철저한 연구방법 중의 하나이다. 연구자가 연구대상지에서 가장 많은 시간 동안 보내며, 대상자들이 말하는 것뿐만 아니라 행동하는 것을 모두 관찰할 수 있기 때문에 개인 및 조직에 대한 심도 깊은 이해가 가능하다. 민속지학은 과학철학에서 말하는 해석주의라 불리는 인식론에 바탕을 두고 있다. 이 관점에 따르면 세상의 질서는 초인간적인 어떤 힘이나 원리에 의해 선험적으로 결정되는 것이 아닌, 사람들의 집단적 사고와 경험에 의해 구성되고 재구성되는 성격의 것이다. 따라서 민속지학적 연구자에게 중요한 것은 실험이나 조사를 통해 객관적으로 가정된 질서의 진위를 입증하는 일이 아니라, 한 인간 집단이 어떤 질서 속에서 생활하고 있는가, 왜 그러한 질서체계를 구성하게 되었는가를 이해하는 일이다(Spradley, 1980).

민속지학 연구의 두 가지 대표적인 기법은 **참여관찰**과 **심층면담**이다. 이 두 가지 연구기법은 최근 인류학뿐만 아니라 다른 많은 사회과학의 연구에서 널리 응용되고 있다. 참여관찰은 문자 그대로 연구자가 특정 집단의 일상 세계에 비교적 장기간 참여하여 그들의 삶과 문화를 관찰·기록·해석하는 것을 말하며, 심층면담은 참여관찰의 일부라고 할 수 있다. 왜냐하면 참여관찰 과정에서 연구자는 낯선 문화에 대해 끊임없이 의문들을 갖게 되고, 관찰의 현장에서 그 의문들을 실시하고 그 녹음 기록의 분석 수준에 맞게 텍스트화한 다음, 참여관찰에서 얻은 자료들과 함께 민속지학지 작성을 위한 기초 자료로 활용하기 때문이다.

민속지학은 결과(product)이자 과정(process)이다(Morse, 1994). 민속지학이 결과인 까닭은 연구자에 의하여 특정한 사회적 그리고 문화적인 특색이 평가되어 보고서로 나오기 때문이다. 과정인 이유는 Agar(1980)가 설명하듯이 민속지학자들은 연구를 통해 문화와 집단에 대하여 이해해 가는 과정을 공유해 가기 때문이다. 과정과 결과의 양 측면을 고려해야 하는 관점에서 Boyle(1994)은 민속지학이 예술(art)적인 면과 과학(science)적인 양 측면을 지니고 있다고 평한다.

Boyle(1994)은 민속지학이 갖고 있는 특징에 대한 해답을 다음 세 가지 방향에서 제시하고 있다. 첫째, **전체적**(holistic)이라는 점이다. 전체적이라는 관점에서 민속지학자들은 연구 현장과 참여자의 행동은 서로 그 의미와 목적이 분리되어 있다고 보지 않는다. 즉, 인간의 행동은 한 가지 요인에 의하여 발생되는 것이 아닌 여러 가지 요인, 예를 들어 상황, 성격, 주변 인물들, 문화 등의 복합적인 작용에 따른 전체적인 것으로 간주한다. 둘째, **문맥적**(contextual)이라는 점이다. 문맥적이란 얻어진 자료들의 문맥 해석 시에 인간의 상호관계를 마치 얽힌 실타래 속에서 실을 정렬해서 풀어내듯이 문맥 속에서 해결점을 이리저리 찾아내어 정리해 내는 것을 말한다. 셋째, **반성적**(reflective)인 특성이 있다. 이 말은 연구자는 연구 현장을 통하여 자신이 살고 있는 삶의 일부분을 반성할 수 있다는 점이다. 이러한 세 가지 민속지학의 특성은 특히 문화의 특성을 파악하고 구성원들의 상호작용을 재구성하는 데 적용된다.

이러한 특성에 따라 Le Compte와 Preissle(1993)은 민속지학의 연구 전략을 네 가지 관점에서 다음과 같이 설명하고 있다. 첫째, 민속지학의 연구 전략은 **현상학적**인 자료를 해석하는 데 적용된다. 그리고 조사된 관찰 대상자들의 세계관을 나타내기도 하고 또한 참여자가 구성한 관계를 연구에서 재적하기도 한다. 둘째, 민속지학적 연구 전략은 **경험주의적**이며 **자연적**이다. 셋째, 민속지학 연구 전략은 **체계적**이다. 민속지학적 연구는 여러 가지 상황들로부터 발생하는 현상을 설명하고자 하며 일정한 현상에 대한 믿음과 인간 행동에 영향을 미치는 원인과 결과를 복잡한 상호 연관성에 대하여 기술하고자 한다. 넷째, 다양성을 추구하며 **다선택적**이다. 이 말은 민속지학 연구자는 대량으로 수집된 자료들을 다양한 방법을 통해서 정리하고 기술해 간다는 것을 의미한다.

Agar(1993)의 말을 빌려 정리하자면 민속지학 작업의 근본 목적은 '마음을 모형화'하거나 '컴퓨터 프로그램'을 만들려는 것이 아니다. 목적은 와해를 해소하는 것, 즉 한 전통의 사회적 행위를 다른 전통 관점에서 상응되게 보이도록 새로운 지식을 축적하는 연구 작업인 것이다.

2) 연구 절차

민속지학의 연구방법론적인 실체는 특정한 절차에 따라 변화하는 회중과 예배에 대한 연구에 적용되어 특히 문화 또는 소집단과 연관된 자연주의적인 연구 현장에서 효과적인 기술(記述)물을 산출해 낼 수 있다.

다른 질적 연구법과 마찬가지로 민속지학적 방법을 온누리교회 '9시에 뜨는 별' 예배에 대한 연구에 적용하기 위해서는 일정한 절차를 따라야 한다. 특히 특정 집단이나 소규모 문화에 관한 참여, 경험, 만족도 등을 분석하고자 할 때에 연구 참여자 선정에서

부터 연구의 타당도 검증에 이르는 민속지학적 연구 패턴을 올바로 이해해야 제대로 된 연구결과물을 도출해 낼 수 있다. 이러한 관점에서 다섯 가지 민속지학적 연구 순서에 대하여 정리해 보고자 한다.

첫째, **연구 현장에 대한 입장 허락을 받는 것**으로 민속지학 연구는 시작된다고 볼 수 있다. 연구 주제에 맞게 신별된 연구 대상자들과 접촉을 하고 연구의 목적 및 필요성과 연구 과정에 따라 연구자는 무엇을 관찰하고 어떠한 연구결과를 도출해 낼 것인지에 대해 충분한 설명을 해야 한다. 연구 대상자들을 만났을 때에는 익명으로 연구결과물이 나올 것이라는 점 또한 명확히 밝혀야 연구에 적극적으로 참여시킬 수 있다(Johnson, 1990). 본 연구자들은 '9시에 뜨는 별' 예배에 대한 참여관찰적 연구를 하기 위해 1주 예배를 참석한 후에 이 예배에서 설교를 하고 계신 노용기 목사님을 찾아가 연구에 대한 목적을 설명하고 본 예배를 연구(참여관찰, 인터뷰, 사진 및 영상 촬영도 허락을 받음)해도 좋다는 허락을 받고 인터뷰까지 한 후에 계속해서 연구를 진행해 나갔다.

둘째, **연구 과정 및 결과 산출을 위한 시간대를 계획**해 내야 한다. 연구 대상자들의 예배에 대한 연구를 수행할 때 알고자 하는 부분이 계절적인 요인이 작용하는지 아니면 단시간 내에 분석이 가능한가를 파악하여 시간대를 짜고 이 부분을 연구 대상자와 충분한 협의를 거쳐 연구 과정 내에 누락되지 않고 연구에 참여할 것인가를 결정지어야 한다. 본 연구자들은 '9시에 뜨는 별' 예배에 대한 참여관찰 연구를 위해 총 5주 예배를 참석했다. 그중 3주 정도 지나 어느 정도 관찰을 한 후에 질문지를 작성했다. 처음부터 질문지를 작성하고 무작정 인터뷰할 수 없었던 이유는 바로 이 연구 과정 및 결과 산출을 위한 시간대 계획을 내는 것이 가장 큰 문제였기 때문이다. 밤 9시에 드리는 예배인지라 예배 후에 긴 시간 인터뷰를 할 수 없어 최대한 간단한 중심 질문만을 가지고 가서 참여자들이 부담되지 않는 10~20분선의 짧은, 그러나 핵심적인 인터뷰를 할 수밖에 없었다.

셋째, **자료수집 단계**이다. 자료수집에는 주 자료와 보조 자료를 사용할 수 있는데 주 자료의 범주에는 관찰과 면담을 들 수 있으며, 보조 자료에는 비디오 촬영, 제반 기록 문서, 연구 대상자들의 사적 기록, 전화 인터뷰, e-메일 자료 그리고 연구자의 반성 노트 등이 사용된다. 주 자료와 보조 자료는 동시에 수집되어야 하며 연구 대상자로부터 얻고자 하는 '9시에 뜨는 별' 예배에 관한 자료들은 항시 수집되어야 한다. 본 연구팀에서는 5주간의 관찰과 개인당 1~2명의 참여자와 면담을 통해 주 자료를 수집했다. 그리고 비디오 촬영과 사진 촬영 등을 활용해 보조 자료 또한 수집했다. 그리고 인터뷰한 참여자들에게 개인적인 동의를 받고 연락처를 나누어 언제든지 추가로(전화나 인터넷상으로) 인터뷰할 수 있도록 조치를 취하여 자료수집의 가능성을 넓혔다.

넷째, **자료분석 단계**이다. 회중과 예배에 관한 연구를 위해서 **내용분석**(content analysis)과 **기술분석**(descriptive analysis)을 하였다. 먼저 내용분석은 주어진 자료의 텍스트상에서 주제와 연관된 주요 개념들을 범주화시켜 가는 것이다. 예를 들어, 중보기도에 대한 경험 연구는 영적 만족감, 예배 참여감 등의 내용들이 하나의 범주로 구획될 수 있다. 내용분석도 예배와 참여자(회중)에 관련된 주제에 의미의 주안점을 두었을 경우는 의미에 따른 내용분석을 행하고, 감정이나 느낌을 주로 분석하고자 할 경우에는 추론에 따른 내용분석에 맞춰 분석해야 한다. 다음으로 기술분석은 민속지학자가 일종의 작가처럼 연구 대상자들로부터 제공된 자료들의 일정한 양태와 독특한 측면을 연결해서 도입부에 특정 예배 문화가 발생하게 된 원인에서부터 새로운 예배문화 활동 및 경험이 어떻게 전개되는지를 지속적으로 기술하는 분석법이다. 예를 들어, 직장문제나 다른 문제로 인하여 주일성수를 하지 못하는 사람들이 가질 수 있는 '죄의식'이 있는 사람들에게 있어 '9시에 뜨는 별' 예배에 대한 체험이라는 연구 주제를 분석하게 된다면, 연구 대상자들이 주일을 지키지 못한 것에 대한 '죄의식'의 원인에서 그 예배(9시에 뜨는 별)의 경험을 통해서 '죄의식'을 어떻게 해소해 나갔으며, 어떻게 '9시에 뜨는 별' 예배를 통해 이전보다 더 깊은 하나님과의 관계를 맺게 되었는가에 대한 소개를 상세히 기술해 나가는 방식을 말한다.

다섯 번째, **연구결과물에 대한 신뢰성 검증 작업**이다. 다른 질적 연구와 마찬가지로 민속지학에서는 신뢰성이라는 용어를 trustworthiness의 척도에서 제시하고자 한다(Guba & Linclon, 1985). 이것을 평가하기 위해서는 네 가지 과정을 점검해 보아야 한다. (1) **연구의 진실성**에 관한 물음이다. 연구의 진실성은 연구자가 주어진 연구 주제(변화하는 회중과 예배)와 과제를 수행하기 위해 연구 현장에 얼마나 많은 정성을 쏟았는가에 따라 가늠된다. 연구의 진실성을 높이기 위한 기법으로는 지속적인 관찰, 자료수집 및 분석의 삼각법, 연구결과물에 대한 연구 참여자의 확인, 타 민속 연구자의 결과물에 대한 진단 등을 들 수 있다. 물론 더 오랜 시간 참여하여 관찰했으면 하는 아쉬움도 없지는 않지만 5주간의 시간 동안 '9시에 뜨는 별' 예배에 참석하여 그들과 함께 예배드리고 우리가 그들이 되어 보는 경험을 통해 얻은 연구결과물이기에 민속지학적 연구의 진실성에는 본 연구팀에게 후한 점수를 주고 싶은 마음이다. (2) **연구의 전이성**(transferability)에 대한 면도 신뢰성과 연관이 있다. 전이성이란 수행한 연구 결과가 일시적이 아닌 다른 상황에서도 그렇게 나타날 수 있다는 셋을 증명하는 정도를 의미한다(Guba & Linclon, 1985). 변화하는 회중과 변화하는 예배를 연구하는 연구자들은 특히 연구의 전이성을 위해 이러한 변화(회중과 예배의)가 일어나게 된 원인에서부터 발생, 경험, 만족 등에 대한 최대한의 기술을 통해 수행한 연구가 다른 상황에서도 그대로 인식될 수 있도록 제시해야 한다. 이것은 앞으로 다른 비슷한 연구들이 계속 수행되어야 함을 이야기하기도 한다. 그리고 우리 연구자들은 앞으로 변화하는 21세 상황과 삶의 패턴으로 인해 예배를 향한 회중의 니즈가 바뀌는 것은 막을 수 없는 현상일 것이라고 생각한다. 그런 상황 가운데서 온누리교회 '9시에 뜨는 별' 예배와 같은 예배(꼭 같은 시간대의 같은 형태는 아니어도, 어떤 정형화된 주일성수의 개념을 흔드는)가 더 생겨날 것이라고 본다. 물론 가시적으로 많이 드러난 것이 아니기에 본 연구에서 나온 결과들이 다른 상황에서도 그대로 인식될 수 있을지는 아직 미지수이다. (3) **연구의 믿음성**(dependability)을 확인해 보아야 한다. 연구의 믿음성은 주로 동료 민속지학자가 연구 절차에 대하여 다시 한 번 점검해서 진단하고 이상이 없음을 확인함으로써 향상된다. 이것은 첫째로 언급 연구의 진실성과 밀접한 관계를 지니고 있다. 우리의 연구 절차에 대해서 다른 민속지학자들에게 점검받는 일은 우리가 하지 못한 부분이다. 앞으로 다른 연구를 계속해 나갈 경우 연구의 믿음성을 확인해 보기 위해서 다른 연구자에게 우리가 혹은 내가 수행하고 있는 연구 절차에 대한 진단을 부탁하는 것이 필요하다고 생각한다. (4) **연구의 확인성**(confirmation) 또한 연구의 신뢰성을 향상시켜 준다. 확인성은 주로 산출된 연구결과를 동료와 연구에 참여한 대상자들이 자료들과 분석 또는 해석이 오류를 범하고 있지 않은가에 대한 검증을 하는 작업을 통해 향상된다. 이 작업 역시 깊이 있게 다루지 못한 부분이지만 조금 더 시간을 내어 다음 번 연구에서는 확인을 통한 연구의 신뢰성을 높일 수 있어야 함을 받아들인다.

이와 같은 다섯 가지 순차적인 단계를 거쳐 온누리교회 '9시에 뜨는 별' 예배에 대한 연구의 민속지학적 결과는 도출되며, 주제에 대한 다양한 해석을 제시해 줄 수 있다.

(1) 선행연구

지역교회 회중과 교구에 대한 연구는 1960년대 초에 유럽에서 시작되었다. 이후 많은 책과 보고서가 독립된 회중과 그 종류에 대한 연구를 발표했는데, Hopewell은 *Congregation*이란 책에서 지역교회에 관한 연구의 역사를 소개한다. 1960년대의 관심은 교회 환경적인 요소를 보았기 때문에 진정한 교회의 의미에 관심을 가졌고, 세계적인 상황에 어떻게 교회가 반응하는지에 대한 연구를 하였다. 한 세기가 지났을 때에는 오히려 회중을 기계적으로, 즉 외부적인 요인보다 내부적인 요인에 집중 연구를 하였다. 교회를 조직으로 바라보기보다는 공동체, 즉 생물학적인 조직으로 바라보기 시작하였다고 발표하였다. 그 외에도 교회를 상징적인 의미로 바라보며, 언어적인 모델을 사용하여 문학적인 이야기 구조의 주된 동기, 주제, 상징성 등을 검토한 연구도 많이 있다. 이런 *Congregation*에 대한 연구의 역사에서 저자는 집을 구하는 사람들이 집을 살펴보는 것(househunting)과 비슷하다고 발표한다. 그리고 Hopewell은 자신의 참여관찰과 자신의 경험을 바탕으로 회중에 대한 특성과 내면에 숨겨진 이야기를 찾아간다 (Hopewell, 1987).

과연 종교 집단의 회중이란(religious congregation) 무엇인가? Johnson과 Mullins는 종교적 회중은 개인과 신앙 공동체로 살고 있는 성도들에게 삶의 목적과 소속감을 자연적인 자원 안에서 줄 수 있다고 정의하였다(1990). 그렇다면 이런 교회가 그룹을 성장시키는 요소는 어디에서부터 기인했을까? 현재 만 명 이상의 출석 교인과 3만 명 이상의 재적 신도수를 보유하고 있는 새들백교회 예배를 살펴보면, 새들백교회의 구도자 예배는 미국의 개척 초기에 개척민들을 모아놓고 행하였던 프론티어 예배에 기원을 두고 있다. 또한 1950년부터 1960년대 사이의 세대 중에 부머들(boomers)과 새로운 록음악의 문화적 배경을 이해하고 목회자들을 중심으로 구도자 예배가 시작된 대표적인 교회는 윌로우크릭교회가 있다. 이 예배의 특성을 보면 동네 구조를 잘 파악하고, 문화적 장애를 잘 극복하며, 현대적이며 경쾌한 음악과 지루하지 않은 예배의 템포로 불신자들도 거부 반응이 없는 '구도자 민감예배(Seeker Sensitive Service)'를 드렸다고 한다(안기문, 2003).

1992년도에 Hair와 Walsh-Bowers는 Congregation이 성장하기 위해서는 성도들의 필요와 자원을 잘 이해해야 한다고 하였다. 그들은 시골, 다인종, 새로운 형태의 교회 등 다양한 교회를 대상으로 연구하여, 사람들이 교회를 필요로 하는 이유 중 가장 큰 것은 영적인 욕구(spiritual needs, 68%), 사회적인 욕구(social needs, 51%), 그리고 육체적인 욕구(material needs, 38%)라고 발표하였다. 교회의 성장을 동기적인 모델로 접근한 케이스에서는 "How It Feels at Church"라는 조사를 통해 성도들의 동기와 재미 등 여러 가지 요소를 측정하였다. 자율성, 적합성과 관련성이 높을수록 교회의 성장도 높다는 연구를 발표하였다(Baard, 1994).

　Congregation에 대한 연구는 한국 교회사에서도 많이 이루어졌다. 한국의 교회 성장은 특히 개신교 선교사들로 인해 부흥회와 성령운동의 영향으로 급속한 성장을 하게 되었으므로, 한국 교회를 특징짓는 요소와 회중의 특징, 필요 조건들은 서구와 동일할 수 없다. 한국 교회의 특징으로 '기도의 생활', '기도하는 공동체'가 있지만, 한국 교회는 규칙적이거나(regular) 창의적(creative)이지 못했고, 열심히는 하지만(zealous) 적합한 참여를(relevant) 조장하지 못하였으며, 개인적 위로와 치유는 있었지만 공동체적(corporate) 성격과 선교 공동체로서의 역할을 소홀히 해왔다라고 발표해 왔다(이영원, 1995). 또한 주일예배는 바로 교회에서 이루어지는데, 예배를 드리는 동기는 교회와 주일성수의 관계 속에서 발견될 수 있다고 한다(장준하, 1995). 한국인들이 가지고 있는 주일성수의 개념은 더욱 샤머니즘과 불교의 영향을 받아, 복 받기 위하여 하나님을 바라보며, 그로 인한 기복신앙이 예배에 큰 영향을 끼친다고 보았다(이영원, 1995).

　한국의 성장을 지역별이나 다른 요소로 바라볼 수 있지만, 1960년부터 10년이란 주기마다 성장의 변화를 찾을 수 있다. 이것을 왓슨(Alfred W. Wasson)은 한국의 교회 성장이라는 책에서 관찰하였다. 한국 교회는 이런 급성장 속에서 확실한 Congregation의 정체성을 확립하는 데 많은 어려움이 있었지만, 계속적으로 노력을 한 흔적을 볼 수 있다. 1960년대에는 신학의 토착화 논쟁을 볼 수 있다. 10년이 지난 1970년대에는 사회적 영성운동, 사회선교 논쟁과 성령운동의 도입, 그리고 각 교회 기도원 설립과 기도운동의 활성화에 대한 변화가 한국여성운동으로 인한 영향으로부터 더욱 자유로워진 면을 볼 수 있다(김인수, 1997). 그 후 1980년대에는 교육적인 요소에 중점을 두는 노력을 찾아볼 수 있다.

　21세기의 한국 교회는 급속한 성장을 멈추고 한자리에 머물러 있는 것을 알 수 있다. 짧은 역사 속의 급속한 성장이었기에, 어느 정도의 머무름도 이해할 수 있지만, 더욱 궁극적인 이유를 찾는 것 역시 중요하다고 본다. 김영재(1998)는 1990년대에 이르러 교회 성장률이 둔화 현상을 보이는 까닭은 교회가 상당한 정도로 성장한 시점을 만났다는 점과 교회의 구조적인 문제를 탓할 수 있다고 한다. 또한 그는 교회 지도자들의 의식이 바뀌어야지만 국민의 교회로 성장할 수 있다고 주장한다.

문제제기

1992년 미국 상무부에 따르면, 80%가 기독교인이지만, 그들 중 25%만 매주 교회를 참석한다고 발표하였다(Hadaway, Marler, & Chaves, 1993). 이러한 현상에 관한 그리고 교회의 성장과 참석도에 대한 관심과 교회사에 대한 연구들이 많이 이루어졌고 이것은 매우 중요하다. 이러한 배경 속에서 우리는 회중이 계속적으로 변화하고 있으며 이러한 가운데, 교회는 각 회중이 저마다 자신들만의 독특하고 개성 있는 성격들을 가지고 있음을 알 수 있었다. 21세기를 맞이한 한국 교회에서는 주 5일 근무로 바뀌면서, 레저를 즐기는 가족과 사람들이 증가하고 있고, 정통적인 예배 스타일보다 더 자유롭고, 교회 안에서도 깊은 교제를 회피하는 사람들이 증가하고 있는 경향을 볼 수 있다. 그런 상황 속에서 전원 교회 및 직장인들을 대상으로 한 많은 예배들이 시도되고 있다. 그중 본 연구팀은 3년 전부터 온누리교회에서 드리고 있는 '9시에 뜨는 별'이라는 새로운 예배 형태를 연구하기로 했다.

더 이상 구애받지 않는 자유로운 예배, 즉 성령님께서 자연스럽게 운행하는 예배를 목표로 두고 온누리교회 '9시에 뜨는 별'은 시작했다. "주일에 일터에서 지친 몸을 이끌고 사랑하는 하나님께 찬양하기 위해 모인 직장인들에게 하나님은 영롱한 밤하늘의 별빛으로 다가오십니다!"라는 멋진 모토와 함께 이 예배는 평안과 안식을 제공하는 곳으로 새로운 회중을 이끌었다. 낮 예배를 드릴 수 없는 직장인과 예배를 사모하는 성도들을 위해 마련된 본 예배는 한 사람 한 사람에 보다 더 관심을 가지려고 하며, 궁극적으로는 하나의 예배공동체로 나아가는 것을 지향하고 있다. 예배공동체를 꿈꾸며 예배에 참석한 사람들을 멤버십으로 관리하고자 한다. '9시에 뜨는 별'은 심플하면서 찬양이 많고, 가족이 함께 드리는 예배로 평안한 안식이 있는 예배로 정의를 내리고 있다(www.onnuri.or.kr). 본 연구자들은 이와 같은 연구가 예배와 회중에 대한 새로운 지평을 넓혀줄 것이라고 생각한다.

(2) 연구 대상(참여자)과 현장 선정

① 연구 현장 선정

문화기술지는 집단에서의 장기간의 관찰(participant observation)을 통해 **문화공유집단의 행동, 언어**, 상호작용의 의미를 연구해야 한다. 연구자들이 학생이고 동시에 사역하는 사람이 많다는 제한된 상황에서 몰입된(immersed) 참여관찰(participant observation)의 현장을 선정한다는 것은 쉬운 일이 아니었다.

현재 '9시에 뜨는 별' 예배는 온누리교회 서빙고 본당과 양재 사랑성전에서 드려지고 있다. 이 예배가 주일 밤 9시에 시작하여 10시 20분경에 끝난다는 것과 연구자들의 생활권(학교, 학원, 사역지, 집)을 고려하였을 때, 양재보다 서빙고가 참여관찰하기에 지리적으로 더 효율적이라는 판단을 하였다. 이러한 위치상의 이유 외에도 서빙고는 온누리교회의 본당이 있는 곳이고 양재는 (지부) 성전이기 때문에 인지도 측면에서 양재보다는 서빙고가 연구 대상을 관찰하기에 더 풍부한 자료를 얻을 수 있을 것이라고 의견을 모았다.

이리하여 본 민속지학조의 연구 현장은 온누리교회 서빙고 본당으로 선정되었다.

② 게이트키퍼

민속지학적 연구에 있어서 연구 현장에 진입하는 데 많은 정보와 도움을 주는 게이트키퍼의 선정은 중요하다. 연구자들은 온누리교회에서 사역하는 사적인 친분관계를 통해 이 예배와 관련된 게이트키퍼를 소개받으려 했으나, '9시에 뜨는 별' 예배의 디렉터 혹은 스태프와 연결되지 않았다. 참 난감한 상황에 빠진 것이다. 그렇다고 지인(知人)을 온누리교회 사역자라는 이유만으로 게이트키퍼로 활용할 수는 없었다. 이유는 온누리교회 사역 부문과 봉사가 대형화, 전문조직화되어 있어, 다른 예배 관계자나 사역자는 자신과 관계없는 부서의 사역에 대해서는 자세히 알고 있지 못했기 때문이다.

게이트키퍼 선정에 있어서의 또 하나의 문제는 이 예배의 특성과 관련되어 있다. 그 특성이란 교회 측에서 예배드리는 회중을 파악하지 않고 공동체 활동으로도 끌어들이지 않는다는 것이다. 그러한 이유로 이 예배의 진행자나 스태프들도 이 예배에 대한 그들의 생각과 느낌만을 설명해 줄 수 있었고, 예배에 참여하는 회중과의 만남에 있어서는 아무런 도움도 받을 수 없었다.

위와 같은 이유로 게이트키퍼 선정에 대해 고민하면서 2005년 1월부터 Main Speaker로 설교하시는 노용기 목사님(가칭)을 찾아가 부탁하기로 하였다. 연구자들은 예배 후 로비에서 성도님와 이야기를 나누고 있는 목사님을 발견하고, 목사님께 연구자들의 신상과 본 연구에 대해 설명드렸다. 그리고 이 예배에 대한 목사님의 견해(예배를 설계한 교회의 견해라고 할 수 있음)에 대한 인터뷰 허락과 연구 자료수집에 필요한 비디오 촬영, 사진 촬영에 대한 승인을 얻었다.

노용기 목사님은 엄밀하게 말하면, 주요 정보제공자이다. 목사님은 현재 온누리교회 관악 공동체, 서빙고 목회지원(간사회), 차세대기획팀, 서빙고 꿈땅(교육위원회/수요어머니 기도회), 해외일만사역팀, 서빙고 헌금계수, 양육사역기획팀을 맡고 계신다.

③ 연구 참여자 선정

연구 참여자 선정은 Fetterman(1989)의 '큰 그물 접근' 절차를 밟았다. 즉, 연구 문제에 기반하여 하위문화 혹은 집단의 구성원을 선택하는 데 있어 연구자의 판단에 의존하였다. 기회를 이용(기회적 표본추출, Miles & Huberman, 1994)하고 개인을 선택하기 위해 연구를 위한 기준(기본 표본추출)을 세웠다. 기본 표본추출은 Hammersley와 Atkinson(1993)이 제안한 것처럼 인구학적인 면에서, 그리고 다양한 형태의 행동을 이끄는 맥락 등에서 문화공유집단을 대표하는 집단, 개인의 사회적 삶의 특정 시기에 대해 일정한 관점을 취하는 것에 기초하여 기준을 세웠다.

이러한 표본추출 전략을 가지고 먼저 이 예배를 계획하고 운영하는 교회 측 참여자로, 현재 말씀을 전하시는 노용기 목사님을 선정하였다. 목사님께 이 예배의 기획 의도와 실행단계들에 대해 질문하였고, 이 예배에 대한 의미와 쟁점이 될 수 있는 문제들에 대해 인터뷰하였다.

연구자들은 이 예배를 드리는 회중이 온누리교회 성도로 직장 업무, 레저, 혹은 연애·모임으로 이 예배를 드릴 것이라고 예상했다. 그러므로 연구 참여자 선정 기준을 다음과 같이 세웠다.

1) 연령 : 20~40대
2) 성별 : 남녀 모두

3) 예배 참석 기간 : 장기간 참석한 사람, 최소 두 번 이상 참석한 사람

4) 신앙 기간 : 새신자와 단기간 신앙생활 대상자는 제외

5) 유형별 : 직장인, 레저족, 연애, 모임

(1)은 자신의 생활을 계획하는 데 있어서 제한을 가장 적게 받는 연령대라는 생각에서이고, (2)는 성(gender)에 의해 유비(類比) 또는 차이의 가능성을 모두 취합하기 위함에서였으며, (3)은 이 조건이 이루어져야 연구 참여자가 이 예배문화 집단에 포함되는 사람으로 분류되기 때문이다. (4)는 이 예배 참석자들의 주일성수 개념과 이에 따른 죄의식에 대해 알기 위한 사전 조건으로 넣었다.

④ 연구 참여자와의 작업 과정

연구자들은 본 연구에서 인터뷰 시기를 연구 참여자가 되는 것을 동의하기로 한 참여자와 바로 하는 것이 아니라 두 번 이상의 만남 후에 인터뷰하기로 하였다. 함께 예배드리며 참여자와 연구자 간의 공감대와 친밀감을 형성한 후 심층면담을 하기 위해서이다.

이런 과정에서 연구자들은 예상치 못했던 회중을 발견하게 되었다. 이 예배에는 온누리교회 성도만 참석하는 것이 아니었다. 타교회 성도이지만 이 예배가 자신의 영적 갈급을 충족시키기 때문에 주일에 본인이 섬기는 교회에서 예배 또는 봉사를 한 후, 정기적으로 온누리교회 '9시에 뜨는 별' 예배에 참석하는 회중이었다. 연구자들이 예측하지 못했던 대상이었으나, 이것도 이 예배문화를 반영하는 자료이기 때문에 연구 참여자로 선정하기로 합의하고 선정 기준을 수정하게 되었다.

유형별 연구 참여자 접촉에 어려움이 있었다. 순수하게 레저, 연애, 모임의 사유로 이 예배에 참석하고 있다고 말하는 회중을 찾지 못했다. 이에 대한 배경가설은 (1) 순수하게 레저, 연애, 모임의 이유로 정기적으로 참석하는 회중은 많지 않다, (2) 이러한 이유로 9시 예배를 드린다는 것을 밝힘으로써 느끼게 되는 죄의식 또는 수치감에서 기인하는 현상이라고 생각된다.

참여자들이 연구자들의 연구를 위해 시간을 내어 인터뷰해 주는 것에 감사했다. 그 마음을 표현하기 위해 참여자들에게 예쁜 책갈피(연세대학교 기념품)를 선물하며 인터뷰 작업을 마쳤다.

⑤ 연구자의 준비와 진행 과정

본 연구를 위해 초기에는 각자 이론 서적과 논문을 숙지하고 주 1회 이상 만나 이론과 연구 대상에 대해 토론하였다. 이때 거론되었던 연구 대상으로 초기에는 엘리트 의식에 대한 연구로 창천교회 청년부가 거론되었고, 후반부에는 장년 대비 청년의 수가 많은 삼일교회 청년문화에 대한 연구가 거론되었다. 후자는 한국 교회에서 독보적으로 많은 청년들이 모이고 활동하는 교회이다. 청년들이 이 삼일교회에 열광하는 이유가 무엇일까 연구자들은 궁금하였고, 이 연구결과가 앞으로 기독교 청년문화와 예배 방향에 가치 있는 통찰을 제공해 줄 것이라고 생각했다. 유력한 연구 대상이었고 사전조사도 진행하고 있었으나, 온누리교회 '9시에 뜨는 별'에 대한 의견이 나오면서 연구 대상과 주제를 바꾸게 되었다. 그 이유는 이 예배문화의 독특함과 또 다른 장점인 민속지학 방법론을 선택한 연구자 모두가 직접 참여관찰할 수 있는 연구 대상이었기 때문이다.

온누리교회의 '9시에 뜨는 별' 예배에 참석하는 회중의 유형을 두 가지로 추측했다. (1) 다변화사회 속 서비스산업의 발달로 서비스업에 종사하는 직장인, (2) 주5일 근무와 초·중·고교의 토요휴무일로 인한 레저문화의 발달과 이에 부응하는 레저족으로 구분했다. 레저족들은 이 예배로 생긴 무임승차자라고도 볼 수 있었다.

이들이 별이 뜨거나 이미 뜬 시간에 이 예배에 참여하는 중요한 이유는, 주일성수를 한다는 것에서 오는 죄의식의 해소라고 생각했다. 그래서 '9시에 뜨는 별' 예배 집단의 독특함을 정통적 예배에 익숙한 연구자들이 참여함으로써 이 문화를 이해하기 위한 연구자들의 문화 뛰어넘기가 시작되었다.

연구 대상이 선정된 4월부터 주 1회 정기적인 모임 외에 주일 참여관찰 후 짧은 모임을 갖고 그날 예배 현장의 생생함과 관찰했던 것들을 나눴다. 첫 참여관찰부터 연구자들은 각자 익숙한 예배와 예배 전후 모습과 사뭇 다른 '9시에 뜨는 별' 예배에 대해 활발한 의견을 나눴다. 이때도 게이트키퍼를 찾기 위해 노력하였고, 4월 17일 노용기 목사님의 허락과 위임을 얻었다. 한 달 정도 참여관찰한 후, 참여자를 선정하고 만났으며 인터뷰 질문을 수정·보완한 후 인터뷰를 시작하였다. 질문은 참여자의 대답에 따른 하위 질문 경우의 수가 너무 많아 핵심 질문과 상황에 따른 필요한 질문 두 가지로 반구조화하였다. 인터뷰 상황에서 참여자에게 녹음의 동의를 얻은 후, 연구자들은 핵심 질문과 상황에 맞는 질문을 참여자의 대답에 따라 상황을 판단하며 수행하였다.

본격적인 비디오·사진 촬영은 5월 8일에 이루어졌다. 아쉬운 점은 예배 후 안수기도가 4월을 마지막 주일까지 행해지고 없어졌기 때문에 긴 줄을 이루며 안수기도를 받기 위해 서 있는 회중의 모습을 자료로 수집할 수 없었다.

현장작업이 끝난 이후는 분석을 하고 이론서를 다시 보면서 이론과 실제를 적용했다. 이 과정에서 현장 연구 이전에는 책을 읽으며 명확하게 이해되지 않았던 개념들이 이해가 되기 시작했다. 그리고 이론으로만 알았던 방법론을 현장 연구를 통해 적용하면서 민속지학에서 말하고 있는 절차들을 의식적 또는 무의식적으로 수행했다는 성취감을 느끼는 시간이었다.

본 연구자들의 연구 준비와 진행과정을 〈표 11-3〉에 간략하게 기록하였다.

표 11-3 연구 준비 및 진행 과정

회기	날짜	시간	장소	내용
1	3월 3일	수업 후 15분	백양관 강의실	연구 설계를 위한 이론 준비와 연구 대상 선정에 대한 아이디어 구상하기
2	3월 24일	08:00~09:00	상남경영관	교수님과의 미팅이 취소되어 연구 대상과 사전 자료수집에 대해 논의
3	3월 31일	12:30~13:30	루스채플 강의실	새로운 연구 대상 선정과 자료수집 계획
4	4월 7일	08:00~10:30	상남경영관 글로벌 라운지	연구에 대한 교수님 의견 취합, 현장조사 준비 계획
5	4월 10일	22:20~22:35	온누리 서빙고성전	현장조사에 대한 느낌 공유, 설문조사 질문에 대해 각자 자료 올리기
6	4월 14일	12:30~13:30	하얀샘	연구 방향과 대상에 대한 논의, 동의서와 취합된 질문지 질문에 대해 논의
7	4월 17일	22:20~22:35	온누리 서빙고성전	현장조사에 대한 느낌 공유, 인터뷰 대상자 탐색

(계속)

회기	날짜	시간	장소	내용
8	4월 21일	11:00~12:40	온누리 서빙고성전	질문지 수정과 노용기 목사님과의 인터뷰(인터뷰는 40분간 진행)
9	4월 24일	22:20~22:35	온누리 서빙고성전	현장조사에 대한 느낌 공유, 인터뷰 대상자 탐색과 인터뷰 진행
10	4월 28일	12:00~13:30	루스채플 강의실	연구 초점에 대한 재정의, 질문지 수정, 자료 수집·분석에 대한 계획과 논의
11	5월 1일	22:20~22:35	온누리 서빙고성전	현장조사에 대한 느낌 공유, 인터뷰 진행
12	5월 8일	22:20~22:35	온누리 서빙고성전	현장조사에 대한 느낌 공유, 인터뷰 진행, 비디오·사진 촬영
13	5월 12일	12:00~13:40 17:00~19:00	루스채플 강의실 하얀샘, 중도	발제 자료와 프레젠테이션 준비에 대한 계획, 부족한 이론 부분에 대한 자료 재조사
14	5월 14일	18:00~22:30	백양관 원우회실	분석 작업, 이론 재정립
15	5월 16일	18:00~21:30	백양관 원우회실	최종 결과물 수정 및 발제 논의

(3) 참여관찰과 심층면담에 의한 자료수집

① 현지조사와 참여관찰

어떤 지역에서 어떤 문화 연구를 위해서 수행되든 간에, 현지조사에 영향을 주는 세 가지 요소(윤택림, 2004)가 있다.

첫째, **연구의 주제**이다. 실증적 연구에서는 연구의 주제가 연구자나 연구 수행 당시의 사회적·역사적 상황과 무관하거나 무관해야 한다고 한다. 그러나 사실상 어떤 연구도 당대의 사회적 필요나 요구, 문제의식 없이 이루어지지 않는다. 아무리 순수한 자연과학 연구라 해도 연구는 항시 당대의 사회적 상황과 긴밀하게 연결되어 있다. 예를 들면 과학의 첨단을 달리는 생명과학은, 후기자본주의 사회가 되어 사람들이 삶의 질을 추구하고 건강과 생명의 연장에 관심을 가지게 되었기 때문에 현재에 성행하고 있는 것이다. 마찬가지로 현지조사도 연구가 수행되는 사회적·역사적 맥락과 긴밀하게 연관되어 있다. 어떤 연구든 연구 당시의 학문적 패러다임과 연구자가 속한 사회의 정치적·경제적 상황이 연구자의 문제의식에 상당한 영향을 주기 때문에, 연구자의 질문의 성격과 범위를 제한하게 된다. 우리 연구팀이 온누리교회 '9시에 뜨는 별' 예배에 관심을 갖고 연구 주제를 선택한 것은 21세기 한국 교회의 상황과 무관하지 않다. 즉, 우리들은 왜 이 시점에서 시대를 역행해(한국의 많은 교회들이 주일 저녁 예배를 주일 오후 예배로 대치하고 있는 상황 가운데, 밤 9시에 주일예배를 드린다는 발상은 기발하다. 그러나 이것은 시대를 역행하는 것 같아 보이나 실제로는 시대의 흐름을 너무도 잘 읽고 있는 것 같이 보인다.) 밤 9시에 주일예배를 만들었을까 하는 의문을 가지지 않을 수 없었다. 우리들은 이러한 현상이 단순한 예배의 시간적 파괴를 넘어서 다변화하는 시대와 이 시대를 살아가는 회중에 대한 배려(혹은 염려)가 이러한 예배를 만들어 냈을 것 같다는 연구자의 패러다임 속에서, 여러 번 주제 토의를 거친 후에 이 예배가 충분한 연구 가치가 있음을 동의하고 연구 주제를 정했다.

둘째, **연구자의 정체성**이다. 현지조사는 연구자인 인류학자가 살아서 활동하고 있는 연구 대상인 사람들과의 만남을 통해서 이루어진다. 이러한 만남은 보통 사람들이 처음 만났을 때와 같다고 볼 수 있다. 우리가 낯선 사람을 처음 만났을 때, 가장 먼저 그 사람을 인식하는 것은 그 사람의 성별, 즉 여자인가 남자인가이고 그다음은 나이, 직업, 결혼 유무라고 볼 수 있다. 그리고 무엇보다도 첫 인상이 매우 중요하다. 마찬가지로 현지민들에게 인류학자가 남자인지, 여자인지, 어느 나라 사람인지, 나이가 얼마나 되는지, 결혼을 했는지, 아이가 있는지, 교육 정도가 어떤지가 인류학자를 판단하고 인식하게 되는 가장 기초적인 기준들이다. 따라서 연구자의 인종, 민족 또는 종족성, 연령, 결혼유무, 자녀 유무, 계층, 교육 정도, 가족사, 종교, 성격, 취향은 연구자의 정체성을 구성한다. 그 정체성은 연구자가 현지민과 대면적·직접적 접촉을 할 때, 연구자와 현지민 간의 관계 형성에 상당한 영향을 끼치게 된다. 본 연구자들은 연세대학교 연합신학대학원에서 상담학을 전공하거나 공부하고 있는 학생들로 이루어졌다. 처음에는 연구 주제의 선정에 대한 막막함과 불안함이 있었지만 신학대학원생이라는 우리들의 정체성은 자연스럽게 몇 번의 토의를 통해서 '교회'와 '회중'에 대한 연구 주제를 잡는 것으로 이어졌다. 그리고 최종적으로 온누리교회 '9시에 뜨는 별'이라는 구체적인 연구 주제를 선정할 때까지 우리들이 가지고 있는 가치관과 관심과 정체성이 한껏 작용했음을 부인할 수 없다. 이 연구 주제를 가지고 우리가 현장에 들어갔을 때 연구자의 정체성을 참여자들에게 밝히고 연구에 동참시키는 것이 수월했으며 어떤 다른 주제(만약 노숙자 연구나 동대문의 가출 청소년 연구)를 연구함에 있어서는 제약이 될지도 모르는 우리의 정체성이 우리 연구에는 장점으로 작용하였던 것 같다.

셋째, **현지의 상황**이다. 인류학자가 자신이 원하는 모든 지역을 현장조사할 수 있는 것은 아니다. 인류학자의 정체성은 현지를 선택하는 데에 있어서도 영향을 주고, 동시에 현지의 정치적·사회적·경제적 상황도 현지조사에 영향을 준다. 남아메리카와 같이 경제적 불안이 심하고, 정치적으로 불안정한 곳에서 하는 현지조사는 매우 위험할 수 있다. 일단 인류학자가 자신이 원하는 현지에 발을 내디딜 수 있게 되어도, 현지민들이 외부와 접촉해 온 역사, 현지민들의 사회적 관계, 성역할 관계, 의식주, 정치, 경제 상황, 종교 등이 또한 연구자와 현지민 간의 상호관계 맺기에 큰 영향력을 행사한다. 본 연구는 연세대학교 연합신학대학원에서 개설된 '상담학 연구방법론 : 질적 연구'라는 수업의 일환으로 진행된 것이었다. 본 수업의 첫 시간에 질적 연구에 대한 다섯 가지 전통을 조별로 나누어 연구하고자 했을 때 가장 인기 없는 조가 바로 '민속지학'조였다. 총 8명이 민속지학조에 속하게 되었는데 당초 민속지학조에 속해 연구를 하겠다고 나선 사람은 단 한 명밖에 없었다. 그 주된 이유는 아마도 현장에 직접 참여하여 연구해야하는 심적, 시간적, 경제적, 육체적 부담감이 있었기 때문일 것이다. 실제로 본 연구는 이렇게 도서관에 앉아 연구결과물을 작성하기 위하여 상당히 많은 시간을 현장에서 보내야 하는 수고로움이 있었다. 정석환 교수님께서 민속지학을 소개할 때 연구 주제의 예로 '동대문 가출 청소년의 실태 조사'와 같은 주제를 던져주셨던 것이 많은 연구자들에게 부담을 주었고, 이 연구에 참여하는 것을 주저하게 만들었던 것 같다. 다행히 우리 연구조원들의 정체성에 부합되고 모든 연구자들이 관심을 가지고 연구할 수 있는 주제를 선정할 수 있었고 우리의 연구 현장이 된 교회와 예배당은 시간적 부담 외에는 우리 모두에게 큰 실득(實得)을 주었다.

표 11-4 서베이와 현지조사 비교(윤택림, 2004)

서베이와 현지조사 비교		
비교 기준	서베이	현지조사
1. 연구 대상	표본-모집단	사람들-지역사회
2. 연구 기술	질문지	참여관찰, 인터뷰
3. 자료를 주는 이	응답지	제보자
4. 연구자와 연구 대상 관계	개인적 접촉 없음	직접적·대면적 접촉
5. 연구 집단 규모	현대 복합 사회	소규모 사회
6. 자료의 성격	양적	질적
7. 연구결과	통계 처리	의미 해석

현지조사와 참여관찰을 위해 현지조사에 영향을 미치는 위와 같은 세 가지 요소(연구 주제, 연구자의 정체성, 현지의 상황)을 고려해서 본 연구팀은 총 6회에 걸쳐서 참여관찰을 하였다. 아래는 본 연구팀이 온누리교회 서빙고성전에 가서 '9시에 뜨는 별' 외 온누리교회에 대한 전반적인 현지조사와 참여관찰을 한 것에 대한 간단한 표이다.

표 11-5 온누리교회 '9시에 뜨는 별' 현지조사와 참여관찰

회기	날짜	시간	장소	내용
1	4월 10일 (주일)	19:00~22:35	온누리 서빙고성전	'9시에 뜨는 별' 예배 참석, 전체적인 예배 분위기를 파악함, 온누리교회의 전반적인 분위기 파악
2	4월 17일 (주일)	19:00~22:35	온누리 서빙고성전	'9시에 뜨는 별' 예배 참석, 현장 탐구, 인터뷰 대상자 탐색 및 접촉, 본 예배의 설교자 노용기 목사님께 현장 연구에 대한 허락을 받음
3	4월 21일 (목요일)	11:00~12:40	온누리 서빙고성전	평일날의 온누리교회 참여관찰, 질문지 수정과 노용기 목사님과의 인터뷰(인터뷰는 40분간 진행)
4	4월 24일 (주일)	19:00~22:35	온누리 서빙고성전	'9시에 뜨는 별' 예배 참석, 현장 탐구, 인터뷰 대상자 탐색과 인터뷰 진행

(계속)

회기	날짜	시간	장소	내용
5	5월 1일 (주일)	19:00~22:35	온누리 서빙고성전	19:00~20:30에 타 예배와 '9시에 뜨는 별' 예배의 비교분석을 위한 '열린새신자 예배' 참석, '9시에 뜨는 별' 예배 참석, 참여관찰, 인터뷰 진행, 사진 촬영
6	5월 8일 (주일)	19:00~22:35	온누리 서빙고성전	'9시에 뜨는 별' 예배 참석, 현장 탐구, 인터뷰 진행, 비디오·사진 촬영

② 심층면담

질적 연구에서 가장 흔히 이용되는 자료수집 형태는 면담이다. **면담**이란 정보를 유도해 내기 위해 사전에 계획하고 형식화한 것이다. 질적 연구에서는 비구조화된 면담에서부터 구조화된 면담에 이르기까지 다양한 형태의 면담을 이용할 수 있다. 대부분의 질적 연구자는 연구 참여자에게 최소한의 제한을 가하는 비지시적·비구조화된 면담으로 시작한다. 질적 연구자는 주로 연구자의 마음속에 있는 연구 목적과 탐색하기를 원하는 특별한 과제에 초점을 맞추되 연구자에 의한 면담 방향과 통제는 최소한으로 하며, 연구 참여자의 생각을 따른다.

면담의 종류에는 크게 세 가지가 있는데 첫째, **비구조화된 면담**(unstructured interview), 둘째, **반구조화된 면담**(semi-structured interview), 셋째, **구조화된 면담**(structured inter-view) 있다. 이번 '9시에 뜨는 별' 예배에 참석하는 회중과의 인터뷰는 이중 반구조화 면담을 사용하였다. 반구조화 면담은 중점적 면담이라고도 한다. 이는 질적 연구에서 흔히 사용되는 면담기법이다. 질문에는 감추어진 문제에 중점을 둔 면담 지침이 포함되어야 한다. 반구조화 면담에서는 연구 참여자에게 질문해야 할 반구조화된 면담 지침과 개방적 형태의 질문이 먼저 설정된다. 이때 연구자는 연구할 주제에 대한 연구자 자신의 성향이나 관점을 먼저 알고 있어야 하며, 면담에서 도출된 결과 해석에서 범할 수 있는 오류를 피하기 위하여 연구 참여자의 확인이 필요하고, 연구자가 처음 가질 수 있는 선입관의 부당성에 대한 확인이 필요하다. 또한 연구자는 개방적 질문에 대한 연구 참여자의 면담 기록에 주의를 기울여 기록해야 한다(신경림, 2004). 연구 초기에 질문지를 작성했을 때는 자연스럽게 본 연구조가 가지고 있는 패러다임을 통한 많은 질문들이 모아졌나. 그러나 모아진 많은 질문을 모두 다 소화해 낼 시간적·환경적 여건이 되지 않음을 깨닫고 질문지를 간소화시켰다. 처음에는 각 조원들이 여러 질문을 몇 가지씩 나누어서 인터뷰하겠다고 생각했으나 계속되는 토론과 현장 참여관찰 결과, 그것보다는 질문을 간소화해서 중심 질문을 가지고 모든 연구원이 같은 질문 형식에 따라 인터뷰하는 것이 더 좋을 것이라는 의견이 수렴되었다.

질문하기 전에 연구자는 다양한 기술을 이용한다. 경험, 감정, 지식에 대한 질문 등 특별한 유형의 질문을 목록으로 만들 필요가 있다. Spradely(1979)는 **대윤곽 질문**(grand tour question)과 **소윤곽 질문**(mini tour question)을 구별하였다. 대윤곽 질문은 광범위한 반면 소윤곽 질문은 훨씬 구체적이다. 본 연구조는 현장에 들어가 참여관찰을 하면서 참여자들과 그리 오랜 시간 면담할 수 없는 한계성을 알아차리고 대윤곽 질문과 소윤곽 질문으로 나누어 질문지를 작성하였다. 이렇게 작성된 질문지를 가지고 실제 인터뷰 과정에서는 연구 참여자의 시간적 여건과 인터뷰 당시의 상황을 고려해서 가능하면 소윤곽 질문까지 인터뷰할 수 있도록 했으나 이것이 힘들 경우 대윤곽 질문만이라도 인터뷰할 것을 주지한 후에 인터뷰에 임했다.

본 연구팀은 인터뷰를 위해서 질문지 외에 동의서를 만들었으며, 본격적인 인터뷰 전에 참여자의 동의를 얻고 인터뷰를 실시하였다. 인터뷰는 주로 녹음을 하였고 녹음할 여건이 되지 않는 상황에서는 현장에서 인터뷰와 동시에 상세한 메모를 하여 기록을 남겼다. 중심 질문을 가지고 인터뷰에 들어간 후에 참여자의 대답과 인터뷰 참여성에 맞추어 적절히 소윤곽 질문들을 했다. 이렇게 인터뷰 자료들을 모았으며, 이것이 우리 연구의 핵심적 자료들이 되었다.

3) 자료분석

연구 관심사에 대한 이해를 높이고 연구자가 발견한 것을 독자에게 제시할 수 있도록 자료를 체계적으로 정리하고 자료 속에서 특징적인 의미, 주제, 규칙을 찾아내고 해석하는 과정을 질적 자료분석이라 말한다. 질적 자료분석은 1970년대부터 본격적으로 언급되기 시작되어 근거이론 방법, 현상학, 내용분석, 담론분석과 같이 상당히 구체적이고 체계적인 분석 기법들이 발달되어 왔다. 그럼에도 질적 자료분석은 여전히 '거인의 아킬레스'로 남아 있다. 많은 사람들이 생각하듯이 자료의 의미가 저절로 드러나거나 자료 더미 속에서 이론이 마술처럼 튀어나오지 않는다. 질적 자료분석은 대부분 연구자의 인식 내면에서 진행된다. 각 분석 기법은 이 인지 작업의 순서와 틀을 제공하는 지도이자 나침반에 불과하다. 이 도구를 이용하여 자료 속에서 의미와 구조를 밝혀 이론이나 모델을 구축하는 일은 여전히 연구자의 인지적 고뇌를 요한다. 각 질적 연구방법들은 나름대로 철학적 배경과 궁극적 목표를 지니고 있고, 이에 따른 기법을 지니고 있다. 따라서 모든 질적 연구에 적용할 수 있는 절대적인 분석 절차나 방식은 존재하지 않는다. 또한 실제 상황에서는 많은 분석 기법들이 복합적으로 적용되기도 한다. 그럼에도 모든 질적 자료분석 작업에서는 최소한 거쳐야 할 활동은 있기 마련이다(신경림, 2004).

Miles와 Huberman(2000)에 의하면 질적 자료분석은 자료 축약, 자료 배치, 결론 도출 및 검증의 세 가지와 연관된 활동이다. 첫째, **자료 축약**은 수집된 자료를 통해서 연구자가 개념적 틀, 다음 연구 질문, 사례, 도구를 선정하기 위해 실시한다. 연구자는 현장노트, 면담, 녹음, 기타 자료들을 확보한 후 필요한 추가 자료가 무엇인지 확인하고 자료를 압축하기 위해 자료를 요약, 부호화, 범주화, 주제 확인, 이야기 기술 등의 작업을 실시하게 된다. 둘째, **자료 배치**는 결론을 뒷받침할 수 있는 형태로 자료를 체계적으로 배치하고 연결하는 분석 작업이다. 일단 수집한 자료를 전사하고 정리한 후, 주제와 관련시켜서 자료를 축약하고 나면 전체를 조망할 수 있는 어떤 틀이 필요하다. 분명한 작업틀이 없으면 자료 부호화, 명명, 연결에 오류를 범하기 쉽다. 자료 배치 작업에서는 축약시킨 자료의 의미를 밝혀내기 위해 그림, 도해, 표, 사회 연결망 틀 등을 이용하여 자료를 조직적이고 압축된 형태로 모아놓는다. 이 과정에서 모든 자료가 농축된 형태로, 그리고 서로 연결될 수 있도록 배열한다. 셋째, **결론 도출 및 검증** 작업은 배출된 자료에서 의미를 도출하고 해석하는 작업이다.

Gribich(1999)는 네 가지 유형으로 질적 자료분석 기법의 유형을 나누었다. 첫째, **순환적 분석**(iterative mode)이다. 이것은 가장 전통적으로 적용하는 질적 분석으로 현장조사를 근거로 하는 해석학적 접근에 적용한다. 현상학적 방법은 일련의 독특한 자료수집과 분석과정을 거치고, 근거이론 방법은 3단계의 부호화 과정을 거친다. 민속지학(문화기술학) 역시 범주를 발견하거나 이론을 형성하기까지 여러 단계의 분석을 실시한다. 이 순환적 분석은 진행적 예비 분석, 주제 분석, 부호화의 단계를 거친다. 둘째, **탐색적 분석**(investigative mode)이다. 이것은 의미 분석, 역사적 방법, 담론 분석, 특정 유형의 문화기술지에 흔히 적용되는 분석 유형이다. 팀색직 분석에는 기호학과 구조분석, 구조주의적 기호분석, 후기구조주의적 기호분석 등의 절차를 거친다. 셋째, **주관성 분석**(subjective analysis)이다. 이것은 해석학적 현상학 연구와 같이 연구자가 연구의 관심 현상이 발생하는 삶의 현장에 매우 깊숙이 개입하거나 자가문화기술지(auto-ethnography)나 여성학석 접근, 또는 기타 서술적 후기구조주의의 접근에서와 같이 자기 자신의 언구의 초점이 될 때 적용한다. 여기서 텍스트를 최소한도로 탐색하고, 창조 혹은 변형을 위해 이용하게 된다. 여기에는 권력차, 편집, 저자의 주장 등의 단계를 거친다. 넷째, **수량화 분석**(numerative analysis)이다. 이것은 기록 자료에 대한 내용분석과 물질문화에 대한 연구와 자료의 양이 방대할 때 유용하게 적용한다. 여기에는 유사–통계학적 내용분석, 질적 내용분석 같은 절차를 따른다. 질적 연구방법에 따라 각 분석 유형에 의존하는 정도는 차이가 있으나 대부분은 이 중 몇 가지 유형을 중복하여 활용한다.

질적 자료분석은 심미적 질문을 던지고, 답변을 구하기 위해 부단히 탐색하고, 적극적으로 관찰하고 정확히 반추해 내는 인지적 과정이다. 연구자는 이 과정을 통해서 개별 자료의 의미를 찾아내고, 자료들을 비교·대조하면서 분류하고 분류된 것을 다시 종합하여 탐구 현상을 설명하고자 한다. 질적 분석은 나아가서 추론하고 이를 증명하여, 정정하고 수정하는 과정이며 제시하고 방어하는 과정이다. 이러한 작업은 기계적이고 자동적으로 일어나지 않으며, 연구자의 내면에서 일어나는 창조적 과정이다(신경림, 2004).

(1) 연구 현장 및 연구 참여자의 특성

① 연구 현장에 대한 이해

본 연구에서 다루어지고 있는 온누리교회의 '9시에 뜨는 별'은 시간 배치나 형식에 있어서 파격적이라고 볼 수 있는 주일 대예배이다. 그러므로 11시 주일 낮 예배(성결교단)와 온누리교회의 '9시에 뜨는 별' 예배의 순서를 비교함으로써 연구 현장에 대한 이해를 돕고자 한다.

표 11-6 주일예배 순서 비교표

11시 주일 낮 예배(성결교단)	온누리교회 '9시에 뜨는 별' 예배		9시 예배의 주요 특징
첫송영	20 : 50	찬양 시작	① 찬송가 대신 CCM 사용
찬양(찬송가)	21 : 10	중보기도	② 15분간 통성으로 중보기
교독문 낭독	21 : 25	성경봉독	도함
신앙고백		영상/광고	③ 교독문, 신앙고백, 주기도
찬양(찬송가)	21 : 30	설교	문 낭독 없음
기도	22 : 10	통성기도	④ 장로의 기도 없음
성경봉독	22 : 15	헌금기도/봉헌 찬양	⑤ 성가대 없음
성가대 찬양	22 : 18	축도	⑥ 통성기도
말씀선포			
기도			
헌금(성가대 특송)			
광고			
주기도문			
축도			

② 연구 참여자의 일반적 특성

본 연구의 심층면담에 응한 참여자들은 총 8명이며 그들의 인적사항은 〈표 11-7〉과 같다. 연구 참여자들의 신상을 보호하기 위해서 가명을 사용하였다.

표 11-7 연구 참여자의 인적사항

가명	나이	성별	직업	신앙 기간	세례 여부	봉사 여부	온누리교회 교인 여부	9시 예배 참석 기간
박진숙	30대 중반	여	큐레이터	모태신앙	O	X	X	1개월
이은철	30대 초반	남	은행원	모태신앙	O	O	O	1개월
김현미	30대	여	화가	7년	O	X	O	1개월
이현실	40대 초반	여	주부	18년	O	O	O	두 번
김은혜	20대 후반	여	영어강사	모태신앙	O	X	X	8개월
최영미	30세	여	회사원	16년	O	X	X	1년
홍미나	20세	여	대학생	모태신앙	O	O	X	1년
노용기	40대 초반	남	목사	모태신앙	O	O	O	4개월

(2) 자료분석

본 연구에서는 연구자들의 참여관찰을 통한 관찰일지와 연구 참여자 8명의 심층면담을 통한 자료를 근거로 하여 '변화하는 예배와 변화하는 회중'에 대한 결과를 도출했다. 연구결과를 통해서 볼 때 온누리교회의 '9시에 뜨는 별' 예배는 기존의 기독교인들이 드리는 주일의 예배와는 다른 경향을 나타내고 있었다. 또한 그곳에 참석하고 있는 예배자들은 예배를 통해서 자신들의 영적인 욕구 및 사회적 욕구의 상당 부분을 충족시키고 있음을 알 수 있었다. 연구자들은 참여관찰과 심층면담의 자료를 토대로, '9시에 뜨는 별' 예배를 참여적 예배, 편안한 예배, 정통적 예배로 크게 범주화할 수 있었다.

① 참여적 예배

예배의 생동감

본 연구에서 연구자 및 연구 참여자들은 형식적인 대예배를 통해서는 얻을 수 없었던 예배의 생동감을 느낄 수 있었다. 보통 대예배라고 할 수 있는 주일 오전예배의 회중은 목회자의 인도에 따라 수동적으로 예배에 임하는 것이 일반적인 모습이다. 하지만 '9시에 뜨는 별' 예배에서는 비록 목회자의 인도에 따라서 예배가 진행되고 있음에도 회중의 능동적인 참여가 두드러지게 나타나고 있었다. 가령 목회자가 모두 일어나서 찬양을 부르도록 권하거나 통성기도를 인도할 때, 회중은 단순히 그러한 인도에 따라 움직이는 것이 아니라 적극적으로 참여하면서 그들 스스로 예배를 이끌어 가고 있었다. 이 예배에서는 일반 대예배에서 부르는 찬송가보다는 주로 CCM을 부르고 있다. 한 예배에서 주로 5곡 정도의 찬양을 하고 있는데, 한 곡을 여러 번 반복하여 부르게 함으로써 회중이 찬양 속에 깊이 들어갈 수 있게 유도하고 있다. 또한 이 예배의 특이한 모습 중 하나는 일반 대예배에서 볼 수 있는 장로의 대표기도가 없다는 것이다. 대신에 통성기도 시간에 회중으로 하여금 자신의 입을 통해 큰 소리로 기도할 수 있게 하였다. 여기서는 대예배에서 흔히 나타나는 경직된 모습이나 규격화된 틀을 찾아보기 어려웠다. 예배 전반에 걸쳐 나타나는 분위기는 자연스러움과 역동적인 모습이었고, 이러한 예배의 생동감은 회중의 자발적 참여를 통해 나타나고 있었다.

김민정 관찰노트

8시 30분 앞자리에 앉은 예배자들. 기도로 준비. 성경 읽고 있는 자도 있음

8시 50분 찬양 시작. 사람들 자연스럽게 손들거나 일어서서 찬양함. 보통 찬양예배에서 느낄 수 있는 자유로운 분위기 느껴짐.

"의무 때문에 예배를 드리는 건 아니고요. 제가 초신자일 때는 의무라고 아무것도 모르는 상태에서 드렸지만, 지금은 어느 정도 주님에 대한 체험이 있고. 성령의 인도하심을 느끼기 때문에 예배 가운데 주님이 많이 임재하시고, 성령 충만을 느끼게 해주시고…… 그걸 원하기 때문에요."(김현미)

"다른 예배와 다른 특징은 중보기도가 들어가요. 앞에 15분 정도…… 일반 대예배에서는 그걸 못 넣어요. 시간 문제상요. 9시 예배는 그게 가능하게 되는 거죠."(노용기)

"그냥 기도하는 시간도 많이 있는 것 같고, 찬양이 너무 좋아서 제가 오거든요. 그리고 은혜를 많이 받는 것 같아요. 그게 느껴지는 것 같아요. 뭐라고 표현을 못하겠는데, 이 예배를 하고 돌아가면 굉장히 마음이 편안해지고 어떤 감사라든가 기쁨이 충만해 가지고 가니까…… 그러니까 은혜를 많이 받을 수 있다는 생각이 들어요. 다른 예배 시간보다도…… 2시, 4시 예배는 성가대들이 서 있잖아요. 그 시간들이 좀 더 길더라고요. 여기서는 저희가 같이 찬양을 많이 드릴 수 있다는 것이 좋더라고요. 기도도 그 시간에 더 폭넓게 드릴 수 있고, 그런 점들이 좋더라고요."(최영미)

예배에 대한 갈급함

이 예배가 기획된 가장 큰 목적 중 하나는 주일에 불가피하게 근무하는 직장인들의 영적인 필요를 채워주기 위한 것이었다. 그러나 3년의 시간이 흐르면서, 9시 예배를 통해 유익을 얻는 또 다른 수용자들이 나타나게 되었다. 그 가운데에는 자신들의 영적 갈급함을 해결하기 위해서 참석하는 자들의 비율이 상당히 높았으며, 연구 참여자들의 인터뷰를 통해서도 그러한 현장을 실감할 수 있었다. 이들은 오전 대예배만으로는 만족을

누리지 못하고, 실제로 이중, 삼중으로 예배를 드리고 있었다. 이것을 위해서 9시라는 부담스러운 시간까지 그들은 교회에 남아 있거나, 집에 돌아갔다가 다시 교회에 나오는 수고를 마다하지 않고 있었다.

연구 참여자들은 자신들의 영적인 갈급함을 채워줄 수 있는 요인들로 설교와 기도를 가장 많이 언급하였다. 물론 말씀이라는 것은 예배의 핵심적인 부분이고, 기존 대예배에서도 회중은 말씀을 통해 영적인 만족을 얻게 된다. 그러나 연구 참여자들과의 인터뷰를 통해서 회중의 새로운 관점을 엿보게 되었다. 즉, 기존 대예배의 설교는 대중적인 성향이 강하다는 지적이다. 목회자들은 강대상에서의 사소한 한마디로 인해 구설수에 오를 수 있기 때문에 대중적인 이목을 고려해야 한다는 것이다. 반면에 9시 예배에서는 이러한 부분에 있어서 목회자의 부담이 적기 때문에 말씀의 깊이가 있다고 말한다. 또 다른 요인으로는 중보기도 시간이다. 예배에 참석하기 전에 중보기도를 원하는 회중은 '9시에 뜨는 별 중보기도 요청서'에 자신의 기도 제목을 적어서 중보기도함에 넣는다. 여기에는 공개 여부(공개 또는 비공개)를 적는 난이 있고, 희망하는 자에 한해서 중보기도 시간에 전 회중의 중보기도를 받을 수 있다. 이렇듯 회중의 영적 갈급함의 욕구는 중복적으로 9시 예배를 참석하게 하는 원인이 되고 있으며, 이들의 주도적인 참여를 통해서 그 갈급함이 해결되고 있었다.

김진미 관찰노트

9시 15분 예배 리더 등장, 중보기도 시작

중보기도 제목 :

진로문제, 학업문제, 아기(태의 열매를 맺을 수 있도록)

사업문제, 배우자(요청자가 미혼인 것 같음)를 위한 기도

진로, 질병, 예배를 위해 기도(신령과 진정으로 드릴 수 있도록)

"저는 오전 주일예배에 참석하고, 청년부 예배를 드리고 있는데…… 저도 이 9시 예배를 드리기 시작한 지는 한 달 정도 됐어요. 몸은 좀 힘들지만, 그래도 영적으로는 힘을 얻으니까 뭐, 괜찮아요. 제가 요즘 좀 새롭게 계획하고 있는 것들이 있어서……

(계속)

좀 더 하나님께 집중해야겠다는 생각이 들어서."(이은철)

"우선 말씀을 전하시는 목사님이 다른 분이시잖아요. 담임목사님이 아니니까 차이점도 있고요, 담임목사님 경우는 굉장히 대중적이시죠. 깊이 있으시지만 깊이 있는 설교를 할 수 있는 위치가 아니거든요, 낮 예배는. 그렇지만 저녁예배는 더 깊이 들어가시죠. 그래서 좋아요."(김현미)

"다른 예배와 다른 특징은 중보기도가 들어가요. 중보기도는 9시 예배 오는 분들 마음 가운데 바람 중 하나가 밤에 오신 분들의 마음 가운데는 갈급함이 더 있는데, 그분들은 기도하고 싶은 마음이 많아요. 그래서 앞에 15분 정도…… 일반 대예배에서는 그걸 못 넣어요. 시간 문제상요. 15분 정도 중보기도 하는 시간을 갖고, 특별히 어려운 사람은 기도 제목을 내면 앞에서 같이 기도 제목을 두고 기도하기도 하고……9시 예배는 그게 가능하게 되는 거죠."(노용기)

타교인에 대한 비배타성

외부 관찰자로서 9시 예배를 참석한 연구팀은 첫 방문인데도 불구하고 어떠한 서먹한 느낌도 갖지 못할 정도로 분위기는 개방되어 있었다. 중보기도 요청서에는 온누리교인과 타교인을 구분하는 난이 없었고, 예배가 끝나고 행해지는 안수기도 시간에도 그러한 구분은 이루어지지 않았다. 설교에도 온누리교인들 입장에서만 이해할 수 있는 부분은 나타나지 않았다. 예배 시작부터 끝까지 예배를 참석한 자들은 자신이 타교인이라는 것을 굳이 인식할 필요가 없었다. 실제로 연구 참여자로 선정된 사람들 중 절반이 타교인이었다는 것을 볼 때, 9시 예배가 교파를 초월하여 예배를 사모하는 자들에게 개방되어 있다는 것을 알 수 있다.

"다른 교회 분들이 많이 오세요. 왜냐면 9시 예배가 어딜 가도 없거든요. 마음 가운데 사실 많은 그리스도인들이 어떤 경우는 상함도 있고, 어떤 여건에 대해서 하나님에 대한 갈급함이 많이 생기는 것 같아요. 그러니까 9시 예배라는 늦은 시간에 있는 예배가 그들 마음 가운데 다가와서 다른 교인들도 자연스럽게 예배드리고 가고. 그분들은 교회를 옮기지는 않죠. 개교회를 섬기면서 와서 함께 예배하고."(노용기)

(안수기도에 대해서) "제가 이 교회 교인이 아닌데도 불구하고 그런 거 전혀 상관없이 다 해주세요."(홍미나)

② 편안한 예배

심적 부담 감소

10시 10분 정도에 예배가 끝남과 동시에 볼 수 있는 독특한 광경 중 하나는 분주하게 예배당을 빠져나가는 회중의 모습이었다. 9시 예배는 시간적인 제약으로 인해서 예배 후에 따로 공동체나 소그룹 모임을 갖지 못하고 있다. 성도 간의 교제가 없다는 것이 이 예배가 지적받을 수 있는 부분임에는 틀림없지만, 이 문화 속에서 이것은 오히려 예배자들의 심적 부담을 감소시키는 긍정적인 역할을 하고 있었다. 9시 예배의 회중은 실제로 지속적으로 예배에 참석하기가 어려운 상황에 있는 자들이 많다. 실제로 그들은 공동체나 소그룹의 교제를 통해 관계를 형성하게 되는 것에 많은 부담을 느끼고 있었다. 즉, 그룹원의 관심은 예배에 참석하는 것이 불가능한 현실적 여건에서 출석에 대한 막연한 압박감으로 작용하는 것이다. 9시 예배 참석자들은 타인의 이목이 아닌, 자신들의 필요와 상황에 의해서 자율적으로 예배에 참석하는 것을 선호하고 있었다. 여기에 편승하는 요인 중에는 어떠한 모임에 구속되는 것을 원치 않는 현대인들의 개인주의도 내포되어 있는 것으로 나타났다.

"시간을 쪼개서 쓰시는 분들이 많은거 같아요. 모이는 사람들의 연령층이나 오면 바쁘게 빨리 나가시는 분들이 계시거든요, 내일을 위해서. 느껴져요. 분위기가."(이은철)
"글쎄요…… 그냥 편하게 와서 예배드릴 수 있어서 좋은 것 같아요. 별로 간섭이 없어서 부담이 없어요. 사실 일 때문에 매주 못 올 때도 있거든요. 관심을 많이 받으면, 못 올 때는 미안하잖아요. 그런데 그런 일이 없으니까 편하더라고요. 여기 처음 왔을 때 새로운 얼굴에 대해서 관심을 두지 않는 것이 오히려 편하더라고요."(박진숙)

(9시 예배에서, 성도 간의 교제가 없는 것에 대해 물었을 때)

"다 자기들의 필요 때문에 오는 것이니까, 굳이 꼭 사람들과 만나야 하는 것은 없겠죠."(김은혜)

개별적 영적 성장

연구자들은 9시 예배의 현장에 참여하면서 예배의 초점이 새신자에게 맞추어져 있지 않다는 것을 알게 되었다. 일반 주일예배에서는 새신자를 환영하는 시간을 반드시 갖고 있으며, 몇 주간의 교육을 받은 후 교회의 신자로 등록하는 절차를 상당히 중요시하고 있다. 그러나 이 예배에서는 새신자를 소개하는 시간이 없었으며, 새신자를 배려하는 교육 내지 성경공부 등의 교육적 제도가 존재하지 않았다. 설교의 수준 또한 참된 그리스도인들의 헌신을 강조하는 등 다소 높은 영적 수준을 유지하고 있었다. 인터뷰 대상자들은 어느 정도 신앙의 경륜을 가지고 있을뿐더러, 나름대로 자신들의 신앙을 유지하고 성숙하고자 하는 영적인 갈급함을 가지고 있었다. 설령 각자가 도달하고자 하는 신앙에 미치지 못한다 하더라도 적어도 신앙을 유지할 수 있는 방법을 알고 있는 자들이었다. 예배 참석자들은 자신들의 영적 성장을 위해 다른 이들의 도움을 받는다거나, 어떠한 교육적 제도에 의존하는 것을 간섭으로 여겨 귀찮아하고 있었다. 인터뷰에서 보여지듯이, 온누리교회에서는 새신자를 위한 독립된 형태의 예배(열린 예배)가 존재하고 있었고, 그 대상자의 눈높이에 맞춰 디자인되어 있었다. 결론적으로 '9시에 뜨는 별' 예배는 새신자를 위한 예배로는 부적절한 것으로 보이며, 설령 새신자들이 참석을 하더라도 어떠한 유익을 얻기에는 어렵다고 보인다.

"왜, 있잖아요. 다른 교회는 새로 교인이 오면 그 교회에 맞는 교육도 받아야 하고, 잘 적응하게 하려고 자꾸 관심을 주잖아요. 전, 그런 게 부담스럽더라고요."(박진숙)

"(9시 예배는) 하나님과 더 가까워지고 성장하는 것이 멈추신 분들이 있는 것 같거든요. 성장을 더 할 수 있도록, 주님 안에서 성장할 수 있도록 도와주는 것 같아요. 온누리교회는 새신자를 위한 예배가 따로 있어요. 지금 하고 있는 이 시간에 드리는 예배예요. 그 예배도 제가 몇 번 드리러 가봤거든요. 그 예배는 새신자에 맞게 잘 돼서."(홍미나)

다양한 연령층의 참여

이 예배에 참석하는 회중은 어떠한 특정 연령대에 국한된 것이 아니라, 다양한 연령층이 함께 모여 예배를 드리고 있었다. 청년 및 중년층뿐만 아니라 가족 단위의 참석, 더나아가 노년층의 모습도 쉽게 찾아볼 수 있었다. 실제로 예배에 처음 참석한 연구팀은 청년과 중년이 함께 어우러진 찬양팀의 구성에서 어떠한 신선함을 느낄 수 있었다. 실제로 이곳에서는 젊은층의 다이나믹한 파워보다는 중년층에게서 느끼는 차분함은 9시 예배의 전반적 분위기와 더 일치하고 있었다. 또한 예배 전반부에 드리는 5곡의 찬양은 조금 유행이 지나갔다고 생각되는 찬양들을 주로 드리고 있었다. 만약 여기에 새로운 찬양을 추가하게 될 때에는 여러 번 반복해서 찬양함으로써 중·노년층의 예배자들도 어떠한 거리감 없이 공감할 수 있는 분위기가 가능하다. 결론적으로 이러한 환경적 요소는 폭넓은 연령층의 참여가 가능하게 하는 요인으로 작용한다고 보인다.

> "다양한 연령대가 함께 자연스럽게 예배드릴 수 있다는 것이 큰 장점인 것 같아요. 저 앞에 찬양 스테프 분들이 좀 나이가 있으시잖아요. 왜 다른 교회에서는 젊은 사람들이 대부분 찬양팀을 구성하는데, 여기 오니까…… 저렇게 나이 드신 분이 서시니까 좀 더 은혜가 되는 것 같아요. 제가 나이가 있어서 그렇게 느낀 것 같기도 하지만…… 그래서 여기 앉아 계신 나이 드신 분들이 좀 더 편하게 느낄지도 모르죠."(이은철)

> "새로운 노래를 넣었으면 좋겠다 하더라도 5곡 중 한 곡만 들어가고, 계속 반복해서" (노용기)

안락함과 따뜻함

안락함과 따뜻함의 느낌은 '9시에 뜨는 별' 예배가 참석자에게 전달하고자 하는 정서적 차원이라 할 수 있다. 9시라는 늦은 시간을 배려하여 좀 더 차분하게 하루를 정리할 수 있는 여유를 회중에게 제공하고자 하는 것이다. 이러한 의도에 따라 예배 준비자들은 예배의 전반적인 환경을 좀 더 편안한 느낌을 주는 것에 중점을 두고 있었다. 연구팀 중에는 주일사역을 마치고 9시 예배를 연구하기 위해 참석한 사람들이 있었는데, 이 예배를 통해 얻게 되는 편안함에 상당히 만족하고 있었다.

9시 예배의 재미있는 풍경 중 하나는 예배 후에 참석자들에게 나눠주는 따뜻한 차와 초코파이이다. 초코파이가 교회 간식으로 그 인기가 하락하고 있음에도 불구하고, 실제로 이러한 서비스에 회중은 상당히 만족을 하고 있었다.

> "밤이 사람에게 주는 안정감이 있는 것 같아요. 낮에 느끼지 못한 주님이 주시는 터치들, 또 돌아갈 때 좋은 점······ 돌아갈 때 어둡잖아요. 어두운 데서 들은 말씀을 차분히 묵상할 수 있는 점이 좋더라고요."(이현실)

> "9시에 뜨는 별이라는 자체가 주는 느낌이 있는 것이 벌써 9시 예배 느낌이거든요. 왠지 마음이 편하고, 왠지 거기에 가면 차분해질 것 같은 느낌······ 보통 청년들이 드리는 그런 활기찬 예배보다는 따스하고 깊이도 있고, 온 분들이 하루를 마무리하고 약간은 피곤한 몸을 가지고 오셔도 회복되고 하나님을 깊이 경험할 수 있는 그런 느낌으로 준비하면 좋겠다, 그래서 찬양도 그런 콘셉트로 나가게 되고, 조명도 일부러 그런 모양을 만들게 되고, 설교에 대해서도 그런 모양을 많이 하게 되고"(노용기)

> (초코파이 나눠주는 것에 대해서) "되게 좋은 것 같아요. 그러니까, 가족 같은······ 뭔가 다른 곳하고 다르게, 조그마한 거지만 사랑이 느껴지고······"(홍미나)

직업, 신앙 간의 갈등 해소

이 예배를 참석하고 있는 회중 중에는 직업과 신앙 간에 발생하는 선택적 문제에 있어서, 어느 쪽에 더 비중을 두고 결정해야 할지에 대해서 어려움을 겪고 있는 사람들이 많았다. 그런 반면에 9시 예배는 주일에 일어나는 피치 못할 사회적·직업적 모임들에 참석하는 것을 가능케 한다. 물론 이 부분은 각 개인이 주일성수의 개념을 어떻게 갖고 있는지에 따라서 첨예한 의견 대립이 나타날 수 있는 부분이다. 그러나 이 예배문화에서는 사회적 역할 갈등에서 선택이 가능하다는 것이 하나의 장점으로 받아들여지고 있다.

> "이 예배가 더 좋은 게 제가 일요일에 어디 모임이 있으니까, 직장에서 가는 어떤 모임이 있으니까 거기 갔다가 여기 올 수 있으니까 그것도, 그게 제일 중요한 것 같아요. 취소할 수 없는 경우가 더 많았던 것 같아요. 저는 꼭 가야 되는 그런 입장이라서.

없을 때는 11시 예배도 일찍 오고 싶은데, 그럴 수가 없어서.”(김은혜)

③ 정통적 예배

주일성수 의무의 이행

본 연구를 시작하기 전에 연구팀은 온누리교회의 ‘9시에 뜨는 별’ 예배에 참석하는 회중의 의식 저변에는 주일성수를 지키지 못했을 때 느끼는 죄의식이 작용할 것이라고 추측하였다. 다시 말해서, 9시 예배는 주일 대예배의 참석이 불가능한 직장인들에게 주일을 지킬 수 있는 환경을 제시해 줌으로써 주일성수라는 율법적 의무를 준수할 수 있게 하였다. 한편, 연구팀은 직장인들의 주일성수 문제와 더불어 또 다른 문화적 속성이 나타날 것을 예측하고 있었다. 즉, 주 5일 근무제가 생긴 이래 주말을 휴가로 이용하는 레저족들의 등장이며, 이들은 주일성수라는 율법의 조항과 함께 죄의식의 해소를 위해서 예배에 참석할 것이라 보았다. 하지만 이 9시 예배에서는 레저족에 대한 연구가 더 진행될 수 없었는데, 그 이유는 표면적으로 드러나지 않는 한계점이 있기 때문이다.

“저야 좋지요. 예전에는 직장 때문에 주일을 못 지켜서 마음이 좀 그랬는데, 이제는 제가 조금 부지런하면…… 그래도 예배드릴 수 있으니까요. 물론 몸이 좀 힘들긴 해요.”(이은철)

“매주 참석하고 있습니다. 빠지면 (흐흐흐) 굉장히 일주일 동안 내가 혹시 그러니까 나한테 안 좋은 일이 생기지 않을까 하는 걱정 같은 것들이 있는데 그렇게 생각을 해서 그런지 그런 일이 정말 일어나더라고요. 저처럼 주일에 부득이하게 빠질 수 없는 모임에 참석을 한 다음에, 그다음에 이제, 교회를 못 가니까 굉장히 불안하고 뭔가…… 이렇게 제가 하나님께 죄 짓는다는 기분이 있었는데, 이런 9시 예배가 생겨서 좋은 것 같아요.”(최영미)

“처음에는 조금 그렇겠지만…… 어쨌든 일요일에 드리는 예배니까 완전 예배 형식도 벗어난 것은 아니고……”(홍미나)

형식적 틀 탈피

본 연구를 통해서 살펴볼 때 '9시에 뜨는 별' 예배는 우리가 흔히 생각하고 있는 주일 대예배의 고정된 틀에서 과감하게 벗어나고자 시도한 새로운 예배이다. 이러한 시도는 예배의 형식적 제도와 관습이 아니라 예배자에게 초점을 두었기 때문에 가능했다는 것을 연구팀은 예배 기획자들과의 인터뷰를 통해 알 수 있었다. 더 구체적으로 말하자면, 예배자가 처해 있는 상황에 관심을 두는 것이다. '예배는 하나님이 중심이 되어야 하는데 어떻게 사람에게 맞추느냐'라는 생각 이전에, 9시 예배의 목회적 방향은 예배를 갈망하는 사람들의 필요에 먼저 귀 기울여야 할 필요가 있음을 말하고 있었다. 어떠한 율법적인 잣대가 주는 압박감 대신에 그리스도의 정신을 가지고 예배자들이 한 명이라도 더 예배에 참여할 수 있도록 돕고 있었다.

"낮에 백화점에서 일한다면, 그분에게 도전은 뭐냐. 얼마나 피곤하겠어요. 끝나면 들어가고 싶은 게 꿈일 거예요. 그런데 그분들을 향한 도전은 당신은 지금이라도 와서 주께 무릎 꿇고 가라는 것이 그분의 도전이지요. 그러면 그 사람은 그 피곤한 몸을 이끌고 주님께 오는 거예요. 그 피곤한 몸을 이끌고 다시 9시부터 10시 30분까지 예배를 드리는 거예요. 어떤 것이 더 큰 희생일까? 주일에 11시에 예배드린 다음 영화 보는 거 가능한가. 아니면 애들하고 주일날 낮에 바람 쐬고 밤 9시에 예배드리는 거 적절한가. 사실은 50보 100보예요. 순서만 다를 뿐이지. 그런 걸 접근할 때도 마찬가지죠."(노용기)

(전원교회에 대한 물음에서) "글쎄요, 별로 문제될 것이 없는 것 같은데요. 꼭 교회에만 하나님이 계신 건 아니니까. 어디든지 계시니까 별로 상관없을 것 같은데요."(레저족에 대한 물음에서) "사실 예배에 참석하는 사람들의 성향이 다양한 건 사실이에요. 근데 뭐 다른 대예배도 마찬가지죠, 뭐. 이 사람들은 겉으로 드러나는 것이 좀 튀어서 그렇지. 전 대예배에 참석하는 사람들이 정말 온전한 마음으로 참석하지 않는다면, 뭐 이런 사람들과 별반 다르다고 생각지 않아요. 겉모양이 아니라 마음 중심이 중요한 거니까요!"(이은철)

깊은 영성의 흐름

9시 예배가 형식적인 흐름에서 벗어나 예배 참여자들에게 영적인 예배라고 평가될 수 있는 것은 예배 기획자들이 예배에 대한 민감성을 중요시하기 때문이라고 생각된다. 보통 대예배는 주어진 형식적 틀에 의해서 문제점이 부각되어도 쉽게 변경하기가 어렵다. 이 예배에는 세 명의 목회자가 찬양인도, 기도인도, 말씀선포로 동역하고 있었다. 이들은 예배에 참석하는 회중, 봉사자, 예배 관계자들의 피드백을 통해 언제든지 그들이 말하는 '더 나은 예배'를 위해 변화할 준비를 하고 있었다. 연구자들은 이러한 예배에 대한 민감성과 준비성이 이 예배의 영적 흐름에 영향을 준다고 보았다.

"이 예배는 아주 영적이죠. 낮 예배는 오히려 형식적이거든요."(이현실)

"가능하면 10시 직후에 끝나게 만들되 앞뒤가 조밀하게 잘 짜여서 오시는 분들 가운데 깊이 있는 하나님의 터치가 경험되는 그런 예배를 만들면 좋겠다는 흐름이었고. 저희가 전체적으로 예배 흐름에 대해서 되게 민감해요. 피드백에 대해서도 아주 민감해요. 그런 거 자체가 교회 내에 예배에 대해 항상 부족한 부분을 보완할 수 있는 구조가 되어 있는 것이지요. 찬양 인도하시는 분도 목사님이시고, 기도인도 하시는 분도 목사님이시고, 설교도 목사님이 하시고. 쉽게 말하자면 세 분의 교역자가 그 예배 시간에서 동역하죠. 보통 주일에는 한 본문으로 하는데, 2개 예배 본문이 달라요. 어떤 분들은 낮에 예배드렸는데 저녁에 또 예배드리고 싶어 하는 분들이 계세요. 내가 또 예배하고 싶다 하는 분들을 위해서는 같은 본문보다는 다른 본문으로 성격상 방향 짓는 것이 좋겠다고 해서 본문이 다르죠."(노용기)

갈등하는 양(羊) 배려

이 예배의 문화적 속성에는 소수와 주변부에 있는 자들에 대한 배려가 있다. 예배를 통해 보여주고자 하는 교회의 목회적 방향은 다변화 사회라는 시대적 변화 속에서 교회가 어떻게 대처해야 할지에 관한 것이다. 그리고 사회와 문화 속으로 교회에 직접 들어가야 할 필요가 있음을 말하고 있다.

"9시 예배드리는 곳이 여기뿐이잖아요. 저도 잘 몰랐는데 친구가 얘기해 줬어요. 여기 말고는 딱히 예배드릴 곳도 없고 해서요. 그래서 오게 됐어요. 주일에 항상 일을 해요. 일 때문에 주일을 지키기가 힘들더라고요. 일을 그만둘 수도 없고…… 제가 일 때문에 지방에 내려가는 일이 종종 있어요. 그럴 경우 빼고는 계속 나올 것 같아요."(박진숙)

"요즘 아들이 시험기간이라 낮에 예배를 못 드려서 같이 데리고 왔어요."(이현실)

"일반적으로 생각하면 주일에는 무조건 주일성수 해야 된다고 생각하시는데, 정말 그러지 못한 분들이 계시거든요. 대표적인 것이 백화점에 근무하는 분들이라든지…… 그런 분들은 주일에 못하죠. 그런 분들을 위해 밤늦게 예배를 만들어야 되지 않는가라는 필요가 제기되었고…… 그런 분들뿐만 아니라 믿는 분들 중에 주일 낮에 올 수 없는 분들을 위해 기획된 거죠. 밤늦게 그 인원이 몇 명이 되든 간에 그런 분들을 위해서 예배가 만들어져야 되고… 너무 예배하고 싶은데 예배할 수 있는 환경이 허락이 안 되는 분들을 위해서 예배 환경을 마련해 주는 태도는 굉장히 좋은 태도잖아요. 어떤 교회에서 토요일에 주일예배를 만들었다라고 한다면 어떻게 그럴 수 있는가 말하기 전에 고민은 해야 될 거 같아요. 과연 시대의 도전이 뭔가, 과연 우리는 어떻게 반응해야 하는가, 왜 그런 준비를 했을까 물어봐야 해요."(노용기)

3. 결과 및 해석

표 11-8 변화하는 회중, 변화하는 예배

범주	상위	하위	속성
참여적 예배	주도적 회중	자발적 참여	예배의 생동감
		중복적 예배 참여	예배에 대한 갈급함
	개방된 예배	초교파적 모임	타교인에 대한 비배타성
편안한 예배	관계적 요구	무소속감	심적 부담 감소
		간섭 배제	개별적 영적 성장
	환경적 요구	신(新)·구(舊)의 조화	다양한 연령층의 참여
		편안한 환경	안락함과 따뜻함
	사회적 요구	직업적 역할 만족	직업, 신앙 간의 갈등 해소
정통적 예배	수호적 예배	율법준수	주일성수의 의무 이행
		그리스도의 정신	형식적 틀 탈피
		예배의 민감성	깊은 영성의 흐름
	다변화 사회	신(新)문화 코드 해석	갈등하는 양(羊) 배려

연구자들의 참여관찰과 심층면담을 통해 얻은 자료분석 결과, 온누리교회의 '9시에 뜨는 별' 예배는 크게 참여적 예배, 편안한 예배, 정통적 예배라는 세 가지로 범주화시킬 수 있었다(표 11-8 참조).

참여적 예배는 형식적인 주일 낮예배에서는 얻을 수 없는 '9시에 뜨는 별' 회중의 자발적 참여에 의해 이루어지는 예배를 지칭한다. 이러한 주도적인 회중의 참여로 예배는 더욱 생동감을 얻게 되고, 그러한 영적 분위기는 회중으로 하여금 예배에 대한 사모함으로 예배를 이중, 삼중으로 드리는 원인이 되고 있다. 9시 예배는 온누리교회 내부에 정착된 그들 고유의 예배가 아니라 예배에 대한 영적 도움을 원하는 회중이라면 누구에게든지 개방되어 있는 예배라 할 수 있다.

편안한 예배는 회중의 인간적·사회적 필요에 교회가 좀 더 관심을 가짐으로써 예배에 참석하는 회중이 얻게 되는 정서적인 만족감을 말한다. 다양한 사회적 역할과 막중

한 책임에서 오는 현대인들의 부담감은 이곳 '9시에 뜨는 별'에서도 여실히 드러나고 있다. 사회적 역할에 바쁜 회중은 어떠한 공동체에 속하여 관심과 지지를 받는 것을 상당히 부담스러워하고 있으며, 자신들의 영적 생활 또한 하나님 앞에서 자기 스스로 책임진다는 사고를 가지고 있었다. 한편 회중은 인간적인 관계 속에서는 부담감을 가지고 있는 반면에 더 좋은 예배 환경이 주는 유익을 얻기 원했다. 9시 예배는 다소 부정적인 측면과 긍정적인 측면을 적절히 조화시켜서 그들로 하여금 정서적 만족감을 얻게 하였다.

정통적 예배는 '9시에 뜨는 별'이라는 새로운 형태의 주일예배를 기독교적 관점으로 볼 때 주일예배로 인정한다는 것을 말한다. 9시 예배에 대한 평가 중에는 하나님 중심의 예배가 아니라 인간의 편의에 맞춰진 예배이며, 온전한 주일성수의 개념에서 벗어날 뿐더러 회중에게 단지 죄의식만을 해소시키는 역할을 한다는 비판적 시선이 있다. 그러나 다변화 사회 속에서 살아가는 회중의 영적 필요에 민감하게 반응하고, 그 필요를 채워주는 것이 교회의 역할이다. 회중의 처지는 고려하지 않은 채 '올바른 예배가 이것이다'라는 선택 불가능한 해답만을 제시하는 것이 아니라, 올바른 예배를 선택할 수 있는 위치에 도달할 때까지 그 길을 제시하는 몽학선생의 역할 또한 교회가 해야 할 몫이다.

4. 논의 및 결론

지금까지 온누리교회 '9시에 뜨는 별' 예배에 대한 민속지학적 연구를 통해서 회중의 변화에 따른 변화하는 예배의 모습에 대해 고찰해 보았다. 본 연구에 대한 더 깊은 논의와 결론은 본 조에 속한 연구자들의 개인 패러다임에 의한 추가 연구를 통하여 개별적으로 기말 페이퍼에 작성하고자 한다.

본 발제를 마치며 예배에 대해 생각할 수 있는 좋은 글 하나를 소개한다.

예배란 우리의 모든 인격을 하나님께 순종케 하는 것이다.

예배란

하나님의 거룩하심으로 우리의 의식을 소생시키시는 것이며,

그의 진리로써 우리의 생각을 자라게 하는 것이며,

그의 아름다우심으로 우리의 상상력을 정결케 하는 것이며,

그의 사랑을 향해 우리의 마음을 여는 것이며,

그의 원하시는 뜻에 우리의 의지를 복종시키는 것이다.

이 모든 것은 예배에서 하나로 모아지게 되며,

이것은 우리의 본성이 가질 수 있는 가장 덜 이기적인 감정이다.

윌리엄 템플

동 의 서

안녕하세요. 저희는 연세대학교 연합신학대학원 목회상담학을 전공하는 학생입니다. 이번에 정석환 교수님의 질적 연구방법론 강의를 듣고 있습니다. 이번 강의에서 "변화하는 회중, 변화하는 예배"에 대한 주제로 질적 연구를 하려고 합니다. 인터뷰해 주신 자료는 저희들의 연구에만 익명으로 사용될 것이며, 원하지 않으신다면 폐기하도록 하겠습니다.

2005년 5월

연구자 : _____ (서명) _____

참여자 : _____ (서명) _____

인터뷰용 질문지

▶ **신상 기록 질문**

나이 : _____, 성별 : _____

신앙 기간 : _____, 세례 여부 : _____

봉사 여부 : _____, 직업 : _____

▶ **심층면담 질문**

대윤곽 질문

1. 온누리교회 성도이십니까?

　　1-2. 직장 업무와 여가활동 중 어떤 이유로 이 예배를 드리시는지요?

2. 매주 이 예배에 참석하시는지? 만일 가끔 빠진다면 그때 어떤 감정을 느끼
시는지?

3. 이 예배에 참석하시는 특별한 이유가 있으신지?

소윤곽 질문

1. 전원교회에 대해 어떻게 생각하시는지요?

2. 어떤 부분이 이 예배에서 가장 좋으신지요?

3. 목사님 설교는 어떠신지요?

4. 예배 후에 안수기도 받으시는 것은 어떻게 생각하시는지요?

5. 예배 후 초코파이와 차를 나눠주는 것에 대한 느낌은요?

6. 다른 사람들에게 이 예배를 추천하고 싶다면 그 이유는 무엇입니까?

7. 다른 예배에도 참석하시나요? 참석한다면 이 예배와 비교해서 차이점을 말
씀해 주실래요?

축어록

▶ **참여자 인적사항**

나이 : 20, 성별 : 여

신앙 기간 : 모태신앙, 세례 여부 : ○, 봉사 여부 : ○, 직업 : 대학생

연구자 : 안녕하세요. 저희는 연세대학교 연합신학대학원에서 목회상담을 전공하는 학생이거든요. 이번에…… 정석환 교수님이라고 계신데, 교수님께서 질적 연구라는 강의를 하세요. 거기서 연구 주제를 팀끼리 나눠서 하는데, 저희는 온누리교회 9시 예배를 연구 주제로 삼았어요. 변화하는 회중, 변화하는 예배라는 주제를 가지고……

참여자 : 팀끼리 하시는 거예요?

연구자 : 네…… 이런 주제를 가지고 연구를 하려고 하는데, 인터뷰해 주신 자료는 저희가 무명으로 처리하고, 만약에 대학원 그 이외의 것으로는 하지 않고, 만약에 자매님께서 원하시지 않으면, 지금 하셨는데 마음이 바뀌실 수 있잖아요. 나 이거 안 사용했으면 좋겠어요. 그러면 언제든지 연락 주시면 그 내용을 사용하지 않고 파기하도록 하겠습니다. 동의하십니까?

참여자 : 네

연구자 : 간단하게 신상에 관한 몇 가지 질문을 할게요. 나이가 어떻게 되시죠?

참여자 : 20살이요.

연구자 : 20살. 그리고 자매님 신앙 기간은?

참여자 : 모태신앙이요.

연구자 : 아, 모태신앙이요. 세례는? 유아세례 받고 입교식을 하시고 그런 거군요.

참여자 : 네.

연구자 : 지금 섬기시는 교회에서 봉사를 하시거나 그러시나요?

참여자 : 아, 악기 연주, 바이올린 연주를 하고 있어요. 그게 봉사인가요? 봉사는 아닌데……

연구자 : 바이올린 연주하신다는 건 성가대나 그런 곳에서 연주하신다는 거지요?

참여자 : 네.

연구자 : 그럼 온누리교회 성도는 아니시라고 했잖아요.

참여자 : 네.

연구자 : 원래 참석하시는 교회가 있는데, 온누리교회 9시 예배를 참석하시는 이유가 있으신가요?

참여자 : 어…… 온누리교회는 제가 한 2년 정도 되었거든요. 저희 어머님을 통해서 알게 되었는데, 온누리교회는 되게 성령님의 은혜로 드리는 예배 같아서 항상 감동을 받고…… 원래 교회는 제가 섬기던 교회니까 나가야 하고, 제가 또 바이올린을 해야 하니까 나가야 하고, 저희 교회도 물론 좋긴 해요. 이만한 성령님의 감동이 없어요. 제가 조금 믿음이 부족하거든요. 제가 믿음을 조금 더 키워 나가려는 과정에서, 온누리교회가 제 마음을 뜨겁게 해주는 것 같아요.

연구자 : 네. 그러면 이 9시 예배는 자매님 스케줄하고 겹치거나 그러면 프리하게 생각하셔서도 괜찮고 그런 건가요?

참여자 : 네.

연구자 : 여기 9시 예배를 얼마나 참석하신 거죠?

참여자 : 1년……

연구자 : 어, 1년 정도, 제가 노용기 목사님 인터뷰를 지난주에 했었는데, 이 9시 예배가 3년 되었다고 그러더라구요. 3년 중에 1년 참석하신 거면 많이 참석하신 거네요. 그러면 1년 동안 참석하시면서 어느 정도 참석하셨어요? 매주 참석하신 편이셨나요?

참여자 : 거의, 그냥 저는 시간이 나면……

연구자 : 시간이 나면 오시고……

참여자 : 이 외에 온누리교회는 월화수목금토일 다 예배가 있어요. 일주일 내내.

연구자 : 네.

참여자 : 금요일에 철야예배도 있고, 원하는 대로 항상 내가 가고 싶을 때 갈 수 있으니까……

연구자 : 이 예배에서 가장, 내가 기존에 드리는 예배랑 이 예배랑 다른 점이 있다면 어떤 것인가요?

참여자 : 우선, 기도…… 기도를…… 기도가 살아 있는 기도 같아요. 기도를 항상, 만약 기도를 다른 교회에서 하면, 항상 같잖아요. 패턴이……

(계속)

여기서 기도를 드리면 정말 하나님과 대화할 수 있는 기도를 드릴 수 있는 것 같아요. 그래서……

연구자 : 하나님과 대화할 수 있는 기도……

참여자 : 예. 그리고 또 목사님들도 워낙 말이 좋으셔서, 목사님들 한 분 한 분이 다 은혜로우신 말씀을 전해 주시는 것 같아요.

연구자 : 그럼 1년 동안 말씀을 전하시는 목사님들이 몇 분 정도 바뀌셨나요?

참여자 : 노용기 목사님은 이번 연도에 오셨으니까, 작년에 다른 목사님이셨거든요.

연구자 : 아, 1년에 한 번씩 계속 이렇게 바뀌는 거군요.

참여자 : 그건 제가 잘 모르겠어요.

연구자 : 지난해는 계속 같은 목사님께서 하신 건가요?

참여자 : 네.

연구자 : 그런가 보다. 그리고 여기 보니까, 이 예배 끝나고 안수기도를 주더라구요. 혹시 받아 본 적 있어요?

참여자 : 받아 본 적 있어요. 제가 정말 필요한 것 같다 싶으면 받고……

연구자 : 안수기도. 늦은 시간인 것 같은데도 안수기도 받으려고 줄 선 사람들이 많이 있더라구요.

참여자 : 네.

연구자 : 안수기도를 받고 싶은데 혹시 시간이 안 되거나 그래서 중간에 끊어지거나 그런 적은 있나요?

참여자 : 줄 서신 분들은 다 해주세요.

연구자 : 다 해주시고…… 온누리교회 다른 예배는 안수기도가 없다고 들었어요. 안수기도가 자매님한테 굉장히 좋은 도움이 많이 된 건가요?

참여자 : 네, 그리고 제가 이 교회 교인이 아닌데도 불구하고 그런 거 전혀 상관없이 다 해주시구요

연구자 : 다른 예배들 같은 경우는, 새신자들이 오면 맞아주기도 하고 그러는데 여기는, 1년 동안 참석하면서…… 다른 교회에서 왔든 새신자로 왔든 그런 게 안 보이는 것 같아요.

참여자 : 네, 온누리교회는 새신자를 위한 예배가 또 따로 있어요. 지금 하고 있는 이 시간에 드리는 예배예요. 이것도 제가 드리러 몇 번 와 봤거든요. 그건 새신자에 맞게 예배가 잘 돼서……

연구자 : 네. 그리고 9시 예배드리고 나서 초코파이랑 차 나눠주는 것 드셔 본

적 있어요?

참여자 : 네.

연구자 : 그건 어때요?

참여자 : 되게 좋은 것 같아요. 그러니까, 가족 같은…… 뭔가…… 다른 곳 하고 다르게, 조그만 거지만 사랑이 느껴지고……

연구자 : 그렇죠. 저도 지난주에 못 먹어서 되게 먹고 싶었는데……

참여자 : 하하하!

연구자 : 만약에 이 예배를 다른 분들에게 추천해 주고 싶다, 그런 마음이 있으신가요? 그렇다면 어떤 부분에서 이 예배를 추천하고 싶으세요? 기존에 교회에 다니고 있는 분이라면……

참여자 : 교회 다니고 있는 교인들도 되게 많지만, 하나님과 더 가까워지고 성장하는 것이 멈추신 분들이 있는 것 같거든요. 성장을 더 할 수 있도록 주님 안에서 성장할 수 있도록 도와주는 것 같아요.

연구자 : 목사님 설교는 개인적으로 어때요?

참여자 : 말씀은 항상 은혜로우시고, 재밌으시기도 하구요. 노용기 목사님은 같은 경우는 굉장히 재밌게 얘기하시고. 말씀을 하나하나 자세히 설명해 주세요. 말씀 준비를 열심히 하시는 것 같아요.

연구자 : 사실 저희들이 주 인터뷰 포커스 잡은 분들은 직장을 위해서 이 예배가 처음 생겼다고 그래서……

참여자 : 아……

연구자 : 사실, 저도 주일 직장인 아닌 직장인이지만, 자매님 같이 이렇게 직장인이 아니신 분들, 다른 교회 섬기고 있거나 혹은 이 교회를 섬기고 있어도 또 이 예배가 갈급해서, 마음에 갈급해서 오신 분들이 있다고 들었는데 자매님도 그쪽 케이스시군요.

참여자 : 네.

연구자 : 혹시, 한 가지 이 예배랑 관련이 없는 질문일 수 있는데, 주일 성수는 꼭 하셨던 편이신가요?

참여자 : 네.

연구자 : 저희들이 굉장히 궁금했던 것 중 하나가, 여기는 대예배라는 개념이 별로 없는 것 같아요.

참여자 : 어…… 대예배는 오전예배가 아마…… 오전예배가 다섯 개인가 여섯 개가 있는데, 하용조 목사님이시잖아요. 담임목사님이. 지금 하용조

(계속)

목사님 건강이 많이 안 좋으셔서 하용조 목사님은 1부에만 설교하시고……

연구자 : 1부에만……

참여자 : 네, 2부부터는 영상으로 드려요. 하용조 목사님이 설교하신 것을 비디오로 찍어서, 큰 스크린에서 영상으로 드리거든요.

연구자 : 그렇게 해서 예배를 드리고…… 이 9시 예배를 오시는 분들이 주일에 예배를 못 드리시는 분들이 있을 거고, 아니면 자매님처럼 또 예배를 드리시는 분들도 있을 거고, 그렇지 않고 또 이 9시 예배만 드리시는 분들이 있을 것 같아요.

참여자 : 직장인들은 아무래도…… 주일, 주말 직장이 있으신 분들은……

연구자 : 만약에, 본인이 주일에 직장을 갖게 되어서, 예를 들어서 주일에 오전에 전혀 시간이 없어요. 그렇다면 이 예배를 한 번밖에 드릴 수 없어요. 주일에 그러면 어떨 것 같아요 마음이? 그러니까 우리가 오전에 드리는 대예배라고 생각하는 예배를 못 드리고 이 예배를 드리면…… 이걸로 주일성수를 했다는 느낌이 들까요?

참여자 : 처음에는 조금 그렇겠지만…… 어쨌든 일요일에 드리는 예배니까…… 완전 예배 형식도 벗어난 것은 아니고……

연구자 : 그렇죠.

연구자 : 아까 말씀 드렸듯이 인터뷰 자료들……

참여자 : 네..

연구자 : 중간에 인터뷰 자료들 쓰는 게 싫으시면, 중간에 연락 주시면……

참여자 : 벌써 끝난 거예요?

연구자 : 네.

참여자 : 아!

연구자 : 감사합니다.

참여자 : 감사합니다.

온누리교회 '9시에 뜨는 별' 사역 체계 조직표

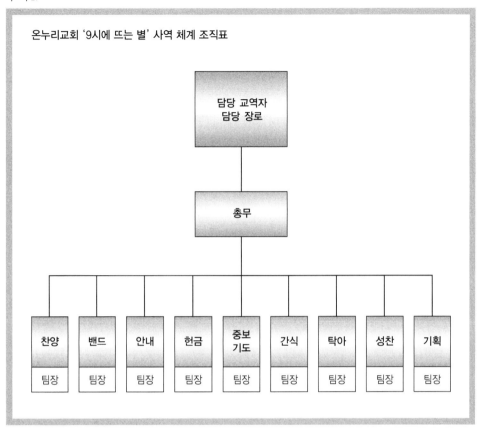

▶▶ 참고문헌

김영재 (1998). 한국 교회 성장둔화 분석과 대책: 6. 한국 교회사적 접근, 숭실대
학교 한국기독교문화연구소.

김인수 (1997). 1960 , 70년대의 교회와 신학의 변화 (4), 교육교회 통권 252호:
교육목회; 교사를 위한 한국 교회사 제25강, 장로회신학대학교 기독교교육연
구원, 교육교회.

신경림, 조명옥, 양진향 외 저 (2004). 질적 연구방법론, 서울: 이화여자대학교출
판부.

안기문 (2003). "새들백교회 예배 연구: Seeker's sensitive worship을 중심으로", 서
울: 장로회신학대학교 신학대학원.

윤택림 (2004). 문화와 역사 연구를 위한 질적 연구방법론, 서울: 아르케, p. 21,
27, pp. 34-35.

이영원 (1995). "한국개신교회의 예배와 영성의 관계에 관한 연구", 서울신학대
학교 신학대학원 M. Div 논문.

장준하 (1995). "주일 성수에 관한 예배학적 연구", 서울신학대학교 신학대학원
M. Div 논문.

Agar, Michael 원저 (1993). 박한기·이용남·노명희 공역, 민족지학 이야기, 서
울: 교육과학사, p. 46.

Agar, M. (1980). *The professional stranger : An information to ethnography*, New
York: Academic Press.

Baard, P.P. (1994). A Motivational Model for Consulting with Not-for-Profit
Organizations : A Study of Church Growth and Participation. *Consulting
Psycholoy Journal : Practice and Research*, 46(3), 19-31.

Best, John W & Kahn, J.V. (1993). *Research in education*, Allyn & Bacon
Publications.

Boyle, J. S. (1994). Styles of ethnography, In J. M. Morse (Ed.), Critical issues in
qualitative research methods, Thousand Oaks, CA : SAGE Publications. pp. 159-
185.

Creswell, John W (1998). *Qualitative inquiry and research design: choosing among
five traditions*, Thousand Oaks, Calif. : Sage Publications.(번역본 : John W.
Creswell 저 (1998). 조흥식·정선욱·김진숙·권지성 공역, 질적 연구방법론 :
다섯 가지 전통, 서울: 학지사.

Denzin, Norman K & Lincoln, Yvonna S (1994). *Handbook of qualitative research*. Thousand Oaks : Sage Publications, 1994.

Gribich, C..(1999). *Qualitative research in health*, London : Sage Publications.

Guba, Egon G & Lincoln, Yvonna S (1985). *Naturalistic inquiry*, Beverly Hills, Calif. : Sage Publications.

Hadaway, C.K., Maqrler, P.L., & Chaves, M. (1993). What the polls don't show: A closer look at U.S. church attendance. *American Sociological Review*, 50, 741-752.

Hair, H. & Walsh-Bowers, R. (1992). Promoting the Development of a Religious Congregation Through a Needs and Resources Assessment, *Journal of Community Psychology*, 20, 289-303.

Hopewell, J. F. (1987). *Congregation : stories and structures*, Philadelphia: Fortress Press.

Le Compte, Margaret Diane & Preissle, Judith (1993). *Ethnography and qualitative design in educational research*(2nd ed.), San Diego, CA: Academic Press.

Lincoln, Yvonna S & Guba, Egon G (1985). *Naturalistic inquiry*, Beverly Hills, Calif.: Sage Publications.

Morse, Janice M.(1994). *Critical issues in qualitative research methods*, Thousand Oaks: Sage Publications.

Patton, Michael Quinn.(1990). *Qualitative evaluation and research methods*, Newbury Park, Calif.: Sage Publications.

Spradley, James P (1979). *The Ethnographic Interview*, New York: Holt, Rinehart and Winston.

Spradley, James P (1980). *Participant observation*, New York: Holt, Rinehart and Winston.

▶▶ 연구자 소개

이정우

학력

연세대학교 신학과(B.A)

연세대학교 연합신학대학원 상담학 전공(Th.M)

Candler School of Theology in Emory University (M.Div)

경력

청주 온누리감리교회 부목사

찾아보기